Learning
TypeScript

러닝 타입스크립트

| 표지 설명 |

표지 동물은 남아메리카 북동부에서 서식하는 태양 황금 앵무새 sun conure (학명: *Aratinga solstitialis*)입니다. 태양 앵무새 sun parakeet라고도 알려진 이 새는 몸 전체가 대부분 노란색이며 날개 끝은 녹색이고 얼굴과 가슴은 주황색입니다. 태어날 때는 올리브색이며 수컷과 암컷 모두 성장하면서 점점 밝은색으로 바뀝니다. 일부일처제로 암컷은 한 번에 3~4개의 알을 낳고 23~27일 동안 알을 품습니다. 주식은 과일, 꽃, 씨앗, 견과류 및 곤충입니다. 태양 황금 앵무새는 아름다운 깃털과 사랑스러운 성격 덕분에 반려동물로 인기가 높습니다. 호기심 많은 새이며, 매우 큰 소리를 낼 수 있습니다.

오라일리 표지에 실린 많은 동물은 멸종 위기에 처해 있으며 모두 소중한 존재입니다.

표지에 그려진 삽화는 조지 쇼 George Shaw의 『Zoology』를 바탕으로 캐런 몽고메리 Karen Montgomery가 그렸습니다.

러닝 타입스크립트

안정적인 웹 프로젝트 운영을 위한 타입스크립트의 모든 것

초판 1쇄 발행 2023년 01월 02일

지은이 조시 골드버그 / **옮긴이** 고승원 / **펴낸이** 김태헌
펴낸곳 한빛미디어(주) / **주소** 서울시 서대문구 연희로2길 62 한빛미디어(주) IT출판2부
전화 02-325-5544 / **팩스** 02-336-7124
등록 1999년 6월 24일 제25100-2017-000058호 / **ISBN** 979-11-6921-063-8 93000

총괄 송경석 / **책임편집** 서현 / **기획** 안정민, 정지수 / **편집** 정지수
디자인 표지 최연희 내지 박정화 / **전산편집** 이경숙
영업 김형진, 장경환, 조유미 / **마케팅** 박상용, 한종진, 이행은, 고광일, 성화정 / **제작** 박성우, 김정우

이 책에 대한 의견이나 오탈자 및 잘못된 내용에 대한 수정 정보는 한빛미디어(주)의 홈페이지나 아래 이메일로 알려주십시오. 잘못된 책은 구입하신 서점에서 교환해드립니다. 책값은 뒤표지에 표시되어 있습니다.

한빛미디어 홈페이지 www.hanbit.co.kr / 이메일 ask@hanbit.co.kr

지금 하지 않으면 할 수 없는 일이 있습니다.
책으로 펴내고 싶은 아이디어나 원고를 메일(writer@hanbit.co.kr)로 보내주세요.
한빛미디어(주)는 여러분의 소중한 경험과 지식을 기다리고 있습니다.

Learning TypeScript

러닝 타입스크립트

O'REILLY® 한빛미디어 Hanbit Media, Inc.

뒷마당 고양이를 입양하는 기쁨을 알게 해주고 그 이후로 계속 후회하고 있는
나의 놀라운 파트너 머라이어에게 이 책을 바칩니다.

코드의 빨간색 밑줄을 보고 비명을 지른 적이 있다면 『러닝 타입스크립트』를 읽으세요. 실용적이고 상황에 적합한 내용을 훌륭하게 소개하고, 타입스크립트가 결코 제한적인 것이 아니라 가치 있는 자산임을 보여주는 책입니다.

슈테판 바움가르트너, 다이나트레이스^{Dynatrace} 시니어 제품 아키텍트 겸 oida.dev 설립자

조시는 타입스크립트의 가장 중요한 개념을 전면에 두고 명확한 예와 유머를 곁들여 설명합니다. 타입스크립트를 프로처럼 작성하고 싶은 자바스크립트 개발자를 위한 필독서입니다.

앤드루 브랜치, 마이크로소프트 타입스크립트 소프트웨어 엔지니어

『러닝 타입스크립트』는 코딩을 해본 적이 있지만 타입이 지정된 언어를 피해왔던 개발자를 위한 훌륭한 자료입니다. 이 책은 타입스크립트 핸드북보다 한 단계 더 깊이 들어가는 설명으로 여러분의 프로젝트에서 타입스크립트를 자신 있게 사용할 수 있도록 지원합니다.

보리스 체르니, 메타 소프트웨어 엔지니어

우리는 타입 코드가 무엇인지 잘 모르지만 저자인 조시가 매우 자랑스럽고 『러닝 타입스크립트』는 멋진 책일 것이라고 확신합니다.

프랜시스 골드버그, 마크 골드버그

조시는 타입스크립트 기초에 대한 깊은 이해와 더불어 초보자에게 개념을 설명하는 데에도 열정적인 흔치 않은 인물입니다. 머지않아 이 책은 타입스크립트 초보자와 전문가 모두를 위한 표준 지침서가 될 것입니다.

비양 리우, 소스그래프^{Sourcegraph} 공동 설립자이자 CTO

『러닝 타입스크립트』는 타입스크립트 언어에 대해 이야기하는 환상적인 소개서이자 참고 자료입니다. 조시의 글은 명확하고 유익하며 자주 혼동하는 타입스크립트 개념과 구문을 훌륭하게 설명합니다. 타입스크립트를 처음 시작하는 모두를 위한 훌륭한 시작점입니다.

마크 에릭슨, 리플레이^{Replay} 시니어 프런트엔드 엔지니어 겸 리덕스^{Redux} 유지 관리자

『러닝 타입스크립트』는 타입스크립트 여정을 시작하기에 훌륭한 책입니다. 언어, 타입 시스템, IDE 통합을 이해하는 도구와 타입스크립트 경험을 최대한 활용하는 방법을 소개합니다.

티치아노 체르니코바 드라고미르, 블룸버그 LP 소프트웨어 엔지니어

조시는 수년 동안 타입스크립트 커뮤니티에서 중요한 사람이었습니다. 『러닝 타입스크립트』를 통해 조시의 깊은 이해와 쉬운 교수법의 이점을 누릴 수 있게 되어 매우 기쁩니다.

제임스 헨리, Nrwl 컨설턴트 아키텍트, 4x 마이크로소프트 MVP,
angular-eslint와 typescript-eslint 개발자

조시는 재능 있는 소프트웨어 엔지니어일 뿐만 아니라 훌륭한 멘토입니다. 이 책에서 그의 교육에 대한 열정을 느낄 수 있습니다. 『러닝 타입스크립트』의 구성은 매우 훌륭하고, 타입스크립트 초보자와 애호가의 실력을 한 단계 끌어올릴 수 있는 실용적인 실제 사례도 제공합니다. 타입스크립트를 배우거나 지식을 향상하려는 모든 사람을 위한 확실한 안내서라고 자신 있게 말할 수 있습니다.

레모 얀선, 올크 소프트웨어Wolk Software CEO

조시 골드버그는 타입스크립트의 가장 복잡한 개념을 차분하고 직관적인 설명과 쉬운 예제로 분류해 『러닝 타입스크립트』에 담았습니다. 이 책은 앞으로 수년 동안 학습 보조 및 참고 자료가 될 것입니다. 저에게도 딱 맞는 아주 훌륭한 타입스크립트 소개서입니다.

닉 니시, C2FO 스태프 엔지니어

많은 사람이 외치던 "항상 자바스크립트에 베팅하세요"라는 문구는 이제 "항상 타입스크립트에 베팅하세요"가 되었습니다. 이 책은 업계에서 가장 추천하는 책이 될 겁니다. 제가 보장합니다.

조 프레비트, 오픈 소스 타입스크립트 엔지니어

『러닝 타입스크립트』를 읽는 여정은 여러분과 흥미로운 이야기를 하길 좋아하는 따뜻하고 똑똑한 친구와 함께 시간을 보내는 것과 같습니다. 여러분이 타입스크립트에 대해서 많이 알았든 조금 알았든지 간에 재미있고 교육적인 시간일 겁니다.

존 라일리, 인베스텍Investec 그룹 수석 엔지니어

유지 관리자, 타입스크립트 사용자, 타입 언어 경험자에게 『러닝 타입스크립트』는 타입스크립트 언어와 생태계를 소개하는 포괄적이면서도 접근하기 쉬운 안내서입니다. 저자의 다양한 경험에 기반한 여러 제안과 절충안을 설명하며 타입스크립트의 다양한 기능을 소개합니다.

대니엘 로젠와서, 마이크로소프트 타입스크립트 프로그램 매니저 겸 TC39 책임자

이 책은 제가 타입스크립트를 배울 때 가장 좋아하는 책입니다. 기초부터 고급 주제까지 모두 명확하고, 간결하며 포괄적입니다. 이 책을 통해 조시는 훌륭하고 재미있는 작가라는 것을 알게 되었습니다.

로렌 샌즈-램쇼, 『The GraphQL Guide』 저자이자 Temporal 타입스크립트 SDK 엔지니어

능숙한 타입스크립트 개발자가 되는 법을 찾고 있다면 이 책이 정답입니다. 『러닝 타입스크립트』는 입문에서 고급 개념까지 모두 다룹니다.

바사라트 알리 사이드, SEEK 수석 엔지니어, 『Beginning Node.JS』, 『TypeScript Deep Dive』 저자
마이크로소프트 MVP 겸 유튜버(@basarat)

이 책은 언어를 배우는 훌륭한 방법이고 타입스크립트 핸드북을 완벽하게 보완합니다.

오르타 테록스, Puzmo 타입스크립트 컴파일러 엔지니어

조시는 세상에서 가장 명확하고 헌신적인 타입스크립트 커뮤니케이터 중 한 명입니다. 그의 지식은 마침내 책이 되었고, 초보자와 숙련된 개발자 모두 세심한 주제 큐레이션과 순서를 좋아하게 될 겁니다. 고전적인 오라일리 스타일인 팁, 노트, 경고는 금으로 환산할 수 있을 정도로 가치가 매우 높습니다.

손 "swyx" 왕, 에어바이트^{Airbyte} DX 책임자

타입스크립트를 배울 때 정말 도움이 되는 책입니다. 실습과 함께 이론을 설명하고 적절한 학습 균형으로 언어의 거의 모든 부분을 다룹니다. 경력이 많은 저도 이 책을 검토하면서 몇 가지 새로운 기술 배웠고, 마침내 선언 파일의 미묘함을 이해하게 되었습니다. 매우 추천합니다.

렌츠 베버−트로닉, Mayflower GmbH 풀스택 개발자 겸 리덕스 유지 관리자

조시는 수년간의 경험을 정제해 타입스크립트의 모든 것을 올바른 순서로 가르치는 커리큘럼을 개발했고, 이 책에 담았습니다. 『러닝 타입스크립트』는 배우기 쉽고 매력적인 책입니다. 여러분의 프로그래밍 배경과는 상관없이 잘 이해할 수 있습니다.

댄 밴더캄, 구글 소프트웨어 엔지니어 시니어 스태프이자 『이펙티브 타입스크립트』 저자

제가 타입스크립트를 처음 접했을 때 이 책이 나왔더라면 얼마나 좋았을까요. 타입스크립트를 처음 시작하는 입문자를 가르치려는 조시의 열정은 모든 페이지에서 스며나옵니다. 쉽게 소화할 수 있는 단위로 신중하게 구성되었고, 타입스크립트 전문가가 되는 데 필요한 모든 것을 다룹니다.

브래드 자커, 메타 소프트웨어 엔지니어 겸 typescript−eslint의 핵심 유지 관리자

지은이 · 옮긴이 소개

지은이 조시 골드버그 Josh Goldberg

오픈 소스, 정적 분석과 웹에 열정을 가진 뉴욕 출신의 프런트엔드 개발자. typescript-eslint와 TypeStat과 같은 오픈 소스 프로젝트와 타입스크립트에 정기적으로 기여하는 풀타임 오픈 소스 유지 관리자입니다. 이전에는 코드카데미 Codecademy에서 타입스크립트 사용을 선도하고, 커리큘럼을 함께 만들고, 마이크로소프트에서 리치 rich 클라이언트 애플리케이션을 설계하는 일을 했습니다. 정적 분석부터 메타 언어, 브라우저에서 레트로 게임을 다시 만드는 것까지 매우 다양한 프로젝트를 진행했습니다.

옮긴이 고승원 seungwon.go@gmail.com

소프트웨어 기술을 통해 세상에 선한 영향력을 주고 싶은 23년 차 소프트웨어 개발자. 지식 교류를 좋아하고 항상 새로운 기술을 익히는 것을 좋아합니다. 국내외 약 40개가 넘는 글로벌 기업 ERP 시스템을 구축하는 컨설턴트 및 개발자로 활동했고, 5개 이상의 스타트업을 창업한 경험이 있습니다. 7권의 IT 전문서를 집필했고, 유튜브 채널 '개발자의품격(@thegreat-programmers)'을 운영하며 개발자 양성에 힘을 쏟고 있습니다.

누군가 가장 사랑하는 프로그래밍 언어가 무엇이냐고 물어본다면 한 치의 망설임도 없이 자바스크립트라고 말할 것입니다. 그만큼 자바스크립트는 가장 좋아하고 가장 오래 사용하고 있는 언어입니다. 처음 타입스크립트가 나왔을 때 자바스크립트 코드를 만들기 위한 새로운 언어라는 점이 도저히 이해가 가지 않았습니다. 자바스크립트로 바로 코딩하면 되는데 왜 굳이 타입스크립트라는 언어를 배워 코드를 짜고, 그 결과물로 자바스크립트 코드를 얻어야 하는지 도저히 이해가 가지 않았습니다. 하지만 중대형 프로젝트에서 여러 개발자와 함께 작업하면서 자바스크립트에 타입을 더하는 작업만으로도 효율적이라는 걸 깨닫게 되었습니다. 덕분에 개발자의 실수를 상당히 줄일 수 있었고 협업 및 생산성을 극대화하는 경험을 통해 타입스크립트를 적극 권장하기 시작했습니다.

이 책은 실무에서 사용하게 될 거의 모든 타입스크립트 구문을 다룹니다. 저 역시 실무에서 타입스크립트를 사용했지만, 원시 타입, 함수 매개변수, 반환 타입, 인터페이스 정도만 사용해왔고 이 정도면 충분하다고 생각했습니다. 하지만 이 책을 번역하면서 저자가 제시하는 다양한 타입스크립트 적용 전략과 구문을 알게 되었고, 그동안 타입스크립트의 강력한 기능을 제대로 사용하지 못했다는 것을 알게 되었습니다. 아마 대다수의 타입스크립트 프로젝트 현실이 저와 비슷할 겁니다.

이 책은 프로그래밍 언어를 배울 때 기초가 얼마나 중요한지를 보여줍니다. 타입스크립트 그 자체에 너무나도 충실한 책입니다. 타입스크립트로 프로젝트를 진행할 때 사용할 수 있는 다양한 전략을 소개합니다. 프로젝트를 성공시키고 안정적으로 운영하려면 타입스크립트 초기 전략과 구조 수립이 얼마나 중요한지 알게 될 것입니다.

이제 타입스크립트는 단순히 자바스크립트 코드를 만들기 위한 또 하나의 확장 언어가 아니라 자바스크립트로 애플리케이션을 개발하는 모든 곳에 반드시 사용해야 하는 언어가 되었습니다.

이 책을 통해 타입스크립트를 적극적으로 도입하는 개발자 그리고 진정한 타입스크립트 개발자가 되기를 응원합니다.

고승원

타입스크립트^{Typescript}와의 만남은 의도한 것도, 남들보다 빨리 시작한 것도 아니었습니다. 대다수의 신입 개발자가 정적 타입 언어[1]로 개발을 시작하듯이 필자도 학교에서 주 언어로 자바를 사용했고, 다음으로 C++을 사용했습니다. 그 당시에는 자바스크립트를 웹사이트에서 실험용으로 사용하는 조잡한 스크립트로 얕잡아 봤습니다.

처음 자바스크립트로 만들었던 프로젝트는 〈슈퍼 마리오브라더스〉[2]를 리메이크한 게임으로 순수 HTML5, CSS, 자바스크립트만 사용했습니다. 프로젝트는 다소 유치했고 대다수 개발자의 첫 번째 프로젝트처럼 정말 엉망이었습니다. 프로젝트 초기에는 낯선 자바스크립트의 유연성과 가드레일[3] 부족을 본능적으로 싫어했습니다. 프로젝트 끝 무렵이 되어서야 비로소 자바스크립트의 특징과 별난 점을 존중하게 되었습니다. 자바스크립트는 프로그래밍 언어로서의 유연성을 가지며 작은 함수를 조합해서 사용할 수 있고, 페이지 로딩 후 짧은 시간 안에 사용자 브라우저에서 작동 가능했습니다.

첫 번째 프로젝트를 끝내며 자바스크립트와 사랑에 빠지게 되었습니다.

타입스크립트 같은 정적 분석^{static analysis}(코드를 실행하지 않고도 코드를 분석하는 도구)도 처음에는 역시 답답해 보였습니다. 자바스크립트는 매우 빠르고 유연한데, 왜 굳이 유연하지 못한 구조와 타입에 얽매여야 할까요? 우리는 왜 다시 예전의 자바와 C++의 세계로 돌아가게 되었을까요?

제가 예전에 구현했던 프로젝트를 다시 뒤돌아봤을 때, 오래되고 복잡한 자바스크립트 코드를 읽고 이해하는 데 거의 10분이 소요되었고 정적 분석 없이 코드를 이해하는 게 얼마나 지저분한 일인지 깨달았습니다.

그리고 코드를 정리하면서 특정한 구조가 가져다주는 이점을 발견하게 되었습니다. 그 시점부터 가능한 한 많은 정적 분석을 필자의 프로젝트에 추가하는 데 매료되었습니다.

---

1 옮긴이_ 컴파일 시 변수의 타입이 결정되는 언어로 C, 자바 같은 언어
2 옮긴이_ 닌텐도 초기의 액션 게임
3 옮긴이_ 엄격하지 않은 코딩 문법 규칙

타입스크립트를 사용한 지 거의 10년이 지났고, 이제는 그 어느 때보다 즐겨 사용합니다.

타입스크립트는 계속해서 새로운 기능이 추가되고 있고, 자바스크립트에 안전성^{safety}[4]과 구조^{structure}[5]를 제공할 때 가장 유용하게 사용할 수 있습니다.

이 책을 읽으면서 타입스크립트의 진가를 알게 되길 바랍니다. 버그와 오타를 찾기 위한 수단도, 자바스크립트 코드 패턴에 대한 실질적인 변화에 대해서도 아닙니다. 타입스크립트의 진가는 바로 타입이 있는 자바스크립트로서, 자바스크립트가 작동하는 방식을 선언하는 아름다운 시스템이자 이를 유지할 수 있는 언어라는 것을 깨닫게 될 겁니다.

대상 독자

이 책은 자바스크립트 코드 작성법을 이해하고 있고, 터미널에서 기본 명령을 실행할 수 있으며, 타입스크립트 학습에 관심이 있는 독자가 대상입니다.

아마도 타입스크립트가 더 적은 버그로 많은 자바스크립트 코드를 작성할 수 있고(**true!**), 다른 사람이 이해하기 쉽게 코드를 잘 문서화한다고(**true!**) 들었을 것입니다. 혹은 다양한 채용 공고에서, 또는 현업에서 새로운 역할을 맡게 되면서 타입스크립트를 접했을지도 모릅니다.

이유가 무엇이든 타입스크립트를 전혀 모르더라도 자바스크립트의 기초 개념(변수, 함수, 클로저/스코프, 클래스)을 알고 있다면, 이 책을 통해 타입스크립트 기초와 가장 중요한 기능을 숙달할 수 있습니다.

이 책을 통해 다음 내용을 이해하게 됩니다.

- 바닐라^{vanilla} 자바스크립트[6]에서 타입스크립트가 유용한 이유와 역사적 맥락
- 타입 시스템$^{type\ system}$이 코드를 모델링하는 방법
- 타입 검사기$^{type\ checker}$가 코드를 분석하는 방법

---

4 옮긴이_ 코딩을 하면서 오류를 즉각적으로 발견함으로써 오류를 미연에 방지할 수 있도록 하는 것
5 옮긴이_ 변수와 함수를 정의하는 데 사용되는 구조
6 옮긴이_ 별도의 라이브러리와 프레임워크를 사용하지 않는 순수 자바스크립트

- 개발 전용 타입 애너테이션annotation[7]을 사용해 타입을 시스템에 알리는 방법
- IDEIntegrated Development Environment(통합 개발 환경)에서 타입스크립트가 코드 탐색 및 리팩터링 도구를 제공하는 방법

그리고 다음을 할 수 있게 됩니다.

- 타입스크립트의 이점과 타입 시스템의 일반적인 특성 설명하기
- 코드의 유용한 곳에 타입 애너테이션 추가하기
- 타입스크립트의 내장 인터페이스와 새로운 문법을 사용해 난도 있는 타입 나타내기
- 코드를 리팩터링할 때 타입스크립트로 로컬 개발 지원하기

집필 목적

타입스크립트는 업계와 오픈 소스 진영에서 널리 사용되는 대중적인 언어입니다.

- 깃허브GitHub의 The State of the Octoverse[8]는 2020년, 2021년의 상위 네 번째 플랫폼 언어로 타입스크립트를 꼽았습니다. 이는 2017년 10위, 2018년과 2019년의 7위보다 높은 결과입니다.
- 스택 오버플로Stack Overflow[9]에서 진행한 2021년 개발자 설문 조사에 따르면 타입스크립트는 세계에서 세 번째로 사랑받는 언어(사용자의 72.73%)입니다.
- State of JS[10]의 2020년 설문 조사 결과에서 타입스크립트는 빌드 도구이자 자바스크립트의 변형 언어로 꾸준히 높은 만족도와 사용량을 보여줍니다.

프런트엔드 개발자 측면에서 살펴보자면, 타입스크립트 사용을 강력하게 권장하는 앵귤러Angular를 포함해 개츠비Gatsby, Next.js, 리액트React, 스벨트Svelte, 뷰Vue와 같은 모든 주요 UI 라이브러리와 프레임워크에서 타입스크립트를 지원합니다. 백엔드 개발자 측면에서 살펴보면 Node.js 개발자가 개발한 새로운 런타임인 디노Deno[11]도 타입스크립트 파일을 직접 지원합니다.

---

7 옮긴이_ 개발자가 타입스크립트에 타입을 직접 말해주는 것
8 옮긴이_ 깃허브의 연례 보고서
9 옮긴이_ 개발자를 위한 사이트로 프로그래밍 관련 다양한 질문과 답변을 등록할 수 있는 웹사이트
10 옮긴이_ 자바스크립트 관련 프레임워크, 라이브러리에 대한 사용도, 인기 순위를 확인할 수 있는 웹사이트
11 옮긴이_ Node.js 개발자인 라이언 달(Ryan Dahl)이 개발한 자바스크립트의 새로운 런타임

그러나 이렇게 많은 인기 있는 프로젝트의 지원에도 불구하고, 필자가 처음 타입스크립트를 배울 때만 해도 온라인에는 타입스크립트를 소개하는 양질의 콘텐츠가 부족해 실망스러웠습니다. 온라인 문서 대부분에서는 '타입 시스템'이 무엇이고, 어떻게 사용하면 되는지 제대로 설명하지 않았습니다. 또한 자바스크립트와 타입 언어에 대한 상당한 사전 지식이 있어야만 대부분의 자료를 이해할 수 있었고, 피상적인 예제 코드만 제공했습니다.

몇 년 전, 오라일리에서 출간된 귀여운 동물이 그려진 타입스크립트 책을 읽어 보지 못해 아쉬움이 큽니다. 이 책보다 먼저 출간된 타입스크립트 책은 많지만 필자가 원하는 방식(핵심 기능이 작동하는 방식과 그렇게 작동하는 이유)으로 '언어의 기초'에 초점을 맞춘 책을 찾을 수는 없었습니다.

이 책은 기능을 하나씩 추가하기 전에, 먼저 언어에 대한 기본적인 설명부터 시작합니다. 아직 타입스크립트 원리에 익숙하지 않은 독자를 위해 타입스크립트 기초를 명확하고 포괄적으로 소개할 수 있게 되어 매우 기쁩니다.

학습 방법

이 책은 두 가지 방법으로 활용할 수 있습니다.

- 일단 한 번 완독해 타입스크립트를 전체적으로 이해하기
- 나중에 실용적인 입문용 타입스크립트 참고서로 다시 펼쳐보기

다음 4개의 부로 구성되며 기초 개념부터 실제 사용법까지 살펴봅니다.

- **1부 개념:** 자바스크립트의 탄생과 타입스크립트는 자바스크립트에 무엇을 추가했는지 그리고 그로 인해 알아야 하는 타입 시스템 기초를 설명합니다.
- **2부 특징:** 타입스크립트 코드를 작성할 때 사용할 자바스크립트의 주요 부분과 타입 시스템이 상호작용하는 방식을 자세히 살펴봅니다.

- **3부 사용법**: 타입스크립트를 구성하는 특징을 이해했으니 실무에서 이 특징을 적용해 코드를 해석하고 작성하는 법을 소개합니다.
- **4부 한 걸음 더**: 자주는 아니지만 여전히 사용되는 유용한 타입스크립트 기능을 소개합니다. 4부에서는 더 복잡하고 실무적인 내용을 다루므로 타입스크립트 개발자 모두가 이 내용을 깊이 이해할 필요는 없습니다. 하지만 실제 프로젝트에서 타입스크립트를 사용할 때 만날 수 있는 유용한 개념을 소개하므로 1, 2, 3부 모두 이해했다면, 4부까지 공부해도 좋습니다.

각 장은 해당 장의 내용을 함축하는 짧은 시로 시작합니다. 전반적인 웹 개발 커뮤니티와 타입스크립트 커뮤니티는 새로 온 사람들을 환영하고 화기애애한 분위기로 유명합니다. 길고 건조한 글을 좋아하지 않는 학습자도 이 책을 즐겁게 읽을 수 있습니다.

예제와 프로젝트

타입스크립트를 소개하는 다양한 자료들과는 다르게 이 책은 중대형 크기의 프로젝트를 탐구하기보다는 독립된 예제를 통해 새로운 정보를 보여주는 것에 초점을 맞췄습니다. 타입스크립트 언어를 가장 먼저 강조하려는 필자의 의도입니다. 타입스크립트는 다양한 프레임워크와 플랫폼에서 유용하지만, 그중 상당수가 API를 정기적으로 업데이트하므로 이 책에서는 특정 프레임워크나 플랫폼에 특화된 내용을 담지 않았습니다.

즉, 프로그래밍 언어를 배울 때 개념에 익숙해지고 싶다면 이 책이 매우 유용합니다. 각 장을 마친 후에는 해당 장에서 살펴본 내용을 연습하는 시간을 가지길 권장합니다. 각 장의 마지막에서는 웹사이트(`https://learningtypescript.com`)에서 제공하는 예제와 프로젝트를 통해 더 학습할 수 있도록 안내합니다.

코드 주석 규칙

이 책에서는 코드 주석을 다음과 같은 두 가지 색으로 구분합니다.

```
let rocker; // 타입: any ①

rocker = "Joan Jett"; // 타입: string
rocker.toUpperCase(); // Ok

rocker = 19.58; // 타입: number
rocker.toPrecision(1); // Ok

rocker.toUpperCase();
//       ~~~~~~~~~~~ ②
// Error: 'toUpperCase' does not exist on type 'number'.
```

코드를 설명하는 주석은 ① 밝은 주황색으로 표시했고, [그림 0-1]과 같이 코드 실행 시 나타나는 오류나 로그는 ② 어두운 주황색으로 표시했습니다.

```
1    let rocker;
2    rocker = "Joan Jett";
3    rocker.toUpperCase();
4    rocker = 19.58;
5    rocker.toPrecision(1);
6    rocker.toUpperCase();
⊗ input.tsx 1 of 1 problem
Property 'toUpperCase' does not exist on type 'number'. (2339)
```

그림 0-1 동일한 코드를 실행했을 때 나타나는 오류

예제 코드에서 ② 어두운 주황색으로 구분되고, 물결로 시작하는 주석은 오류 메시지를 그대로 옮긴 부분입니다. 물결의 위치는 오류가 표시되는 위치와 동일하며, 타입스크립트를 구현했을 때 주석 내용과 동일한 오류나 로그를 확인할 수 있으므로 별도로 번역하지는 않았습니다.

감사의 말

이 책은 팀의 노력으로 만들어졌고, 이를 가능하게 해준 모든 분에게 진심으로 감사드립니다. 무엇보다 집필 전반에 걸쳐 엄청난 인내심으로 훌륭히 지도해준 초인적인 편집장 리타 페르난도Rita Fernando에게 감사드립니다. 그리고 오라일리 관계자 크리스틴 브라운Kristen Brown, 수잰 휴스턴Suzanne Huston, 클레어 젠슨Clare Jensen, 캐럴 켈러Carol Keller, 엘리자베스 켈리Elizabeth Kelly, 셰릴 렌서Cheryl Lenser, 엘리자베스 올리버Elizabeth Oliver, 아맨다 퀸Amanda Quinn에게 고마움을 전합니다. 여러분은 정말 최고예요!

지속적으로 최고 수준의 교육학적 통찰력과 타입스크립트 전문 지식을 제공한 기술 검토자분들께 깊은 감사를 드립니다. 마이크 보일Mike Boyle, 라이언 카바노프Ryan Cavanaugh, 사라 갤러거Sara Gallagher, 마이클 호프먼Michael Hoffman, 아담 라이네케Adam Reineke, 댄 밴더캄Dan Vanderkam이 없었다면 지금 이 책도 없을 겁니다. 여러분이 제안한 의도를 성공적으로 잘 담았기를 바랍니다.

더불어 기술적 정확성과 품질 향상에 도움을 준 여러 동료와 극찬으로 이 책을 언급해준 분들께 감사드립니다. 로버트 블레이크Robert Blake, 앤드루 브랜치Andrew Branch, 제임스 헨리James Henry, 아담 카치마레크Adam Kaczmarek, 로렌 샌즈-램쇼Loren Sands-Ramshaw, 닉 스턴Nik Stern, 렌츠 베버-트로닉Lenz Weber-Tronik의 모든 제안이 유용했습니다.

마지막으로 지난 몇 년 동안 가족들의 사랑과 응원에 감사드립니다. 레고와 책, 비디오 게임과 함께 시간을 보낼 수 있게 해준 부모님 프랜시스Frances와 마크Mark 그리고 형제 대니Danny에게 감사합니다. 편집과 집필을 하는 오랜 시간 동안 인내심을 가지고 기다려준 아내 머라이어 골드버그Mariah Goldberg와 나의 친구가 되어주고 평온을 가져다준 우리 고양이 루시Luci, 타이니Tiny, 제리Jerry에게 고마움을 전합니다.

조시 골드버그

CONTENTS

PART 1 개념

CHAPTER 1 자바스크립트에서 타입스크립트로

CHAPTER **2 타입 시스템**

CHAPTER **3 유니언과 리터럴**

CONTENTS

PART 2 특징

CHAPTER 5 함수

CHAPTER 6 배열

CONTENTS

CHAPTER 7 인터페이스

CONTENTS

CHAPTER 10 제네릭

CONTENTS

CONTENTS

1

개념

자바스크립트의 역사를 살펴보며 타입스크립트의 탄생 기원을 알아보고, 타입스크립트는 자바스크립트에 무엇을 추가했는지, 타입 시스템은 어떻게 작동하는지 살펴봅니다. 타입스크립트의 강력한 핵심 개념인 유니언과 리터럴을 소개하고 복잡한 객체 형태를 설명하는 방법과 타입스크립트가 객체의 할당 가능성을 확인하는방법을 소개합니다.

Part 1

개념

자바스크립트에서 타입스크립트로

오늘날 자바스크립트는

수십 년 전의 아름다운 웹 브라우저를 지원합니다.

타입스크립트를 이야기하기 전에 타입스크립트의 시발점인 자바스크립트부터 살펴보겠습니다.

1.1 자바스크립트의 역사

1995년 넷스케이프의 브렌던 아이크$^{Brendan\ Eich}$는 웹사이트에 쉽게 접근하고 사용할 수 있는 자바스크립트를 10일 만에 설계했습니다. 그 당시 개발자들은 자바스크립트의 별난 특성과 드러난 결점을 조롱했습니다(다음 절에서 일부를 살펴봅니다).

그러나 자바스크립트는 1995년 이후로 엄청나게 발전했습니다. 자바스크립트 운영위원회인 TC39는 자바스크립트의 기반이 되는 언어 사양인 ECMA스크립트^{ECMAScript}의 새로운 버전을 2015년부터 매년 출시했는데, 이때 다른 최신 프로그래밍 언어에서 제공하는 기능에 맞춘 새로운 기능도 함께 제공했습니다. 놀랍게도 자바스크립트는 브라우저, 임베디드 애플리케이션 그리고 서버 런타임을 포함한 다양한 환경에서 새로운 버전과 이전 버전과의 호환성을 수십 년 동안 유지했습니다.

오늘날 자바스크립트는 장점이 많은 놀랍도록 유연한 언어입니다. 자바스크립트는 별난 특성이 있지만 웹 애플리케이션과 인터넷의 놀라운 성장을 가능하게 만들었습니다.

> 만약 제게 완벽한 프로그래밍 언어를 제시한다면, 저는 사용자가 한 명도 없는 언어를 보여주겠습니다.
>
> – 아네르스 하일스베르Anders Hejlsberg, TSConf[1] 2019

1.2 바닐라 자바스크립트의 함정

중요한 언어 확장이나 프레임워크 없이 자바스크립트를 사용하는 것을 '바닐라vanilla'라고 부릅니다. 한마디로 순수한 자바스크립트를 의미합니다. 타입스크립트가 자바스크립트에 있는 주요 함정을 극복하기 위해 적절한 기능을 추가한 이유는 곧 설명하겠습니다. 그보다 주요 함정이 고통스러울 수 있는 이유부터 먼저 이해해야 합니다. 이러한 모든 약점은 프로젝트 규모가 커지고 장기화될수록 더욱 드러납니다.

1.2.1 값 비싼 자유

자바스크립트를 사용하는 개발자들의 가장 큰 불만은 불행히도 핵심 기능에 있습니다. 자바스크립트는 사실상 코드를 구성하는 방법에 제한이 없습니다. 이러한 자유 덕분에 프로젝트를 자바스크립트로 시작하면 매우 재미있습니다.

그러나 파일이 점점 늘어날수록 그 자유가 얼마나 훼손될 수 있는지 명확해집니다. 다음은 가상의 페인팅 애플리케이션 코드의 일부분입니다.

```
function paintPainting(painter, painting) {
    return painter
        .prepare()
        .paint(painting, painter.ownMaterials)
        .finish();
}
```

---

1 옮긴이_ 타입스크립트 커뮤니티 콘퍼런스

만약 어떠한 맥락도 없이 코드를 읽게 되면, paintPainting 함수를 호출하는 방법에 대해 막연히 생각만 할 겁니다. 혹은 코드베이스[2]와 관련된 작업을 한 적이 있다면, painter가 어떤 getPainter 함수로 반환되어야 하는지 기억하고 있을지도 모릅니다. 또는 painting이 문자열이라고 운 좋게 추측할 수도 있습니다.

그러나 앞선 가정이 정확하더라도 나중에 코드를 변경하면, 이 가정은 무효가 될지도 모릅니다. 문자열이었던 painting이 다른 데이터 타입으로 변경되거나, 하나 이상의 painter 메서드 이름이 변경되었을 수 있습니다.

다른 언어는 컴파일러가 충돌할 수 있다고 판단하면 코드 실행을 거부할 수 있습니다. 하지만 자바스크립트처럼 충돌 가능성을 먼저 확인하지 않고 코드를 실행하는 동적dynamic 타입 언어는 그렇지 않습니다.

결국 코드의 자유는 자바스크립트를 재미있게 만들기도 하지만, 여러분의 코드를 안전하게 실행하려고 할 때는 상당한 고통을 안겨줍니다.

1.2.2 부족한 문서

자바스크립트 언어 사양specification에는 함수의 매개변수, 함수 반환, 변수 또는 다른 구성 요소의 의미를 설명하는 표준화된 내용이 없습니다. 따라서 많은 개발자가 블록 주석으로 함수와 변수를 설명하는 JSDoc[3] 표준을 채택했습니다. JSDoc 표준은 표준으로 형식화된 함수와 변수 코드 바로 위에 문서 주석을 작성하는 방식입니다. 코드에서 살펴보면 다음과 같은 부분이 JSDoc입니다.

```
/**
 * Performs a painter painting a particular painting.
 *
 * @param {Painting} painter
 * @param {string} painting
 * @returns {boolean} Whether the painter painted the painting.
 */
function paintPainting(painter, painting) { /* ... */ }
```

---

2 옮긴이_ 특정 소프트웨어 시스템, 응용 소프트웨어, 소프트웨어 구성 요소를 빌드할 때 사용하는 소스 코드의 전체 집합
3 옮긴이_ 자바스크립트 소스 코드에 주석을 달기 위해 사용하는 마크업 언어

JSDoc에는 다음과 같은 주요 문제로 인해 규모가 있는 코드베이스에서 사용하기 불편합니다.

- JSDoc 설명이 코드가 잘못되는 것을 막을 수 없습니다.
- JSDoc 설명이 이전에는 정확했더라도 코드 리팩터링 중에 생긴 변경 사항과 관련된 현재 유효하지 않은 JSDoc 주석을 모두 찾기란 어렵습니다.
- 복잡한 객체를 설명할 때는 다루기 어렵고 장황해서 타입과 그 관계를 정의하려면 다수의 독립형 주석이 필요합니다.

수십 개의 파일에서 JSDoc 주석을 유지 관리하는 데는 그렇게 많은 시간이 걸리지 않겠지만, 수백 또는 수천 개의 파일을 꾸준히 업데이트하려면 정말 힘든 일일 수 있습니다.

1.2.3 부족한 개발자 도구

자바스크립트는 타입을 식별하는 내장된 방법을 제공하지 않고, 코드가 JSDoc 주석에서 쉽게 분리되기 때문에 코드베이스에 대한 대규모 변경을 자동화하거나 통찰력을 얻기가 매우 어렵습니다. 자바스크립트 개발자는 C#이나 자바와 같은 타입이 지정된 언어에서 클래스^class 멤버 이름을 변경하거나 인수의 타입이 선언된 곳으로 바로 이동할 수 있는 기능을 보고 놀라곤 합니다.

> **NOTE** VS Code와 같은 최신 IDE가 자동화된 리팩터링과 같은 개발 도구를 제공한다고 주장할 수 있습니다. 그건 사실이지만, 그런 개발 도구는 자바스크립트의 다양한 기능을 위해서 내부적으로 타입스크립트 혹은 이에 상응하는 것을 사용합니다. 또한 자바스크립트 코드에서 잘 정의된 타입스크립트 코드만큼 안정적이거나 강력하지 않습니다.

1.3 타입스크립트

타입스크립트는 2010년대 초에 마이크로소프트 내부에서 만들어진 후 2012년에 출시 및 오픈 소스화되었습니다. 개발 책임자인 아네르스 하일스베르는 인기 있는 언어인 C#과 터보 파스칼 언어의 개발을 주도한 인물로 알려져 있습니다. 타입스크립트는 종종 '자바스크립트의 상위 집합superset' 혹은 '타입이 있는 자바스크립트'로 설명되곤 합니다. 타입스크립트는 무엇일까요?

타입스크립트는 네 가지로 설명됩니다.

- **프로그래밍 언어**: 자바스크립트의 모든 구문과, 타입을 정의하고 사용하기 위한 새로운 타입스크립트 고유 구문이 포함된 언어
- **타입 검사기**: 자바스크립트 및 타입스크립트로 작성된 일련의 파일에서 생성된 모든 구성 요소(변수, 함수 등)를 이해하고, 잘못 구성된 부분을 알려주는 프로그램
- **컴파일러**: 타입 검사기를 실행하고 문제를 보고한 후 이에 대응되는 자바스크립트 코드를 생성하는 프로그램
- **언어 서비스**: 타입 검사기를 사용해 비주얼 스튜디오 코드Visual Studio Code(VS Code)와 같은 편집기에 개발자에게 유용한 유틸리티 제공법을 알려주는 프로그램

1.4 타입스크립트 플레이그라운드에서 시작하기

지금까지 타입스크립트를 어느 정도 살펴봤으니 이제는 타입스크립트를 작성해봅시다.

타입스크립트 공식 웹사이트는 플레이그라운드[4] 편집기(https://www.typescriptlang.org/ko/play)를 제공합니다. 편집기에 코드를 입력할 수 있고, IDE(통합 개발 환경)[5]에서 로컬로 타입스크립트 작업을 할 때 보게 되는 동일한 편집기 제안 사항도 확인할 수 있습니다.

이 책에서 사용하는 대부분의 스니펫snippet[6]은 의도적으로 작고 독립적이게 만들었으므로 직접 플레이그라운드에 입력하며 재미 삼아 가지고 놀 수 있습니다.

---

4 옮긴이_ 코드를 작성하고 바로 컴파일해서 출력까지 볼 수 있는 프로그래밍 언어 교육을 위한 개발 환경
5 옮긴이_ 코딩, 디버그, 컴파일, 배포 등 프로그램 개발에 관련된 모든 작업을 하나의 프로그램 안에서 처리하는 환경을 제공하는 소프트웨어
6 옮긴이_ 개발 시 사용하는 여러 형태의 코드 조각

1.4.1 타입스크립트 실전

다음 코드를 살펴보세요.

```
const firstName = "Georgia";
const nameLength = firstName.length();
//                             ~~~~~~~7
// Error: This expression is not callable.
```

일반 자바스크립트 구문으로 작성된 코드입니다. 아직 타입스크립트 고유 구문은 소개하지 않았습니다. 만일 이 코드에 타입스크립트 타입 검사기를 실행하면, 문자열의 길이 속성property이 함수가 아니라 숫자라는 지식을 활용해 주석으로 오류 사항을 알려줍니다.

이 코드를 플레이그라운드 혹은 편집기에 복사해서 붙여넣으면, 언어 서비스가 실행되어 타입스크립트 코드에 있는 오류에 빨간 물결선이 표시됩니다. 물결선이 그어진 코드 위로 마우스를 가져가면 [그림 1-1]처럼 오류에 대한 내용이 표시됩니다.

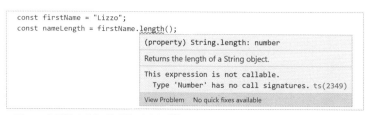

그림 1-1 호출할 수 없는 문자열 길이에 대한 오류를 보여주는 타입스크립트

코드를 입력할 때 편집기에서 간단한 오류를 미리 알려주면, 코드를 실행하고 오류가 발생할 때까지 기다리는 것보다 훨씬 유용합니다. 만일 자바스크립트에서 이 코드를 실행하면 오류가 발생합니다.

---

7 옮긴이_ 예제 코드에서 물결로 시작하는 주석은 [그림 1-1]처럼 마우스 오버를 했을 때 나타나는 오류 메시지를 옮긴 부분입니다. 타입스크립트를 구현했을 때 주석 내용과 동일한 오류 혹은 로그를 볼 수 있으므로 별도로 번역하지는 않았습니다.

1.4.2 제한을 통한 자유

타입스크립트를 사용하면 매개변수와 변수에 제공되는 값의 타입을 지정할 수 있습니다. 일부 개발자는 처음에는 특정 영역이 제한적으로 작동하는 방법을 코드에 명시적으로 작성해야 한다고 생각합니다.

하지만 개인적으로 이런 식의 '제한'은 실제로 바람직하다고 생각합니다. 코드를 지정한 방법으로만 사용하도록 제한한다면, 타입스크립트는 코드의 한 영역을 변경하더라도 이 코드를 사용하는 다른 코드 영역이 멈추지 않는다는 확신을 줄 수 있습니다.

예를 들어 함수의 매개변수 개수를 변경했을 경우, 변경된 함수를 호출하는 코드를 업데이트하지 않았다면 타입스크립트가 알려줍니다.

다음 예제에서 sayMyName 함수의 매개변수가 두 개에서 하나로 변경되었지만, 함수를 호출하는 코드는 여전히 두 개의 문자열을 사용하므로 타입스크립트 오류가 발생합니다.

```
// 이전 코드: sayMyName(firstName, lastNameName) { ...
function sayMyName(fullName) {
    console.log('You acting kind of shady, ain't callin' me ${fullName}');
}

sayMyName("Beyoncé", "Knowles");
//                   ~~~~~~~~~~
// Error: Expected 1 argument, but got 2.
```

이 코드는 자바스크립트에서 오류 없이 실행되지만, 결과가 예상하는 것과 다릅니다(두 번째 문자열로 전달한 "Knowles"는 제외됩니다).

```
You acting kind of shady, ain't callin' me Beyoncé
```

잘못된 수의 인수를 사용해서 함수를 호출하는 것은 타입스크립트가 제한하는 자바스크립트가 가진 일종의 근시안적인 자유입니다.

1.4.3 정확한 문서화

앞서 다뤘던 paintPainting 함수의 타입스크립트 버전을 살펴보겠습니다. 타입을 문서화하기 위한 타입스크립트 구문을 아직 살펴보지는 않았지만, 다음 코드를 통해 코드를 문서화하는 타입스크립트의 정밀함을 확인할 수 있습니다.

```typescript
interface Painter {
    finish(): boolean;
    ownMaterials: Material[];
    paint(painting: string, materials: Material[]): boolean;
}

function paintPainting(painter: Painter, painting: string): boolean { /* ... */ }
```

이 코드를 처음 읽는 타입스크립트 개발자라면 Painter에 적어도 세 가지 속성이 있고, 그중 두 가지는 메서드라는 것을 이해합니다. 타입스크립트는 구문을 적용해 객체^{object}의 '형태^{shape}'를 설명하고, 우수하고 강력한 시스템을 이용해 객체가 어떻게 보이는지 설명합니다.

1.4.4 더 강력한 개발자 도구

VS Code 같은 편집기에서 타입스크립트로 코드를 작성하면 편집기는 타입스크립트를 더 깊이 있게 이해합니다. 이 이해를 바탕으로 편집기는 여러분이 작성한 코드에 똑똑한 제안을 표시합니다. 이러한 제안은 개발할 때 매우 유용합니다.

만약 이전에 VS Code에서 자바스크립트 코드를 작성한 적이 있다면, 문자열 같은 객체의 내장 코드를 작성할 때 '자동 완성'을 제안한다는 것을 이미 알고 있을 겁니다. 예를 들어 문자열로 알려진 데이터의 내장 코드를 입력할 때 타입스크립트는 [그림 1-2]와 같이 문자열의 모든 내장 코드를 제안합니다.

"test".se
search (method) String.search(regexp: string | R…
slice
strike
endsWith
includes
toLowerCase
toUpperCase
lastIndexOf
fontsize
toLocaleLowerCase
toLocaleUpperCase

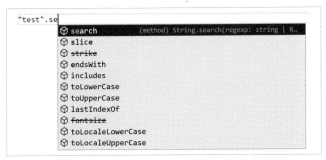

그림 1-2 자바스크립트에서 문자열 자동 완성을 제공하는 타입스크립트

코드 이해를 위해 타입스크립트의 타입 검사기를 추가하면 이미 작성한 코드에 대해서도 유용한 제안을 제공합니다. `paintPainting` 함수 내에서 `painter`를 입력하면, 타입스크립트는 `painter` 매개변수가 `Painter` 타입이고, `Painter` 타입은 [그림 1-3]과 같은 멤버[8]를 갖는다는 것을 확인할 수 있습니다.

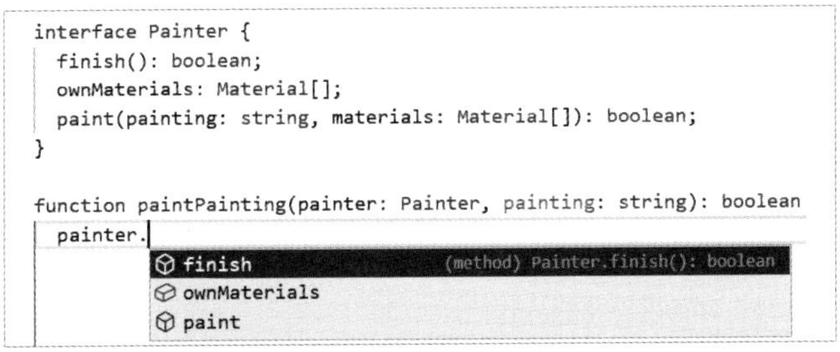

interface Painter {
finish(): boolean;
ownMaterials: Material[];
paint(painting: string, materials: Material[]): boolean;
}
function paintPainting(painter: Painter, painting: string): boolean
painter.
finish (method) Painter.finish(): boolean
ownMaterials
paint

그림 1-3 자바스크립트에서 문자열 자동 완성을 제공하는 타입스크립트

정말 훌륭합니다! 12장 'IDE 기능 사용'에서 유용한 편집기 기능을 더 자세히 살펴보겠습니다.

1.4.5 구문 컴파일하기

타입스크립트 컴파일러에 타입스크립트 구문을 입력하면 타입을 검사한 후 작성된 코드에 해당하는 자바스크립트를 내보냅[emit]니다. 편의상 컴파일러는 최신 자바스크립트 구문이나 이전 ECMA스크립트에 상응하는 코드로 컴파일할 수도 있습니다.

---

8 옮긴이_ 객체 혹은 클래스 내부에 정의된 함수를 멤버 함수, 변수를 멤버 변수라고 합니다.

다음 타입스크립트 코드를 플레이그라운드에 작성하세요.

```
const artist = "Augusta Savage";
console.log({ artist });
```

[그림 1-4]와 같이 플레이그라운드의 오른쪽 화면에 타입스크립트로 작성된 코드에 대응하는 자바스크립트 코드를 컴파일러가 출력합니다.

그림 1-4 타입스크립트 코드에 대응되는 자바스크립트 코드로 컴파일된 화면

타입스크립트 플레이그라운드는 타입스크립트 코드가 자바스크립트로 어떻게 출력되는지 보여주는 훌륭한 도구입니다.

> **NOTE** 많은 자바스크립트 프로젝트는 소스 코드를 실행할 수 있는 자바스크립트로 변환하기 위해서 타입스크립트의 자체 컴파일러 대신 '바벨Babel(**https://babeljs.io**)'과 같은 전용 변환기를 사용합니다. **https://learningtypescript.com/starters**에서 기본적인 프로젝트를 시작할 때 유용한 가이드를 확인할 수 있습니다.

1.5 로컬에서 시작하기

컴퓨터에 Node.js가 설치되어 있으면 타입스크립트를 실행할 수 있습니다. 타입스크립트 최신 버전을 전역으로 설치하려면 다음 명령어를 실행합니다.

```
npm i -g typescript
```

이제 명령줄에서 tsc(타입스크립트 컴파일러) 명령어로 타입스크립트를 실행할 수 있습니다. --version 플래그를 사용해 타입스크립트가 올바르게 설정되었는지 확인합시다.

```
tsc --version
```

타입스크립트를 설치할 때의 최신 버전이 Version X.Y.Z와 같은 형식으로 출력됩니다.

```
$ tsc --version
Version 4.7.2
```

1.5.1 로컬에서 실행하기

타입스크립트가 설치되었으므로 코드에서 타입스크립트를 실행할 로컬 폴더를 설정하겠습니다. 컴퓨터 아무 곳에나 폴더를 만들고 다음 명령어를 실행해 신규 tsconfig.json 구성 파일을 생성합니다.

```
tsc --init
```

tsconfig.json 파일은 타입스크립트가 코드를 분석할 때 사용하는 설정을 선언합니다.

tsconfig.json 파일의 대부분 옵션은 이 책의 내용과 관련이 없습니다(프로그래밍에서 언어가 설명해야 하는 보편적이지 않은 설정이 많습니다). 13장 '구성 옵션'에서 tsconfig.json 파일의 옵션을 간략하게 살펴봅니다. 여기서 알고 가야 할 중요한 특징은 tsc를 실행해 폴더의 모든 파일을 컴파일하도록 지시할 수 있고, 타입스크립트가 모든 구성 옵션에 대해서 tsconfg.json을 참조할 수 있다는 것입니다.

다음 내용이 포함된 index.ts 파일을 추가합니다.

```
console.blub("Nothing is worth more than laughter.");
```

그런 다음 tsc 명령에 index.ts 파일명을 알려줍니다.

```
tsc index.ts
```

다음과 같은 오류가 표시됩니다.

```
index.ts:1:9 - error TS2339: Property 'blub' does not exist on type 'Console'.

1 console.blub("Nothing is worth more than laughter.");
          ~~~~

Found 1 error.
```

실제로 blub는 console에 존재하지 않습니다.

타입스크립트를 정상적으로 작동시키기 위해 코드를 수정하기 전에, tsc가 console.blub를 포함해 index.js를 생성했다는 점에 주목하세요.

> **NOTE** 이는 매우 중요한 개념입니다. 비록 코드에 타입 오류가 있었지만, 구문은 여전히 완벽하게 유효합니다. 타입스크립트 컴파일러는 타입 오류와는 상관없이 입력 파일로부터 자바스크립트를 계속 생성합니다.

index.ts 코드에서 console.log를 호출하도록 올바르게 수정하고 tsc를 다시 실행합니다. 터미널에 어떤 오류도 없어야 하고 index.js 파일에는 업데이트된 출력 코드가 포함되어야 합니다.

```
console.log("Nothing is worth more than laughter.");
```

> **TIP** 이 책을 읽을 때 플레이그라운드나 타입스크립트를 지원하는 편집기에서 코드 스니펫을 사용하길 강력히 추천합니다. 즉, 타입스크립트의 언어 서비스를 실행하는 것입니다. 여러분이 배운 내용을 연습할 수 있도록 다양한 소규모 실습과 대규모 프로젝트를 https://learningtypescript.com에서 제공합니다.[9]

---

9 옮긴이_ 여기서 소개하는 실습 웹사이트는 저자가 직접 제작한 페이지이므로 영문으로 제공됩니다.

1.5.2 편집기 기능

tsconfig.json 파일을 생성할 때의 또 다른 이점은 편집기에서 특정 폴더를 열었을 때, 편집기가 이제 해당 폴더를 타입스크립트 프로젝트로 인식한다는 것입니다. 예를 들어 VS Code에서 폴더를 열면 타입스크립트 코드를 분석하는 데 사용하는 설정은 해당 폴더의 tsconfig.json을 따르게 됩니다.

연습을 위해 이번 장의 코드 스니펫을 편집기에 입력해봅시다. 특히 console의 log와 같은 멤버를 입력하는 경우 멤버 이름 완성을 제안하는 드롭다운이 나타납니다.

매우 흥미롭게도 여러분은 타입스크립트의 언어 서비스를 사용해서 코드를 작성하고 있습니다. 여러분은 지금 타입스크립트 개발자가 되는 길을 걷고 있습니다!

> **TIP** VS Code는 타입스크립트를 지원하고, 자체적으로 타입스크립트로 빌드됩니다. 그렇다고 타입스크립트를 위해서 VS Code를 사용할 필요는 없습니다. 대부분 최신 편집기는 훌륭한 타입스크립트 지원 기능을 내장하고 있거나 플러그인을 통해 사용할 수 있습니다. 하지만 책을 읽는 동안 적어도 타입스크립트를 직접 사용해보길 권장합니다. 만약 VS Code가 아닌 다른 편집기를 사용하고 있다면 타입스크립트를 지원하도록 기능을 활성화하는 것이 좋습니다. 편집기 기능에 대해서는 12장 'IDE 기능 사용'에서 다루겠습니다.

1.6 타입스크립트에 대한 오해

타입스크립트가 얼마나 훌륭한지 알았으니, 이제는 타입스크립트의 몇 가지 제약을 알려드리겠습니다. 모든 도구는 어떤 영역에서는 탁월하지만, 다른 영역에서는 한계가 있습니다.

1.6.1 잘못된 코드 해결책

타입스크립트는 자바스크립트 코드를 구조화하는 데 도움이 되지만, 타입 안정성 강화를 제외하고는 해당 구조가 어떻게 보여야 하는지에 대해서는 어떤 것도 강요하지 않습니다. 매우 좋은 특징입니다!

타입스크립트는 특정 대상만을 위한 독단적인 프레임워크가 아닌 모든 개발자가 사용할 수 있는 프로그래밍 언어입니다. 자바스크립트에서 사용했던 아키텍처 패턴 중 무엇이든 사용해서 코드를 작성할 수 있고, 타입스크립트가 이를 지원합니다.

누군가가 여러분에게 타입스크립트는 클래스 사용을 강요한다거나, 타입스크립트가 좋은 코드 작성을 어렵게 만든다거나, 코드 스타일이 불편하다고 말한다면, 엄중하게 이 책을 추천하세요. 타입스크립트는 클래스나 함수 사용 여부와 같은 코드 스타일 의견을 강요하지 않으며, 앵귤러, 리액트 등의 특정 애플리케이션 프레임워크와도 연관되어 있지 않습니다.

1.6.2 자바스크립트로의 확장

타입스크립트의 설계 목표는 다음과 같이 명시되어 있습니다.

- 현재와 미래의 ECMA스크립트 제안에 맞춘다.
- 모든 자바스크립트 코드의 런타임 동작을 유지한다.

타입스크립트는 자바스크립트 작동 방식을 전혀 변경하지 않습니다. 타입스크립트 개발자들은 자바스크립트에 추가되거나 자바스크립트와 충돌할 수 있는 새로운 코드 기능을 타입스크립트에 추가하지 않기 위해 매우 열심히 노력했습니다. 이런 작업은 ECMA스크립트 자체에서 작업하는 기술 위원회인 TC39의 영역입니다.

타입스크립트에는 자바스크립트의 일반적인 사용 사례를 반영하기 위해 수년 전에 추가된 몇 가지 오래된 기능이 있습니다. 이 기능 대부분은 상대적으로 흔하지 않거나 선호도가 떨어지므로 14장 '구문 확장'에서 간략하게 살펴봅니다. 하지만 이 기능을 굳이 알아야 할 필요는 없습니다.

> NOTE 2022년 집필 시점의 TC39는 자바스크립트에 타입 애너테이션 구문 추가를 조사하고 있습니다. 최신 제안은 타입스크립트처럼 런타임 시에는 코드에 영향을 주지 않고, 개발 시에만 사용되는 주석 형태로 작동합니다. 타입 주석이나 이에 상응하는 기능이 자바스크립트에 추가되기까지는 몇 년이 걸리므로 더 이상 이 책에서는 언급하지 않겠습니다.

1.6.3 자바스크립트보다 느림

때로는 인터넷 속 익명의 개발자가 런타임에서 타입스크립트는 자바스크립트보다 느리다고 불평하는 걸 듣게 될지도 모릅니다. 하지만 이 주장은 부정확하고 오해의 소지가 있습니다. 타입스크립트가 코드에 적용하는 유일한 변경 사항은 인터넷 익스플로러 11과 같이 오래된 런타임 환경을 지원하기 위해 이전 버전의 자바스크립트로 코드를 컴파일하도록 요청하는 경우입니다. 운영 프레임워크 대다수는 타입스크립트의 컴파일러를 전혀 사용하지 않습니다. 대신 트랜스파일transpile[10]을 위한 별도의 도구를 사용하고 타입스크립트는 타입 검사용으로만 사용합니다.

그러나 타입스크립트는 코드를 빌드하는 데 시간이 조금 더 걸립니다. 타입스크립트 코드는 브라우저나 Node.js와 같은 환경에서 실행되기 전에 자바스크립트로 컴파일되어야 합니다. 빌드 파이프라인은 대부분 성능 저하를 무시하도록 설정됩니다. 코드에서 발생할 수 있는 오류를 분석하는 느린 타입스크립트 기능은 실행 가능한 애플리케이션 코드 파일을 생성하는 것과는 분리된 채로 수행됩니다.

> **NOTE** ts-node[11]와 디노[12]처럼 타입스크립트 코드를 직접 실행하는 것처럼 보이는 프로젝트에서도, 실행하기 전에 내부적으로 타입스크립트 코드를 자바스크립트로 변환합니다.

1.6.4 진화가 끝남

웹의 진화는 끝나지 않았고, 타입스크립트도 마찬가지입니다. 웹 커뮤니티는 타입스크립트에 버그 수정과 기능 추가를 지속적으로 요청합니다. 이 책에서 배우게 될 타입스크립트의 기본 원칙은 거의 변함이 없겠지만, 오류 메시지, 더 멋진 기능 그리고 편집기와의 통합은 시간이 지남에 따라 개선될 것입니다.

사실 이 책은 집필 시점 기준의 최신 버전인 4.7.2 버전으로 출판되었지만, 여러분이 읽기 시

---

10 옮긴이_ 하나의 프로그래밍 언어에서 다른 프로그래밍 언어로 소스 코드를 변환하는 컴파일 부분
11 옮긴이_ Node.js에서 타입스크립트를 실행시키는 도구
12 옮긴이_ V8 자바스크립트 엔진과 러스트 프로그래밍 언어를 기반으로 하는 자바스크립트 및 타입스크립트용 런타임

작할 때는 새로운 버전이 출시되었을 거라고 확신합니다. 이 책에서 다루는 타입스크립트의 오류 메시지 중 일부는 이미 해결되었을 수도 있습니다.

1.7 마치며

이 장에서는 자바스크립트의 주요 약점과 타입스크립트가 작동하는 방식, 타입스크립트를 시작하는 방법을 알아봤습니다. 구체적으로는 다음 내용을 살펴봤습니다.

- 자바스크립트의 간략한 역사
- **자바스크립트의 함정**: 값 비싼 자유, 부족한 문서, 부족한 개발자 도구
- 프로그래밍 언어, 타입 검사기, 컴파일러 및 언어 서비스 역할을 하는 타입스크립트
- **타입스크립트의 장점**: 제한을 통한 자유로움, 정확한 문서화, 강력한 개발자 도구
- 타입스크립트 플레이그라운드 및 컴퓨터에서 로컬로 타입스크립트 코드 작성하기
- **타입스크립트에 대한 오해**: 잘못된 코드 해결책, 자바스크립트로의 확장, 자바스크립트보다 느림, 진화가 끝남

> TIP https://www.learningtypescript.com/from-javascript-to-typescript에서 배운 내용을 연습해보세요.

타입 시스템

자바스크립트의 힘은 유연함에서 나옵니다.

그 유연함을 조심하세요!

1장에서 타입 검사기를 통해 코드를 살펴보고, 코드가 작동하는 방식을 이해하고, 오류가 있는 부분을 알려주는 타입 검사기의 역할까지 간략하게 설명했습니다. 그런데 타입 검사기가 실제로는 어떻게 작동하는 걸까요?

2.1 타입의 종류

'타입'은 자바스크립트에서 다루는 값의 **형태**에 대한 설명입니다. 여기서 '형태'란 값에 존재하는 속성과 메서드 그리고 내장되어 있는 typeof 연산자가 설명하는 것을 의미합니다.

예를 들어 다음과 같이 초깃값이 "Aretha"인 변수를 생성하는 경우, 타입스크립트는 singer 변수가 문자열 타입임을 유추할 수 있습니다.

```
let singer = "Aretha";
```

타입스크립트의 가장 기본적인 타입은 자바스크립트의 일곱 가지 기본 원시 타입^{primitive type}과 동일합니다. 일곱 가지 원시 타입은 다음과 같습니다.

- null
- undefined
- boolean // true 혹은 false
- string // "", "Hi!", "abc123", ...
- number // 0, 2.1, -4, ...
- bigint // 0n, 2n, -4n, ...
- symbol // Symbol(), Symbol("hi"), ...

타입스크립트는 다음 값을 일곱 가지 기본 원시 타입 중 하나로 간주합니다.

- null; // null
- undefined; // undefined
- true; // boolean
- "Louise"; // string
- 1337; // number
- 1337n; // bigint
- Symbol("Franklin"); // symbol

변수의 원시 타입을 잊어버렸다면 타입스크립트 플레이그라운드 혹은 IDE에서 원싯값을 갖는 let 변수를 입력하고 변수 이름 위에 마우스를 가져가면 됩니다. 그러면 [그림 2-1]처럼 원시 타입의 이름이 나타납니다.

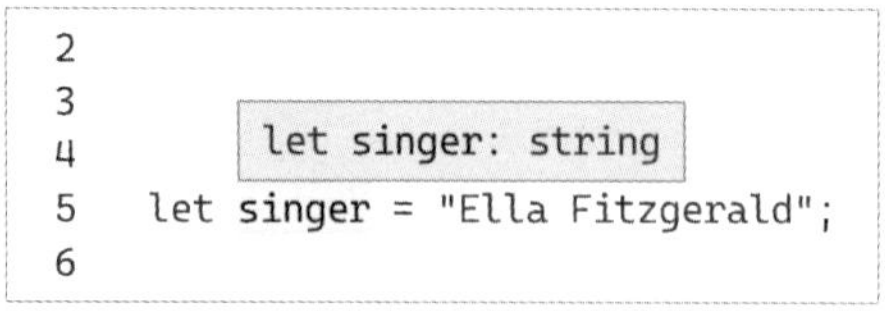

```
2
3
4       let singer: string
5   let singer = "Ella Fitzgerald";
6
```

그림 2-1 마우스 오버로 문자열 변수의 타입을 보여주는 타입스크립트

또한 타입스크립트는 계산된 초깃값을 갖는 변수의 타입을 유추할 수 있을 만큼 충분히 똑똑합니다. 다음 예제에서 타입스크립트는 삼항 연산자의 결과가 항상 문자열이라는 것을 알고 있으므로 bestSong 변수는 string 타입입니다.

```
// 타입: string
let bestSong = Math.random() > 0.5
    ? "Chain of Fools"
    : "Respect";
```

타입스크립트 플레이그라운드나 IDE에서 bestSong 변수에 마우스를 올려보세요. [그림 2-2]
와 같이 타입스크립트가 bestSong 변수의 타입을 string으로 유추했다는 정보 상자[info box] 또
는 메시지가 표시됩니다.

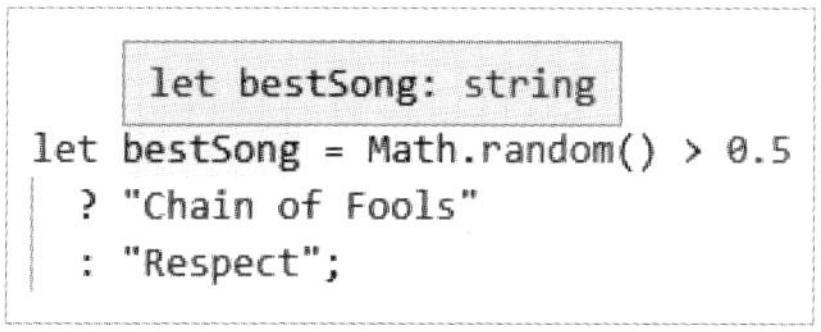

```
        let bestSong: string
let bestSong = Math.random() > 0.5
  ? "Chain of Fools"
  : "Respect";
```

그림 2-2 삼항 연산자의 문자열 리터럴 타입을 알려주는 타입스크립트

> NOTE 자바스크립트에서 객체와 원시 타입 간의 차이점을 떠올려보세요. Boolean과 Number와 같은 객
> 체는 각 원싯값을 감싸는 객체입니다.[1] 타입스크립트에서는 일반적으로 boolean과 number처럼 소문자로
> 참조하는 것이 모범 사례입니다.

2.1.1 타입 시스템

타입 시스템[type system]은 프로그래밍 언어가 프로그램에서 가질 수 있는 타입을 이해하는 방법에
대한 규칙 집합입니다.

기본적으로 타입스크립트의 타입 시스템은 다음과 같이 작동합니다.

1. 코드를 읽고 존재하는 모든 타입과 값을 이해합니다.
2. 각 값이 초기 선언에서 가질 수 있는 타입을 확인합니다.
3. 각 값이 추후 코드에서 어떻게 사용될 수 있는지 모든 방법을 확인합니다.
4. 값의 사용법이 타입과 일치하지 않으면 사용자에게 오류를 표시합니다.

---

1 옮긴이_ 원서에서는 Boolean과 Number를 클래스라고 표현했지만, 객체(object)가 맞으므로 클래스가 아닌 객체로 의역했습니다.

타입 추론 과정을 자세히 살펴보겠습니다. 다음은 타입스크립트가 멤버 속성을 함수로 잘못 호출해 타입 오류가 발생하는 코드입니다.

```
let firstName = "Whitney";
firstName.length();
//         ~~~~~~
// Error: This expression is not callable.
//    Type 'Number' has no call signatures
```

타입스크립트는 다음과 같은 순서로 오류를 표시합니다.

1. 코드를 읽고 firstName이라는 변수를 이해합니다.
2. 초깃값이 "Whitney"이므로 firstName이 string 타입이라고 결론짓습니다.
3. firstName의 .length 멤버를 함수처럼 호출하는 코드를 확인합니다.
4. string의 .length 멤버는 함수가 아닌 숫자라는 오류를 표시합니다. **즉, 함수처럼 호출할 수 없습니다.**

타입스크립트의 타입 시스템에 대한 이해는 타입스크립트 코드를 이해하는 데 중요한 기술입니다. 이번 장과 이 책의 나머지 부분에서 살펴볼 코드 스니펫은 타입스크립트가 코드로부터 추론할 수 있는 점점 더 복잡한 타입을 보여줍니다.

2.1.2 오류 종류

타입스크립트를 작성하는 동안 가장 자주 접하게 되는 오류 두 가지는 다음과 같습니다.

- **구문 오류**: 타입스크립트가 자바스크립트로 변환되는 것을 차단한 경우
- **타입 오류**: 타입 검사기에 따라 일치하지 않는 것이 감지된 경우

둘 사이의 차이점은 중요하므로 함께 살펴봅시다.

구문 오류

구문 오류는 타입스크립트가 코드로 이해할 수 없는 잘못된 구문을 감지할 때 발생합니다. 이는 타입스크립트가 타입스크립트 파일에서 자바스크립트 파일을 올바르게 생성할 수 없도록 차단합니다. 물론 타입스크립트 코드를 자바스크립트로 변환하는 데 사용하는 도구와 설정에

따라 자바스크립트 코드를 얻을 수도 있습니다(tsc 기본 설정에서는 가능합니다). 하지만 결과가 여러분의 예상과 상당히 다를 수 있습니다.

다음 타입스크립트에서는 예기치 않은 let에 대한 구문 오류가 발생합니다.

```
let let wat;
//      ~~~
// Error: ',' expected.
```

타입스크립트 컴파일러 버전에 따라 컴파일된 자바스크립트 결과는 다음과 같습니다.

```
let let, wat;
```

> **TIP** 타입스크립트는 구문 오류와는 상관없이 자바스크립트 코드를 출력하기 위해 최선을 다하지만, 여러분이 원하는 출력 결과가 아닐 수 있습니다. 따라서 출력된 자바스크립트를 실행하기 전에 구문 오류를 수정하는 것이 좋습니다.

타입 오류

타입 오류는 타입스크립트의 타입 검사기가 프로그램의 타입에서 오류를 감지했을 때 발생합니다. 오류가 발생했다고 해서 타입스크립트 구문이 자바스크립트로 변환되는 것을 차단하지는 않습니다. 하지만 코드가 실행되면 무언가 충돌하거나 예기치 않게 작동할 수 있음을 나타냅니다.

여러분은 이미 1장 '자바스크립트에서 타입스크립트로'에서 console.blub 예제를 보았습니다. 예제 코드는 구문상 유효하지만 타입스크립트는 코드가 실행될 때 충돌할 가능성이 있음을 감지합니다.

```
console.blub("Nothing is worth more than laughter.");
//      ~~~~
// Error: Property 'blub' does not exist on type 'Console'.
```

타입스크립트는 타입 오류가 있음에도 불구하고 자바스크립트 코드를 출력할 수 있지만, 출력된 자바스크립트 코드가 원하는 대로 실행되지 않을 가능성이 있다는 신호를 타입 오류로 알려줍니다. 자바스크립트를 실행하기 전에 타입 오류를 확인하고 발견된 문제를 먼저 해결하는 것이 가장 좋습니다.

> **NOTE** 어떤 프로젝트는 구문 오류뿐만 아니라 모든 타입스크립트 타입 오류가 수정될 때까지 코드 실행을 차단하기도 합니다. 필자를 포함한 많은 개발자는 이 방식이 성가시고 불필요하다고 생각합니다. 대부분의 프로젝트는 13장에서 살펴볼 구성 옵션과 **tsconfig.json** 파일을 사용해 차단하지 않도록 설정합니다.

2.2 할당 가능성

타입스크립트는 변수의 초깃값을 읽고 해당 변수가 허용되는 타입을 결정합니다. 나중에 해당 변수에 새로운 값이 할당되면, 새롭게 할당된 값의 타입이 변수의 타입과 동일한지 확인합니다.

타입스크립트 변수에 동일한 타입의 다른 값이 할당될 때는 문제가 없습니다. 예를 들어 변수가 처음에 string 값이면 나중에 다른 string 값을 할당하는 것은 문제가 되지 않습니다.

```
let firstName = "Carole";
firstName = "Joan";
```

하지만 타입스크립트 변수에 다른 타입의 값이 할당되면 타입 오류가 발생합니다. 예를 들어 처음에는 string 값으로 변수를 선언한 다음 나중에 boolean 값을 넣을 수 없습니다.

```
let lastName = "King";
lastName = true;
//~~~~~~
// Error: Type 'boolean' is not assignable to type 'string'.
```

타입스크립트에서 함수 호출이나 변수에 값을 제공할 수 있는지 여부를 확인하는 것을 **할당 가능성**assignability이라고 합니다. 즉, 전달된 값이 예상된 타입으로 할당 가능한지 여부를 확인합니다.

할당 가능성은 이번 장 이후에 더 복잡한 객체를 비교할 때 더 중요한 용어가 됩니다.

2.2.1 할당 가능성 오류 이해하기

'Type...is not assignable to type...' 형태의 오류는 타입스크립트 코드를 작성할 때 만나게 되는 가장 일반적인 오류 중 하나입니다.

해당 오류 메시지에서 언급된 첫 번째 type은 코드에서 변수에 할당하려고 시도하는 값입니다. 두 번째 type은 첫 번째 타입, 즉, 값이 할당되는 변수입니다. 예를 들어 이전 코드 스니펫에서 lastName = true를 작성할 때 boolean 타입인 true 값을 string 타입인 변수 lastName에 할당하려고 했습니다.

책을 읽으면서 점점 더 복잡한 할당 가능성 문제를 보게 될 것입니다. 그리고 실제 타입과 예상된 타입 간에 보고된 차이점을 이해하려면 주의 깊게 읽어야 합니다. 그렇게 하면 구문 오류에 대해 어려움을 느낄 때 타입스크립트로 작업하는 것이 훨씬 쉬워질 것입니다.

2.3 타입 애너테이션

때로는 변수에 타입스크립트가 읽어야 할 초깃값이 없는 경우도 있습니다. 타입스크립트는 나중에 사용할 변수의 초기 타입을 파악하려고 시도하지 않습니다. 그리고 기본적으로 변수를 암묵적인 any 타입으로 간주합니다. 즉, 변수는 세상의 모든 것이 될 수 있음을 나타냅니다.

초기 타입을 유추할 수 없는 변수는 **진화하는 any**라고 부릅니다. 특정 타입을 강제하는 대신 새로운 값이 할당될 때마다 변수 타입에 대한 이해를 발전시킵니다.

다음 코드를 보면 진화하는 any 변수인 rocker에 처음에는 문자열이 할당되는데, 이는 toUpperCase() 같은 string 메서드를 갖는 것을 의미하지만, 그다음에는 number 타입으로 진화되는 것을 확인할 수 있습니다.

```
let rocker; // 타입: any

rocker = "Joan Jett"; // 타입: string
```

```
rocker.toUpperCase(); // Ok

rocker = 19.58; // 타입: number
rocker.toPrecision(1); // Ok

rocker.toUpperCase();
//     ~~~~~~~~~~~
// Error: 'toUpperCase' does not exist on type 'number'.
```

타입스크립트는 number 타입으로 진화한 변수가 toUpperCase() 메서드를 호출하는 것을 포착했습니다. 그러나 변수가 string 타입에서 number 타입으로 진화된 것이 처음부터 의도된 것인지에 대한 여부는 더 일찍 알 수 없습니다.

일반적으로 any 타입을 사용해 any 타입으로 진화하는 것을 허용하게 되면 타입스크립트의 타입 검사 목적을 부분적으로 쓸모없게 만듭니다. 타입스크립트는 값이 어떤 타입인지 알고 있을 때 가장 잘 작동합니다. any 타입을 가진 값에는 타입스크립트의 타임 검사 기능을 잘 적용할 수 없습니다. 검사를 위해 알려진 타입이 없기 때문이죠. 13장 '구성 옵션'에서 타입스크립트의 any 타입에 대한 오류 설정을 구성하는 방법을 살펴봅니다.

타입스크립트는 초깃값을 할당하지 않고도 변수의 타입을 선언할 수 있는 구문인 **타입 애너테이션**type annotation을 제공합니다. 타입 애너테이션은 변수 이름 뒤에 배치되며 콜론(:)과 타입 이름을 차례대로 기재합니다. 다음 타입 애너테이션은 rocker 변수가 string 타입임을 나타냅니다.

```
let rocker: string;
rocker = "Joan Jett";
```

이러한 타입 애너테이션은 타입스크립트에만 존재하며 런타임 코드에 영향을 주지도 않고, 유효한 자바스크립트 구문도 아닙니다. tsc 명령어를 실행해 타입스크립트 소스 코드를 자바스크립트로 컴파일하면 해당 코드가 삭제가 됩니다. 예를 들어 앞의 예제는 다음 자바스크립트 코드로 컴파일됩니다.

```
// 출력된 .js 파일
let rocker;
rocker = "Joan Jett";
```

변수에 타입 애너테이션으로 정의한 타입 외의 값을 할당하면 타입 오류가 발생합니다.

다음 코드는 string 타입으로 선언된 rocker 변수에 숫자를 할당해 타입 오류가 발생한 상황입니다.

```
let rocker: string;
rocker = 19.58;
//~~~~
// Error: Type 'number' is not assignable to type 'string'.
```

여러분은 다음 몇 장을 읽으면서 타입 애너테이션을 사용해 코드에서 타입스크립트 통찰력을 강화하고, 개발 중 더 나은 기능을 제공하는 방법을 터득하게 될 것입니다. 타입스크립트에는 타입 시스템에만 존재하는 타입 애너테이션과 같은 새로운 구문들이 포함됩니다.

> **NOTE** 타입 시스템에만 존재하는 것은 컴파일된 자바스크립트로 복사되지 않습니다. 타입스크립트 타입은 컴파일을 통해 생성된 자바스크립트에 어떠한 영향도 주지 않습니다.

2.3.1 불필요한 타입 애너테이션

타입 애너테이션은 타입스크립트가 자체적으로 수집할 수 없는 정보를 타입스크립트에 제공할 수 있습니다. 타입을 즉시 유추할 수 있는 변수에도 타입 애너테이션을 사용할 수 있습니다. 하지만 타입스크립트가 아직 알지 못하는 것은 알려주지 못합니다.

다음 코드에서 string 타입 애너테이션은 중복입니다. 타입스크립트가 이미 firstName이 string 타입임을 유추할 수 있기 때문입니다.

```
let firstName: string = "Tina"; // 타입 시스템은 변경되지 않음
```

초깃값이 있는 변수에 타입 애너테이션을 추가하면 타입스크립트는 변수에 할당된 값의 타입이 일치하는지 확인합니다.

다음 firstName은 string 타입으로 선언되었지만, number 값인 42로 초기화되었습니다. 이

렇게 되면 타입스크립트가 호환되지 않는다는 것을 보여줍니다.

```
let firstName: string = 42;
//    ~~~~~~~~~
// Error: Type 'number' is not assignable to type 'string'.
```

필자를 포함한 많은 개발자는 아무것도 변하지 않는 변수에는 타입 애너테이션을 추가하지 않기를 선호합니다. 타입 애너테이션을 수동으로 작성하는 일은 번거롭습니다. 특히 타입이 변경되거나 복잡한 타입일 때 더욱 그렇습니다(책의 후반부에서 보여드리겠습니다).

코드를 명확하게 문서화하거나 실수로 변수 타입이 변경되지 않도록 타입스크립트를 보호하기 위해 변수에 명시적으로 타입 애너테이션을 포함하는 것이 경우에 따라서는 유용할 수 있습니다. 이후 장에서 일반적으로 유추되지 않은 타입스크립트 정보를 명시적 타입 애너테이션이 알려주는 방법을 살펴봅니다.

2.4 타입 형태

타입스크립트는 변수에 할당된 값이 원래 타입과 일치하는지 확인하는 것 이상을 수행합니다. 타입스크립트는 객체에 어떤 멤버 속성이 존재하는지 알고 있습니다. 만약 여러분이 코드에서 변수의 속성에 접근하려고 한다면 타입스크립트는 접근하려는 속성이 해당 변수의 타입에 존재하는지 확인합니다.

string 타입의 rapper 변수를 선언한다고 가정합시다. 나중에 rapper 변수를 사용할 때 타입스크립트가 string 타입에서 사용 가능한 작업만을 허용합니다.

```
let rapper = "Queen Latifah";
rapper.length; // Ok
```

타입스크립트가 string 타입에서 작동하는지 알 수 없는 작업은 허용되지 않습니다.

```
rapper.push('!');
//     ~~~~
// Error: Property 'push' does not exist on type 'string'.
```

타입은 더 복잡한 형태, 특히 객체일 수도 있습니다. 다음 스니펫에서 타입스크립트는 cher 객체에 middleName 키가 없다는 것을 알고 오류를 표시합니다.

```
let cher = {
    firstName: "Cherilyn",
    lastName: "Sarkisian",
};

cher.middleName;
//     ~~~~~~~~~~
// Error: Property 'middleName' does not exist on type
// '{ firstName: string; lastName: string; }'.
```

타입스크립트는 객체의 형태에 대한 이해를 바탕으로 할당 가능성뿐만 아니라 객체 사용과 관련된 문제도 알려줍니다. 4장 '객체'에서 객체 및 객체 타입에 대한 타입스크립트의 강력한 기능을 자세하게 알아봅니다.

2.4.1 모듈

자바스크립트는 비교적 최근까지 서로 다른 파일에 작성된 코드를 공유하는 방법과 관련된 사양을 제공하지 않았습니다. ECMA스크립트 2015에는 파일 간에 가져오고[import] 내보내는[export] 구문을 표준화하기 위해 ECMA스크립트 모듈[ECMAScript Modules](ESM)이 추가되었습니다.

참고로 다음 모듈 파일은 ./values 파일에서 value를 가져오고, 변수 doubled를 내보냅니다.

```
import { value } from "./values";

export const doubled = value * 2;
```

ECMA스크립트 사양과 일치시키기 위해 이 책에서는 다음 명명법을 사용합니다.

- **모듈**: export 또는 import가 있는 파일
- **스크립트**: 모듈이 아닌 모든 파일

타입스크립트는 최신 모듈 파일을 기존 파일과 함께 실행할 수 있습니다. 모듈 파일에 선언된 모든 것은 해당 파일에서 명시한 export 문에서 내보내지 않는 한 모듈 파일에서만 사용할 수

있습니다. 한 모듈에서 다른 파일에 선언된 변수와 동일한 이름으로 선언된 변수는 다른 파일의 변수를 가져오지 않는 한 이름 충돌로 간주하지 않습니다.

다음은 a.ts와 b.ts 파일 모두 모듈이고 이름이 동일한 shared 변수를 문제없이 내보내는 코드입니다. c.ts는 가져온 shared 변수와 c.ts에 정의된 shared 변수의 이름이 충돌되어 타입 오류가 발생합니다.

```
// a.ts
export const shared = "Cher";
```

```
// b.ts
export const shared = "Cher";
```

```
// c.ts
import { shared } from "./a";
//         ~~~~~~
// Error: Import declaration conflicts with local declaration of 'shared'.

export const shared = "Cher";
//               ~~~~~~
// Error: Individual declarations in merged declaration
// 'shared' must be all exported or all local.
```

그러나 파일이 스크립트면 타입스크립트는 해당 파일을 전역 스코프scope[2]로 간주하므로 모든 스크립트가 파일의 내용에 접근할 수 있습니다. 즉, 스크립트 파일에 선언된 변수는 다른 스크립트 파일에 선언된 변수와 동일한 이름을 가질 수 없습니다.

다음 a.ts와 b.ts 파일은 모듈 스타일의 export 또는 import 문이 없기 때문에 일반 스크립트로 간주됩니다. 따라서 동일한 이름의 변수가 동일한 파일에 선언된 것처럼 서로 충돌합니다.

---

2 옮긴이_ 변수에 접근할 수 있는 범위

```
// a.ts
const shared = "Cher";
//     ~~~~~~
// Error: Cannot redeclare block-scoped variable 'shared'.
```

```
// b.ts
const shared = "Cher";
//     ~~~~~~
// Error: Cannot redeclare block-scoped variable 'shared'.
```

타입스크립트 파일에 Cannot redeclare...라는 오류가 표시되면 파일에 아직 export 또는
import 문을 추가하지 않았기 때문일 수 있습니다. ECMA스크립트 사양에 따라 export 또는
import 문 없이 파일을 모듈로 만들어야 한다면 파일의 아무 곳에나 export{};를 추가해 강
제로 모듈이 되도록 만듭니다.

```
// a.ts and b.ts
const shared = "Cher"; // Ok

export {};
```

> **WARNING** 타입스크립트는 CommonJS[3]와 같은 이전 모듈을 사용해서 작성된 타입스크립트 파일의
> import, export 형태는 인식하지 못합니다. 타입스크립트는 일반적으로 CommonJS 스타일의 require
> 함수에서 반환된 값을 any 타입으로 인식합니다.

---

3 옮긴이_ 자바스크립트 모듈을 만들기 위한 프로젝트

2.5 마치며

이 장에서는 타입스크립트의 타입 시스템이 어떻게 작동하는지 살펴봤습니다.

- '타입'은 무엇인지 알아보고 타입스크립트가 인식하는 원시 타입 이해하기
- '타입 시스템'은 무엇인지 알아보고 타입스크립트의 타입 시스템이 코드를 이해하는 방법 살펴보기
- 타입 오류와 구문 오류의 차이점
- 유추된 변수 타입과 변수 할당 가능성
- 타입 애너테이션으로 변수 타입을 명시적으로 선언하고 any 타입의 진화 방지하기
- 타입 형태에서 객체 멤버 확인하기
- 스크립트 파일과는 다른 ECMA스크립트 모듈 파일의 선언 스코프

> TIP https://learningtypescript.com/the-type-system에서 배운 내용을 연습해보세요.

유니언과 리터럴

상수를 제외한 모든 것은 변합니다.

시간이 지나면서 값도 변할 수 있습니다.

2장에서는 타입 시스템의 개념과 타입 시스템이 변수의 타입을 이해하기 위해 값을 읽는 방법을 설명했습니다. 이제는 타입스크립트가 해당 값을 바탕으로 추론을 수행하는 두 가지 핵심 개념을 소개하겠습니다.

- **유니언**union : 값에 허용된 타입을 두 개 이상의 가능한 타입으로 확장하는 것
- **내로잉**narrowing : 값에 허용된 타입이 하나 이상의 가능한 타입이 되지 않도록 좁히는 것

종합하자면 유니언과 내로잉은 다른 주요 프로그래밍 언어에서는 불가능하지만 타입스크립트에서는 가능한 '코드 정보에 입각한 추론'을 해내는 강력한 개념입니다.

3.1 유니언 타입

다음 mathematician 변수를 보겠습니다.

```
let mathematician = Math.random() > 0.5
    ? undefined
    : "Mark Goldberg";
```

mathematician은 어떤 타입일까요?

둘 다 잠재적인 타입이긴 하지만 무조건 undefined이거나 혹은 무조건 string인 것도 아닙니다. mathematician은 undefined이거나 string일 수 있습니다. '이거 혹은 저거'와 같은 타입을 **유니언**이라고 합니다. 유니언 타입은 값이 정확히 어떤 타입인지 모르지만 두 개 이상의 옵션 중 하나라는 것을 알고 있는 경우에 코드를 처리하는 훌륭한 개념입니다.

타입스크립트는 가능한 값 또는 구성 요소 사이에 ┃(수직선) 연산자를 사용해 유니언 타입을 나타냅니다. 앞에서 나온 mathematician은 string ┃ undefined 타입으로 간주됩니다. mathematician 변수 위로 마우스를 가져가면 [그림 3-1]과 같이 타입이 string ┃ undefined로 표시됩니다.

```
let mathematician: string | undefined
let mathematician = Math.random() > 0.5
    ? undefined
    : "Mark Goldberg";
```

그림 3-1 mathematician 변수 타입을 string ┃ undefined로 표시하는 타입스크립트

3.1.1 유니언 타입 선언

변수의 초깃값이 있더라도 변수에 대한 명시적 타입 애너테이션을 제공하는 것이 유용할 때 유니언 타입을 사용합니다. 다음 예제에서 thinker의 초깃값은 null이지만 잠재적으로 null 대신 string이 될 수 있음을 알려줍니다. 명시적으로 string ┃ null 타입 애너테이션은 타입스크립트가 thinker의 값으로 string 타입의 값을 할당할 수 있음을 의미합니다.

```
let thinker: string | null = null;

if (Math.random() > 0.5) {
    thinker = "Susanne Langer"; // Ok
}
```

유니언 타입 선언은 타입 애너테이션으로 타입을 정의하는 모든 곳에서 사용할 수 있습니다.

NOTE 유니언 타입 선언의 순서는 중요하지 않습니다. 타입스크립트에서는 boolean | number나 number | boolean 모두 똑같이 취급합니다.

3.1.2 유니언 속성

값이 유니언 타입일 때 타입스크립트는 유니언으로 선언한 모든 가능한 타입에 존재하는 멤버 속성에만 접근할 수 있습니다. 유니언 외의 타입에 접근하려고 하면 타입 검사 오류가 발생합니다.

다음 스니펫에서 physicist는 number | string 타입으로 두 개의 타입에 모두 존재하는 toString()은 사용할 수 있지만, toUpperCase()와 toFixed()는 사용할 수 없습니다. toUpperCase()는 number 타입에 없고, toFixed()는 string 타입에 없기 때문입니다.

```
let physicist = Math.random() > 0.5
    ? "Marie Curie"
    : 84;

physicist.toString(); // Ok

physicist.toUpperCase();
//         ~~~~~~~~~~~
// Error: Property 'toUpperCase' does not exist on type 'string | number'.
//    Property 'toUpperCase' does not exist on type 'number'.

physicist.toFixed();
//         ~~~~~~~
// Error: Property 'toFixed' does not exist on type 'string | number'.
//    Property 'toFixed' does not exist on type 'string'.
```

모든 유니언 타입에 존재하지 않는 속성에 대한 접근을 제한하는 것은 안전 조치에 해당합니다. 객체가 어떤 속성을 포함한 타입으로 확실하게 알려지지 않은 경우, 타입스크립트는 해당 속성을 사용하려고 시도하는 것이 안전하지 않다고 여깁니다. 그런 속성이 존재하지 않을 수도 있으니까요.

유니언 타입으로 정의된 여러 타입 중 하나의 타입으로 된 값의 속성을 사용하려면 코드에서 값이 보다 구체적인 타입^{specific type} 중 하나라는 것을 타입스크립트에 알려야 합니다. 이 과정을 **내로잉**이라고 부릅니다.

3.2 내로잉

내로잉은 값이 정의, 선언 혹은 이전에 유추된 것보다 더 구체적인 타입임을 코드에서 유추하는 것입니다. 타입스크립트가 값의 타입이 이전에 알려진 것보다 더 좁혀졌다는 것을 알게 되면 값을 더 구체적인 타입으로 취급합니다. 타입을 좁히는 데 사용할 수 있는 논리적 검사를 **타입 가드**^{type guard}라고 합니다.

타입스크립트가 코드에서 타입을 좁히는 데 흔히 사용하는 타입 가드 두 가지를 살펴보겠습니다.

3.2.1 값 할당을 통한 내로잉

변수에 값을 직접 할당하면 타입스크립트는 변수의 타입을 할당된 값의 타입으로 좁힙니다. 다음 admiral 변수는 초기에 number | string으로 선언했지만 "Grace Hopper" 값이 할당된 이후 타입스크립트는 admiral 변수가 string 타입이라는 것을 알게 됩니다.

```
let admiral: number | string;

admiral = "Grace Hopper";

admiral.toUpperCase(); // Ok: string

admiral.toFixed();
//       ~~~~~~~
// Error: Property 'toFixed' does not exist on type 'string'.
```

변수에 유니언 타입 애너테이션이 명시되고 초깃값이 주어질 때 값 할당 내로잉이 작동합니다. 타입스크립트는 변수가 나중에 유니언 타입으로 선언된 타입 중 하나의 값을 받을 수 있지만,

처음에는 초기에 할당된 값의 타입으로 시작한다는 것을 이해합니다.

다음 코드에서 inventor는 number | string 타입으로 선언되었지만 초깃값으로 문자열이 할당되었기 때문에 타입스크립트는 즉시 string 타입으로 바로 좁혀졌다는 것을 알고 있습니다.

```
let inventor: number | string = "Hedy Lamarr";

inventor.toUpperCase(); // Ok: string

inventor.toFixed();
//        ~~~~~~~~
// Error: Property 'toFixed' does not exist on type 'string'.
```

3.2.2 조건 검사를 통한 내로잉

일반적으로 타입스크립트에서는 변수가 알려진 값과 같은지 확인하는 if 문을 통해 변수의 값을 좁히는 방법을 사용합니다. 타입스크립트는 if 문 내에서 변수가 알려진 값과 동일한 타입인지 확인합니다.

```
// scientist: number | string의 타입
let scientist = Math.random() > 0.5
    ? "Rosalind Franklin"
    : 51;

if (scientist === "Rosalind Franklin") {
    // scientist: string의 타입
    scientist.toUpperCase(); // Ok
}

// scientist: number | string의 타입
scientist.toUpperCase();
//        ~~~~~~~~~~~~~
// Error: Property 'toUpperCase' does not exist on type 'string | number'.
//    Property 'toUpperCase' does not exist on type 'number'.
```

조건부 로직으로 내로잉할 때, 타입스크립트 타입 검사 로직은 훌륭한 자바스크립트 코딩 패턴을 미러링해 구현합니다. 만약 변수가 여러 타입 중 하나라면, 일반적으로 필요한 타입과 관련된 검사를 원할 것입니다. 타입스크립트는 강제로 코드를 안전하게 작성할 수 있도록 하는 고마운 언어입니다.

3.2.3 typeof 검사를 통한 내로잉

타입스크립트는 직접 값을 확인해 타입을 좁히기도 하지만, typeof 연산자를 사용할 수도 있습니다.

scientist 예제와 유사하게 다음 if 문에서 typeof researcher가 "string"인지 확인해 타입스크립트에 researcher의 타입이 string임을 나타냅니다.

```
let researcher = Math.random() > 0.5
    ? "Rosalind Franklin"
    : 51;

if (typeof researcher === "string") {
    researcher.toUpperCase(); // Ok: string
}
```

!를 사용한 논리적 부정과 else 문도 잘 작동합니다.

```
if (!(typeof researcher === "string")) {
    researcher.toFixed(); // Ok: number
} else {
    researcher.toUpperCase(); // Ok: string
}
```

이러한 코드 스니펫은 타입 내로잉에서도 지원되는 삼항 연산자를 이용해 다시 작성할 수 있습니다.

```
typeof researcher === "string"
    ? researcher.toUpperCase() // Ok: string
    : researcher.toFixed(); // Ok: number
```

어떤 방법으로 작성하든 **typeof** 검사는 타입을 좁히기 위해 자주 사용하는 실용적인 방법입니다.

타입스크립트의 타입 검사기는 이후 장에서 보게 될 더 많은 내로잉 형태를 인식합니다.

3.3 리터럴 타입

두 개 이상의 잠재적 타입이 될 수 있는 값을 다루기 위해 유니언 타입과 내로잉을 살펴봤으니 지금부터는 **리터럴 타입**^{literal type}을 소개하겠습니다. 리터럴 타입은 좀 더 구체적인 버전의 원시 타입입니다.

다음 philosopher 변수를 보겠습니다.

```
const philosopher = "Hypatia";
```

philosopher는 어떤 타입인가요? 얼핏 봐도 **string** 타입이라고 말할 수 있고 실제로도 **string** 타입입니다.

하지만 philosopher는 단지 **string** 타입이 아닌 **"Hypatia"**라는 특별한 값입니다. 따라서 변수 philosopher의 타입은 기술적으로 더 구체적인 **"Hypatia"**입니다.

이것이 바로 리터럴 타입의 개념입니다. 원시 타입 값 중 어떤 것이 아닌 **특정 원싯값**으로 알려진 타입이 리터럴 타입입니다. 원시 타입 **string**은 존재할 수 있는 모든 가능한 문자열의 집합을 나타냅니다. 하지만 리터럴 타입인 **"Hypatia"**는 하나의 문자열만 나타냅니다.

만약 변수를 const로 선언하고 직접 리터럴 값을 할당하면 타입스크립트는 해당 변수를 할당된 리터럴 값으로 유추합니다. 따라서 VS Code 같은 IDE에서 초기 리터럴 값이 할당된 const 변수 위에 마우스를 가져가면 [그림 3-3]과 같은 일반적인 원시 타입 대신 [그림 3-2]처럼 해당 리터럴이 표시됩니다.

```
const mathematician: "Mark Goldberg"
const mathematician = "Mark Goldberg";
```

그림 3-2 특정 리터럴 타입이 된 const 변수

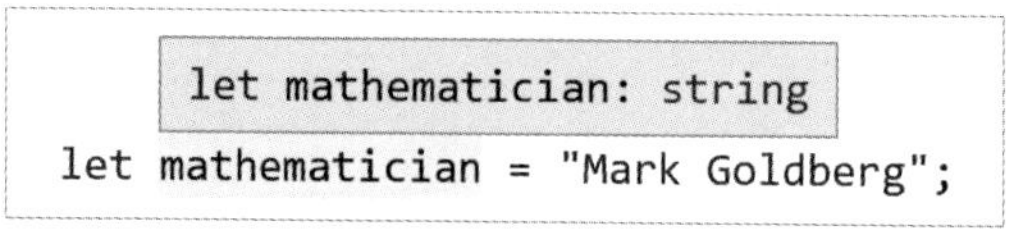

```
let mathematician: string
let mathematician = "Mark Goldberg";
```

그림 3-3 일반적인 원시 타입인 let 변수

각 원시 타입은 해당 타입이 가질 수 있는 가능한 모든 리터럴 값의 진제 조합으로 생각할 수 있습니다. 즉, 원시 타입은 해당 타입의 가능한 모든 리터럴 값의 집합입니다.

boolean, null, undefined 타입 외에 number, string과 같은 모든 원시 타입에는 무한한 수의 리터럴 타입이 있습니다. 일반적인 타입스크립트 코드에서 발견할 수 있는 타입은 다음과 같습니다.

- **boolean**: true ¦ false
- **null과 undefined**: 둘 다 자기 자신, 즉, 오직 하나의 리터럴 값만 가짐
- **number**: 0 ¦ 1 ¦ 2 ... ¦ 0.1 ¦ 0.2 ¦ ...
- **string**: "" ¦ "a" ¦ "b" ¦ "c" ¦ ... ¦ "aa" ¦ "ab" ¦ "ac" ¦ ...

유니언 타입 애너테이션에서는 리터럴과 원시 타입을 섞어서 사용할 수 있습니다. 예를 들어 lifespan은 number 타입이거나 선언된 "ongoing" 혹은 "uncertain" 값 중 하나로 나타낼 수 있습니다.

```
let lifespan: number ¦ "ongoing" ¦ "uncertain";

lifespan = 89; // Ok
lifespan = "ongoing"; // Ok

lifespan = true;
//~~~~~~
// Error: Type 'true' is not assignable to type 'number ¦ "ongoing" ¦ "uncertain"'
```

3.3.1 리터럴 할당 가능성

앞서 number와 string과 같은 서로 다른 원시 타입이 서로 할당되지 못한다는 것을 보았습니다. 마찬가지로 0과 1처럼 동일한 원시 타입일지라도 서로 다른 리터럴 타입은 서로 할당할 수

없습니다.

다음 예제에서 specificallyAda는 리터럴 타입 "Ada"로 선언했으므로 값에 "Ada"를 할당할 수 있지만, "Byron"이나 string 타입 값은 할당할 수 없습니다.

```
let specificallyAda: "Ada";

specificallyAda = "Ada"; // Ok

specificallyAda = "Byron";
//~~~~~~~~~~~~~~
// Error: Type '"Byron"' is not assignable to type '"Ada"'.

let someString = ""; // 타입: string

specificallyAda = someString;
//~~~~~~~~~~~~~~
// Error: Type 'string' is not assignable to type '"Ada"'.
```

그러나 리터럴 타입은 그 값이 해당하는 원시 타입에 할당할 수 있습니다. 모든 특정 리터럴 문자열은 여전히 string 타입이기 때문입니다.

다음 예제 코드에서, 타입 ":)"의 값 ":)"는 앞서 string 타입으로 간주된 someString 변수에 할당됩니다.

```
someString = ":)";
```

단순한 변수 할당이 이론적으로 이렇게 강력할 것이라고 누가 생각이나 했을까요?

3.4 엄격한 null 검사

리터럴로 좁혀진 유니언의 힘은 타입스크립트에서 **엄격한 null 검사**strict null checking라 부르는 타입 시스템 영역인 '잠재적으로 정의되지 않은 undefined 값'으로 작업할 때 특히 두드러집니다. 타입스크립트는 두려운 '십억 달러의 실수The Billion-Dollar Mistake'를 바로잡기 위해 엄격한 null 검사를 사용하며 이는 최신 프로그래밍 언어의 큰 변화 중 하나입니다.

3.4.1 십억 달러의 실수

> 저는 이를 십억 달러의 실수라고 부릅니다. 1965년, null 참조의 발명으로 수많은 오류, 취약성
> 및 시스템 충돌이 발생했으며 지난 40년 동안 십억 달러의 고통과 피해를 입었을 것입니다.
>
> — 토니 호어^{Tony Hoare}, 2009

'십억 달러의 실수'는 다른 타입이 필요한 위치에서 null 값을 사용하도록 허용하는 많은 타입
시스템을 가리키는 업계 용어입니다. 엄격한 null 검사가 없는 언어에서는 다음 예제 코드처
럼 string 타입 변수에 null을 할당하는 것이 허용됩니다.

```
const firstName: string = null;
```

만약 여러분이 이전에 C++이나 자바 같은 십억 달러의 실수를 겪고 있는 타입 언어로 작업한
적이 있다면, 일부 언어에서 null 사용을 허용하지 않는다는 것이 놀라울 것입니다. 반대로 이
전에 엄격한 null 검사를 사용하는 언어로 작업한 적이 없다면, 일부 언어가 애초에 십억 달러
의 실수를 허용했다는 사실이 놀라울 것입니다!

타입스크립트 컴파일러는 실행 방식을 변경할 수 있는 다양한 옵션을 제공합니다. 13장 '구성
옵션'에서 타입스크립트 컴파일러 옵션에 대해 자세히 살펴보겠습니다. 가장 유용한 옵션 중
하나인 strictNullChecks는 엄격한 null 검사를 활성화할지 여부를 결정합니다. 간략하게
설명하면, strictNullChecks를 비활성화면 코드의 모든 타입에 ¦ null ¦ undefined를 추
가해야 모든 변수가 null 또는 undefined를 할당할 수 있습니다.

strictNullChecks 옵션을 false로 설정하면 다음 코드의 타입은 완벽히 안전하다고 간주됩
니다. 하지만 틀렸습니다. nameMaybe 변수가 .toLowerCase에 접근할 때 undefined가 되는
것은 잘못된 것입니다.

```
let nameMaybe = Math.random() > 0.5
    ? "Tony Hoare"
    : undefined;

nameMaybe.toLowerCase();
// Potential runtime error: Cannot read property 'toLowerCase' of undefined.
```

엄격한 null 검사가 활성화되면, 타입스크립트는 다음 코드에서 발생하게 될 잠재적인 충돌을 확인합니다.

```
let nameMaybe = Math.random() > 0.5
    ? "Tony Hoare"
    : undefined;

nameMaybe.toLowerCase();
//~~~~~~~
// Error: Object is possibly 'undefined'.
```

엄격한 null 검사를 활성화해야만 코드가 null 또는 undefined 값으로 인한 오류로부터 안전한지 여부를 쉽게 파악할 수 있습니다.

타입스크립트의 모범 사례는 일반적으로 엄격한 null 검사를 활성화하는 것입니다. 그렇게 해야만 충돌을 방지하고 십억 달러의 실수를 제거할 수 있습니다.

3.4.2 참 검사를 통한 내로잉

자바스크립트에서 **참** 또는 **truthy**[1]는 && 연산자 또는 if 문처럼 boolean 문맥에서 true로 간주된다는 점을 떠올려보세요. 자바스크립트에서 false, 0, -0, 0n, "", null, undefined, NaN처럼 **falsy**[2]로 정의된 값을 제외한 모든 값은 모두 참입니다.[3]

타입스크립트는 잠재적인 값 중 truthy로 확인된 일부에 한해서만 변수의 타입을 좁힐 수 있습니다. 다음 코드에서 geneticist는 string | undefined 타입이며 undefined는 항상 falsy이므로 타입스크립트는 if 문의 코드 블록에서는 geneticist가 string 타입이 되어야 한다고 추론할 수 있습니다.

```
let geneticist = Math.random() > 0.5
    ? "Barbara McClintock"
    : undefined;
```

----

1 옮긴이_ boolean 문맥에서 참(true)으로 평가되는 것
2 옮긴이_ boolean 문맥에서 거짓(false)으로 평가되는 것
3 브라우저에서 더 이상 지원되지 않는 document.all 객체는 기존 브라우저 호환성에서도 falsy로 정의됩니다. 이 책의 목적과 개발자로서의 행복을 위해 document.all에 대한 걱정은 하지 마세요.

```
if (geneticist) {
    geneticist.toUpperCase(); // Ok: string
}

geneticist.toUpperCase();
//~~~~~~~~~
// Error: Object is possibly 'undefined'.
```

논리 연산자인 &&와 ?는 참 여부를 검사하는 일도 잘 수행합니다. 하지만 안타깝게도 참 여부 확인 외에 다른 기능은 제공하지 않습니다. string ¦ undefined 값에 대해 알고 있는 것이 falsy라면, 그것이 빈 문자열인지 undefined인지는 알 수 없습니다.

```
geneticist && geneticist.toUpperCase(); // Ok: string ¦ undefined
geneticist?.toUpperCase(); // Ok: string ¦ undefined
```

다음 코드에서 biologist는 false ¦ string 타입이고, if 문에서는 string으로 좁힐 수 있지만, else 문에서 biologist가 빈 문자열인 경우에는 여전히 string이 될 수 있음을 알 수 있습니다.

```
let biologist = Math.random() > 0.5 && "Rachel Carson";

if (biologist) {
    biologist; // 타입: string
} else {
    biologist; // 타입: false ¦ string
}
```

3.4.3 초깃값이 없는 변수

자바스크립트에서 초깃값이 없는 변수는 기본적으로 undefined가 됩니다. 이는 타입 시스템에서 극단적인 경우를 나타내기도 합니다. 만일 undefined를 포함하지 않는 타입으로 변수를 선언한 다음, 값을 할당하기 전에 사용하려고 시도하면 어떻게 될까요?

타입스크립트는 값이 할당될 때까지 변수가 undefined임을 이해할 만큼 충분히 영리합니다.

값이 할당되기 전에 속성 중 하나에 접근하려는 것처럼 해당 변수를 사용하려고 시도하면 다음과 같은 오류 메시지가 나타납니다.

```
let mathematician: string;

mathematician?.length;
//~~~~~~~~~~~~
// Error: Variable 'mathematician' is used before being assigned.

mathematician = "Mark Goldberg";
mathematician.length; // Ok
```

변수 타입에 undefined가 포함되어 있는 경우에는 오류가 보고되지 않습니다. 변수 타입에 ¦ undefined를 추가하면, undefined는 유효한 타입이기 때문에 사용 전에는 정의할 필요가 없음을 타입스크립트에 나타냅니다.

이전 코드 스니펫에서 mathematician의 타입이 string ¦ undefined이면 어떤 오류도 발생하지 않습니다.

```
let mathematician: string ¦ undefined;

mathematician?.length; // Ok

mathematician = "Mark Goldberg";
mathematician.length; // Ok
```

3.5 타입 별칭

코드에서 볼 수 있는 유니언 타입 대부분은 두세 개의 구성 요소만 갖습니다. 그러나 가끔 반복해서 입력하기 불편한 조금 긴 형태의 유니언 타입을 발견할 수 있습니다.

다음 각 변수는 5개의 가능한 타입 중 하나가 될 수 있습니다.

```
let rawDataFirst: boolean | number | string | null | undefined;
let rawDataSecond: boolean | number | string | null | undefined;
let rawDataThird: boolean | number | string | null | undefined;
```

타입스크립트에는 재사용하는 타입에 더 쉬운 이름을 할당하는 **타입 별칭**[type alias]이 있습니다. 타입 별칭은 type 새로운 이름 = 타입 형태를 갖습니다. 편의상 타입 별칭은 파스칼 케이스[PascalCase]로 이름을 지정합니다.

```
type MyName = ...;
```

타입 별칭은 타입 시스템의 '복사해서 붙여넣기'처럼 작동합니다. 타입스크립트가 타입 별칭을 발견하면 해당 별칭이 참조하는 실제 타입을 입력한 것처럼 작동합니다. 앞서 살펴본 변수의 타입 애너테이션에서 상당히 길었던 유니언 타입을 타입 별칭을 사용해 다음과 같이 작성할 수 있습니다.

```
type RawData = boolean | number | string | null | undefined;

let rawDataFirst: RawData;
let rawDataSecond: RawData;
let rawDataThird: RawData;
```

훨씬 읽기 쉽습니다!

타입 별칭은 타입이 복잡해질 때마다 사용할 수 있는 편리한 기능입니다. 여기서는 여러 타입을 가질 수 있는 형태의 유니언 타입만 다뤘지만 이후 array, function, object 타입도 포함해보겠습니다.

3.5.1 타입 별칭은 자바스크립트가 아닙니다

타입 별칭은 타입 애너테이션처럼 자바스크립트로 컴파일되지 않습니다. 순전히 타입스크립트 타입 시스템에만 존재합니다.

따라서 앞서 다룬 코드 스니펫은 다음 자바스크립트로 컴파일됩니다.

```
let rawDataFirst;
let rawDataSecond;
let rawDataThird;
```

타입 별칭은 순전히 타입 시스템에만 존재하므로 런타임 코드에서는 참조할 수 없습니다. 타입
스크립트는 런타임에 존재하지 않는 항목에 접근하려고 하면 타입 오류로 알려줍니다.

```
type SomeType = string | undefined;

console.log(SomeType);
//          ~~~~~~~~
// Error: 'SomeType' only refers to a type, but is being used as a value here.
```

다시 말하지만 타입 별칭은 순전히 '개발 시'에만 존재합니다.

3.5.2 타입 별칭 결합

타입 별칭은 다른 타입 별칭을 참조할 수 있습니다. 유니언 타입인 타입 별칭 내에 또 다른 유
니언 타입인 타입 별칭을 포함하고 있다면 다른 타입 별칭을 참조하는 것이 유용합니다.

IdMaybe 타입은 undefined와 null, 그리고 Id 내의 타입을 포함한 유니언 타입입니다.

```
type Id = number | string;

// IdMaybe 타입은 다음과 같음: number | string | undefined | null
type IdMaybe = Id | undefined | null;
```

사용 순서대로 타입 별칭을 선언할 필요는 없습니다. 파일 내에서 타입 별칭을 먼저 선언하고
참조할 타입 별칭을 나중에 선언해도 됩니다.

따라서 이전 코드 스니펫과는 다르게 IdMaybe가 Id 앞에 오도록 작성할 수 있습니다.

```
type IdMaybe = Id | undefined | null; // Ok
type Id = number | string;
```

3.6 마치며

이 장에서는 타입스크립트의 유니언과 리터럴 타입을 소개하고 구조화된 코드에서 타입 시스템이 더 구체적인 타입을 유추하는 방법에 대해 살펴봤습니다.

- 유니언 타입으로 두 개 이상의 타입 중 하나일 수 있는 값을 나타내는 방법
- 타입 애너테이션으로 유니언 타입을 명시적으로 표시하는 방법
- 타입 내로잉으로 값의 가능한 타입을 좁히는 방법
- 리터럴 타입의 const 변수와 원시 타입의 let 변수의 차이점
- '십억 달러의 실수'와 타이스크립트가 엄격한 null 검사를 처리하는 방법
- 존재하지 않을 수 있는 값을 나타내는 명시적인 | undefined
- 할당되지 않은 변수를 위한 암묵적인 | undefined
- 반복적으로 사용하고 입력이 긴 유니언 타입을 타입 별칭에 저장하는 방법

> TIP https://learningtypescript.com/unions-and-literals에서 배운 내용을 연습해보세요.

객체

객체 리터럴은 각자의 타입이 있는

키와 값의 집합입니다.

3장 '유니언과 리터럴'에서는 boolean과 같은 원시 타입과 true와 같은 리터럴 값으로 작동되는 유니언과 리터럴 타입에 대해서 자세히 설명했습니다. 이러한 원시 타입은 자바스크립트 코드가 일반적으로 사용하는 복잡한 객체의 겉만 훑을 뿐입니다. 타입스크립트가 이러한 객체를 표현할 수 없다면 사용할 수 없을 겁니다. 따라서 이번 장에서는 복잡한 객체 형태를 설명하는 방법과 타입스크립트가 객체의 할당 가능성을 확인하는 방법에 대해서 다루겠습니다.

4.1 객체 타입

{...} 구문을 사용해서 객체 리터럴을 생성하면, 타입스크립트는 해당 속성을 기반으로 새로운 객체 타입 또는 타입 형태를 고려합니다. 해당 객체 타입은 객체의 값과 동일한 속성명과 원시 타입을 갖습니다. 값의 속성에 접근하려면 value.멤버 또는 value['멤버'] 구문을 사용합니다.

다음 poet 변수의 타입은 number 타입인 born과 string 타입인 name으로 이루어진 두 개의 속성을 갖는 객체입니다. 이 두 개의 속성에 접근하는 것은 허용되지만, 다른 속성 이름으로 접근하려고 하면 해당 이름이 존재하지 않는다는 타입 오류가 발생합니다.

```
const poet = {
    born: 1935,
    name: "Mary Oliver",
};

poet['born']; // 타입: number
poet.name; // 타입: string

poet.end;
//     ~~~
// Error: Property 'end' does not exist on type '{ born: number; name: string; }'.
```

객체 타입은 타입스크립트가 자바스크립트 코드를 이해하는 방법에 대한 핵심 개념입니다.
null과 undefined를 제외한 모든 값은 그 값에 대한 실제 타입의 멤버 집합을 가지므로 타입
스크립트는 모든 값의 타입을 확인하기 위해 객체 타입을 이해해야 합니다.

4.1.1 객체 타입 선언

기존 객체에서 직접 타입을 유추하는 방법도 굉장히 좋지만, 결국에는 객체의 타입을 명시적으
로 선언하고 싶습니다. 명시적으로 타입이 선언된 객체와는 별도로 객체의 형태를 설명하는 방
법이 필요합니다.

객체 타입은 객체 리터럴과 유사하게 보이지만 필드 값 대신 타입을 사용해 설명합니다. 타입
스크립트가 타입 할당 가능성에 대한 오류 메시지에 표시하는 것과 동일한 구문입니다.

poetLater 변수는 born: number와 name: string으로 이전과 동일한 타입입니다.

```
let poetLater: {
    born: number;
    name: string;
};

// Ok
poetLater = {
    born: 1935,
```

```
      name: "Mary Oliver",
};

poetLater = "Sappho";
//~~~~~~~~~
// Error: Type 'string' is not assignable to type '{ born: number; name: string; }'
```

4.1.2 별칭 객체 타입

{born: number, name: string}과 같은 객체 타입을 계속 작성하는 일은 매우 귀찮습니다. 각 객체 타입에 타입 별칭을 할당해 사용하는 방법이 더 일반적입니다.

다음과 같이 이전 코드 스니펫은 Poet 타입으로 다시 작성할 수 있으며, 타입스크립트의 할당 가능성 오류 메시지를 좀 더 직접적으로 읽기 쉽게 만드는 추가 이점이 있습니다.

```
type Poet = {
    born: number;
    name: string;
};

let poetLater: Poet;

// Ok
poetLater = {
    born: 1935,
    name: "Sara Teasdale",
};

poetLater = "Emily Dickinson";
//~~~~~~~~~
// Error: Type 'string' is not assignable to 'Poet'.
```

> **NOTE** 대부분의 타입스크립트 프로젝트는 객체 타입을 설명할 때 인터페이스interface 키워드를 사용하는 것을 선호합니다. 이런 특징은 7장 '인터페이스'에서 설명할 예정입니다. 참고로 별칭 객체 타입과 인터페이스는 거의 동일하므로 이 장의 모든 내용은 인터페이스에도 적용되는 내용입니다.

이 시점에서 객체 타입을 살펴보는 이유는 타입스크립트의 타입 시스템을 배울 때, 타입스크립트가 객체 리터럴을 해석하는 방법을 이해하는 것이 매우 중요하기 때문입니다. 다음 장에서 살펴볼 타입스크립트의 특징에서도 중요한 개념이니 유념하세요.

4.2 구조적 타이핑

타입스크립트의 타입 시스템은 **구조적으로 타입화**structurally typed되어 있습니다. 즉, 타입을 충족하는 모든 값을 해당 타입의 값으로 사용할 수 있습니다. 다시 말하자면 매개변수나 변수가 특정 객체 타입으로 선언되면 타입스크립트에 어떤 객체를 사용하든 해당 속성이 있어야 한다고 말해야 합니다.

다음 별칭 객체 타입인 WithFirstName과 WithLastName은 오직 string 타입의 단일 멤버만 선언합니다. hasBoth 변수는 명시적으로 선언되지 않았음에도 두 개의 별칭 객체 타입을 모두 가지므로 두 개의 별칭 객체 타입 내에 선언된 변수를 모두 제공할 수 있습니다.

```typescript
type WithFirstName = {
    firstName: string;
};

type WithLastName = {
    lastName: string;
};

const hasBoth = {
    firstName: "Lucille",
    lastName: "Clifton",
};

// Ok: 'hasBoth'는 'string' 타입의 'firstName'을 포함함
let withFirstName: WithFirstName = hasBoth;

// Ok: 'hasBoth'는 'string' 타입의 'lastName'을 포함함
let withLastName: WithLastName = hasBoth;
```

구조적 타이핑은 **덕 타이핑**^{duck typing[1]}과는 다릅니다. 덕 타이핑은 '오리처럼 보이고 오리처럼 꽥꽥거리면, 오리일 것이다'라는 문구에서 유래했습니다.

- 타입스크립트의 타입 검사기에서 구조적 타이핑은 정적 시스템이 타입을 검사하는 경우입니다.
- 덕 타이핑은 런타임에서 사용될 때까지 객체 타입을 검사하지 않는 것을 말합니다.

요약하면 자바스크립트는 **덕 타입**^{duck typed}인 반면 타입스크립트는 **구조적으로 타입화**됩니다.

4.2.1 사용 검사

객체 타입으로 애너테이션된 위치에 값을 제공할 때 타입스크립트는 값을 해당 객체 타입에 할당할 수 있는지 확인합니다. 할당하는 값에는 객체 타입의 필수 속성이 있어야 합니다. 객체 타입에 필요한 멤버가 객체에 없다면 타입스크립트는 타입 오류를 발생시킵니다.

다음 별칭 객체 타입인 `FirstAndLastNames`는 `first`와 `last` 속성이 모두 있어야 합니다. 두 가지 속성을 모두 포함한 객체는 `FirstAndLastNames` 타입으로 선언된 변수에 사용할 수 있지만, 두 가지 속성이 모두 없는 객체는 사용할 수 없습니다.

```
type FirstAndLastNames = {
    first: string;
    last: string;
};

// Ok
const hasBoth: FirstAndLastNames = {
    first: "Sarojini",
    last: "Naidu",
};

const hasOnlyOne: FirstAndLastNames = {
    //~~~~~~~~~~
    // Error: Property 'last' is missing in type '{ first: string; }'
    // but required in type 'FirstAndLastNames'.
    first: "Sappho"
};
```

---

1 옮긴이_ 덕 타이핑은 동적 타이핑의 한 종류로 객체의 변수 및 메서드의 집합이 객체의 타입을 결정하는 것을 의미합니다.

둘 사이에 일치하지 않는 타입도 허용되지 않습니다. 객체 타입은 필수 속성 이름과 해당 속성이 예상되는 타입을 모두 지정합니다. 객체의 속성이 일치하지 않으면 타입스크립트는 타입 오류를 발생시킵니다.

다음 TimeRange 타입은 start 속성을 Date 타입으로 예상합니다. 하지만 hasStartString 객체의 start 속성이 Date가 아니라 string 타입이므로 타입 오류가 발생합니다.

```
type TimeRange = {
    start: Date;
};

const hasStartString: TimeRange = {
    start: "1879-02-13",
    //~~~
    // Error: Type 'string' is not assignable to type 'Date'.
};
```

4.2.2 초과 속성 검사

변수가 객체 타입으로 선언되고, 초깃값에 객체 타입에서 정의된 것보다 많은 필드가 있다면 타입스크립트에서 타입 오류가 발생합니다. 따라서 변수를 객체 타입으로 선언하는 것은 타입 검사기가 해당 타입에 예상되는 필드만 있는지 확인하는 방법이기도 합니다.

다음 poetMatch 변수는 별칭 객체 타입에 정의된 필드가 Poet에 정확히 있지만, 초과 속성이 있는 extraProperty는 타입 오류를 발생시킵니다.

```
type Poet = {
    born: number;
    name: string;
}

// Ok: Poet의 필드와 일치함
const poetMatch: Poet = {
    born: 1928,
    name: "Maya Angelou"
};
```

```
const extraProperty: Poet = {
    activity: "walking",
    //~~~~~~~~~~~~~~~~~~~
    // Error: Type '{ activity: string; born: number; name: string; }'
    // is not assignable to type 'Poet'.
    //   Object literal may only specify known properties,
    //   and 'activity' does not exist in type 'Poet'.
    born: 1935,
    name: "Mary Oliver",
};
```

초과 속성 검사는 객체 타입으로 선언된 위치에서 생성되는 객체 리터럴에 대해서만 일어납니다. 기존 객체 리터럴을 제공하면 초과 속성 검사를 우회합니다.

다음 extraPropertyButOk 변수는 초깃값이 구조적으로 Poet과 일치하기 때문에 이전 예제의 Poet 타입처럼 타입 오류가 발생하지 않습니다.

```
const existingObject = {
    activity: "walking",
    born: 1935,
    name: "Mary Oliver",
};

const extraPropertyButOk: Poet = existingObject; // Ok
```

이후 장에서 보게 될 배열 요소, 클래스 필드 및 함수 매개변수가 포함된 객체 타입과 일치할 거라 예상되는 위치에서 생성되는, 새로운 객체가 있는 모든 곳에서도 초과 속성 검사가 일어납니다. 타입스크립트에서 초과 속성을 금지하면 코드를 깨끗하게 유지할 수 있고, 예상한 대로 작동하도록 만들 수 있습니다. 객체 타입에 선언되지 않은 초과 속성은 종종 잘못 입력된 속성 이름이거나 사용되지 않는 코드일 수 있습니다.

4.2.3 중첩된 객체 타입

자바스크립트 객체는 다른 객체의 멤버로 중첩될 수 있으므로 타입스크립트의 객체 타입도 타입 시스템에서 중첩된 객체 타입을 나타낼 수 있어야 합니다. 이를 구현하는 구문은 이전과 동일하지만 기본 이름 대신에 {...} 객체 타입을 사용합니다.

Poem 타입은 author 속성이 firstName: string과 lastName: string인 객체로 선언되었습니다. poemMatch 변수는 구조가 Poem과 일치하기 때문에 Poem을 할당할 수 있는 반면, poemMismatch는 author 속성에 firstName과 lastName 대신 name을 포함하므로 할당할 수 없습니다.

```
type Poem = {
    author: {
        firstName: string;
        lastName: string;
    };
    name: string;
};

// Ok
const poemMatch: Poem = {
    author: {
        firstName: "Sylvia",
        lastName: "Plath",
    },
    name: "Lady Lazarus",
};

const poemMismatch: Poem = {
    author: {
        name: "Sylvia Plath",
        //~~~~~~~~~~~~~~~~~~
        // Error: Type '{ name: string; }' is not assignable
        // to type '{ firstName: string; lastName: string; }'.
        //   Object literal may only specify known properties, and 'name'
        //   does not exist in type '{ firstName: string; lastName: string; }'.
    },
name: "Tulips",
};
```

Poem 타입을 작성할 때 author 속성의 형태를 자체 별칭 객체 타입으로 추출하는 방법도 있습니다. 중첩된 타입을 자체 타입 별칭으로 추출하면 타입스크립트의 타입 오류 메시지에 더 많은 정보를 담을 수 있습니다. 이 경우에는 { firstName: string, lastName: string; } 대신 Author를 사용할 수 있습니다.

```
type Author = {
    firstName: string;
    lastName: string;
};

type Poem = {
    author: Author;
    name: string;
};

const poemMismatch: Poem = {
    author: {
        name: "Sylvia Plath",
        //~~~~~~~~~~~~~~~~~~~~
        // Error: Type '{ name: string; }' is not assignable to type 'Author'.
        //   Object literal may only specify known properties,
        //   and 'name' does not exist in type 'Author'.
    },
name: "Tulips",
};
```

> **TIP** 이처럼 중첩된 객체 타입을 고유한 타입 이름으로 바꿔서 사용하면 코드와 오류 메시지가 더 읽기 쉬
> 워집니다.

이후 장에서는 객체 타입 멤버가 배열이나 함수 같은 다른 타입이 될 수 있는 방법을 살펴보겠습니다.

4.2.4 선택적 속성

모든 객체에 객체 타입 속성이 필요한 건 아닙니다. 타입의 속성 애너테이션에서 : 앞에 ?를 추가하면 선택적 속성임을 나타낼 수 있습니다.

다음 Book 타입은 pages 속성만 필요하고 author 속성은 선택적으로 허용합니다. 객체가 pages 속성을 제공하기만 하면 author 속성은 제공하거나 생략할 수 있습니다.

```
type Book = {
    author?: string;
    pages: number;
};

// Ok
const ok: Book = {
    author: "Rita Dove",
    pages: 80,
};

const missing: Book = {
    //~~~~~~~~
    // Error: Property 'pages' is missing in type
    // '{ pages: number; }' but required in type 'Book'.
    author: "Rita Dove",
};
```

선택적 속성과 undefined를 포함한 유니언 타입의 속성 사이에는 차이가 있음을 명심하세요. ?를 사용해 선택적으로 선언된 속성은 존재하지 않아도 됩니다. 필수로 선언된 속성과 | undefined는 그 값이 undefined일지라도 반드시 존재해야 합니다.

다음 Writers 타입의 editor 속성은 ?를 사용해 선언했으므로 변수를 선언할 때 생략이 가능합니다. author 속성은 ?가 없으므로 값이 undefined여도 반드시 존재해야 합니다.

```
type Writers = {
    author: string | undefined;
    editor?: string;
};

// Ok: author는 undefined으로 제공됨
const hasRequired: Writers = {
    author: undefined,
};

const missingRequired: Writers = {};
//       ~~~~~~~~~~~~~~~~~~
// Error: Property 'author' is missing in type '{}' but required in type 'Writers'.
```

7장 '인터페이스'에서 다른 종류의 속성을 자세히 살펴보고, 13장 '구성 옵션'에서 선택적 속성에 대한 타입스크립트의 엄격한 설정에 대해 알아보겠습니다.

4.3 객체 타입 유니언

타입스크립트 코드에서는 속성이 조금 다른, 하나 이상의 서로 다른 객체 타입이 될 수 있는 타입을 설명할 수 있어야 합니다. 또한 속성값을 기반으로 해당 객체 타입 간에 타입을 좁혀야 할 수도 있습니다.

4.3.1 유추된 객체 타입 유니언

변수에 여러 객체 타입 중 하나가 될 수 있는 초깃값이 주어지면 타입스크립트는 해당 타입을 객체 타입 유니언으로 유추합니다. 유니언 타입은 가능한 각 객체 타입을 구성하고 있는 요소를 모두 가질 수 있습니다. 객체 타입에 정의된 각각의 가능한 속성은 비록 초깃값이 없는 선택적(?) 타입이지만 각 객체 타입의 구성 요소로 주어집니다.

다음 poem 값은 항상 string 타입인 name 속성을 가지며 pages와 rhymes는 있을 수도 있고, 없을 수도 있습니다.

```
const poem = Math.random() > 0.5
    ? { name: "The Double Image", pages: 7 }
    : { name: "Her Kind", rhymes: true };
// 타입:
// {
//     name: string;
//     pages: number;
//     rhymes?: undefined;
// }
// |
// {
//     name: string;
//     pages?: undefined;
//     rhymes: boolean;
// }
```

```
poem.name; // string
poem.pages; // number ¦ undefined
poem.rhymes; // booleans ¦ undefined
```

4.3.2 명시된 객체 타입 유니언

객체 타입의 조합을 명시하면 객체 타입을 더 명확히 정의할 수 있습니다. 코드를 조금 더 작성해야 하지만 객체 타입을 더 많이 제어할 수 있다는 이점이 있습니다. 특히 값의 타입이 객체 타입으로 구성된 유니언이라면 타입스크립트의 타입 시스템은 이런 모든 유니언 타입에 존재하는 속성에 대한 접근만 허용합니다.

앞서 본 poem 변수는 pages 또는 rhymes와 함께 필수 속성인 name을 항상 갖는 유니언 타입으로 명시적으로 작성되었습니다. 속성 name에 접근하는 것은 name 속성이 항상 존재하기 때문에 허용되지만 pages와 rhymes는 항상 존재한다는 보장이 없습니다.

```
type PoemWithPages = {
    name: string;
    pages: number;
};

type PoemWithRhymes = {
    name: string;
    rhymes: boolean;
};

type Poem = PoemWithPages ¦ PoemWithRhymes;

const poem: Poem = Math.random() > 0.5
    ? { name: "The Double Image", pages: 7 }
    : { name: "Her Kind", rhymes: true };

poem.name; // Ok

poem.pages;
//    ~~~~~
// Error: Property 'pages' does not exist on type 'Poem'.
```

```
//    Property 'pages' does not exist on type 'PoemWithRhymes'.

poem.rhymes;
//    ~~~~~~
// Error: Property 'rhymes' does not exist on type 'Poem'.
//    Property 'rhymes' does not exist on type 'PoemWithPages'.
```

잠재적으로 존재하지 않는 객체의 멤버에 대한 접근을 제한하면 코드의 안전을 지킬 수 있습니다. 값이 여러 타입 중 하나일 경우, 모든 타입에 존재하지 않는 속성이 객체에 존재할 거라 보장할 수 없습니다.

리터럴 타입이나 원시 타입 모두, 혹은 둘 중 하나로 이루어진 유니언 타입에서 모든 타입에 존재하지 않은 속성에 접근하기 위해 타입을 좁혀야 하는 것처럼 객체 타입 유니언도 타입을 좁혀야 합니다.

4.3.3 객체 타입 내로잉

타입 검사기가 유니언 타입 값에 특정 속성이 포함된 경우에만 코드 영역을 실행할 수 있음을 알게 되면, 값의 타입을 해당 속성을 포함하는 구성 요소로만 좁힙니다. 즉, 코드에서 객체의 형태를 확인하고 타입 내로잉이 객체에 적용됩니다.

명시적으로 입력된 poem 예제를 계속 살펴보면, poem의 pages가 타입스크립트의 타입 가드 역할을 해 PoemWithPages임을 나타내는지 확인합니다. 만일 Poem이 PoemWithPages가 아니라면 PoemWithRhymes이어야 합니다.

```
if ("pages" in poem) {
    poem.pages; // Ok: poem은 PoemWithPages로 좁혀짐
} else {
    poem.rhymes; // Ok: poem은 PoemWithRhymes로 좁혀짐
}
```

타입스크립트는 if (poem.pages)와 같은 형식으로 참 여부를 확인하는 것을 허용하지 않습니다. 존재하지 않는 객체의 속성에 접근하려고 시도하면 타입 가드처럼 작동하는 방식으로 사용되더라도 타입 오류로 간주됩니다.

```
if (poem.pages) { /* ... */ }
//        ~~~~~
// Error: Property 'pages' does not exist on type 'PoemWithPages | PoemWithRhymes'.
//    Property 'pages' does not exist on type 'PoemWithRhymes'.
```

4.3.4 판별된 유니언

자바스크립트와 타입스크립트에서 유니언 타입으로 된 객체의 또 다른 인기 있는 형태는 객체의 속성이 객체의 형태를 나타내도록 하는 것입니다. 이러한 타입 형태를 **판별된 유니언**discriminated union이라 부르고, 객체의 타입을 가리키는 속성이 **판별값**입니다. 타입스크립트는 코드에서 판별 속성을 사용해 타입 내로잉을 수행합니다.

다음 Poem 타입은 PoemWithPages 타입 또는 PoemWithRhymes 타입 둘 다 될 수 있는 객체를 설명하고 type 속성으로 어느 타입인지를 나타냅니다. 만일 poem.type이 pages이면, 타입스크립트는 poem을 PoemWithPages로 유추합니다. 타입 내로잉 없이는 값에 존재하는 속성을 보장할 수 없습니다.

```
type PoemWithPages = {
    name: string;
    pages: number;
    type: 'pages';
};

type PoemWithRhymes = {
    name: string;
    rhymes: boolean;
    type: 'rhymes';
};

type Poem = PoemWithPages | PoemWithRhymes;

const poem: Poem = Math.random() > 0.5
    ? { name: "The Double Image", pages: 7, type: "pages" }
    : { name: "Her Kind", rhymes: true, type: "rhymes" };

if (poem.type === "pages") {
    console.log(`It's got pages: ${poem.pages}`); // Ok
```

```
    } else {
        console.log('It rhymes: ${poem.rhymes}');
    }

    poem.type; // 타입: 'pages' | 'rhymes'

    poem.pages;
    //    ~~~~~
    // Error: Property 'pages' does not exist on type 'Poem'.
    //   Property 'pages' does not exist on type 'PoemWithRhymes'.
```

판별된 유니언은 우아한 자바스크립트 패턴과 타입스크립트의 타입 내로잉을 아름답게 결합하므로 타입스크립트에서 필자가 가장 좋아하는 기능입니다. 10장 '제네릭'과 관련된 프로젝트에서 제네릭^{generic} 데이터 운영을 위해 판별된 유니언을 사용하는 방법을 자세히 살펴봅니다.

4.4 교차 타입

타입스크립트 유니언 타입은 둘 이상의 다른 타입 중 하나의 타입이 될 수 있음을 나타냅니다. 자바스크립트의 런타임 | 연산자가 & 연산자에 대응하는 역할을 하는 것처럼, 타입스크립트에서도 **& 교차 타입**^{intersection type}을 사용해 여러 타입을 동시에 나타냅니다. 교차 타입은 일반적으로 여러 기존 객체 타입을 별칭 객체 타입으로 결합해 새로운 타입을 생성합니다.

다음 Artwork와 Writing 타입은 genre, name, pages 속성을 결합한 WrittenArt 타입을 형성하는 데 사용됩니다.

```
type Artwork = {
    genre: string;
    name: string;
};

type Writing = {
    pages: number;
    name: string;
};

type WrittenArt = Artwork & Writing;
```

```
// 다음과 같음:
// {
//     genre: string;
//     name: string;
//     pages: number;
// }
```

교차 다입은 유니언 타입과 결합할 수 있으며, 이는 하나의 타입으로 판별된 유니언 타입을 설명하는 데 유용합니다.

다음 ShortPoem 타입은 항상 author 속성을 가지며 하나의 type 속성으로 판별된 유니언 타입입니다.

```
type ShortPoem = { author: string } & (
    | { kigo: string; type: "haiku"; }
    | { meter: number; type: "villanelle"; }
);

// Ok
const morningGlory: ShortPoem = {
    author: "Fukuda Chiyo-ni",
    kigo: "Morning Glory",
    type: "haiku",
};

const oneArt: ShortPoem = {
    //~~~~~~
    // Error: Type '{ author: string; type: "villanelle"; }'
    // is not assignable to type 'ShortPoem'.
    //   Type '{ author: string; type: "villanelle"; }' is not assignable to
    //   type '{ author: string; } & { meter: number; type: "villanelle"; }'.
    //     Property 'meter' is missing in type '{ author: string; type:
    //     "villanelle"; }'
    //     but required in type '{ meter: number; type: "villanelle"; }'.
    author: "Elizabeth Bishop",
    type: "villanelle",
};
```

4.4.1 교차 타입의 위험성

교차 타입은 유용한 개념이지만, 여러분 스스로나 타입스크립트 컴파일러를 혼동시키는 방식으로 사용하기 쉽습니다. 교차 타입을 사용할 때는 가능한 한 코드를 간결하게 유지해야 합니다.

긴 할당 가능성 오류

유니언 타입과 결합하는 것처럼 복잡한 교차 타입을 만들게 되면 할당 가능성 오류 메시지는 읽기 어려워집니다. 다시 말해 복잡하면 복잡할수록 타입 검사기의 메시지도 이해하기 더 어려워집니다. 이 현상은 타입스크립트의 타입 시스템, 그리고 타입을 지정하는 프로그래밍 언어에서 공통적으로 관측됩니다.

이전 코드 스니펫의 ShortPoem의 경우 타입스크립트가 해당 이름을 출력하도록 타입을 일련의 별칭으로 된 객체 타입으로 분할하면 읽기가 훨씬 쉬워집니다.

```
type ShortPoemBase = { author: string };
type Haiku = ShortPoemBase & { kigo: string; type: "haiku" };
type Villanelle = ShortPoemBase & { meter: number; type: "villanelle" };
type ShortPoem = Haiku | Villanelle;

const oneArt: ShortPoem = {
    //~~~~~~
    // Error: Type '{ author: string; type: "villanelle"; }'
    // is not assignable to type 'ShortPoem'.
    //   Type '{ author: string; type: "villanelle"; }' is not assignable to type
    //   'Villanelle'.
    //    Property 'meter' is missing in type '{ author: string; type:
    //     "villanelle"; }'
    //     but required in type '{ meter: number; type: "villanelle"; }'.
    author: "Elizabeth Bishop",
    type: "villanelle",
};
```

never

교차 타입은 잘못 사용하기 쉽고 불가능한 타입을 생성합니다. 원시 타입의 값은 동시에 여러 타입이 될 수 없기 때문에 교차 타입의 구성 요소로 함께 결합할 수 없습니다. 두 개의 원시 타입을 함께 시도하면 never 키워드로 표시되는 never 타입이 됩니다.

```
type NotPossible = number & string; // 타입: never
```

never 키워드와 never 타입은 프로그래밍 언어에서 bottom 타입 또는 empty 타입을 뜻합니다. bottom 타입은 값을 가질 수 없고 참조할 수 없는 타입이므로 bottom 타입에 그 어떠한 타입도 제공할 수 없습니다.

```
let notNumber: NotPossible = 0;
//  ~~~~~~~~~
// Error: Type 'number' is not assignable to type 'never'.

let notString: never = "";
//  ~~~~~~~~~
// Error: Type 'string' is not assignable to type 'never'.
```

대부분의 타입스크립트 프로젝트는 never 타입을 거의 사용하지 않지만 코드에서 불가능한 상태를 나타내기 위해 가끔 등장합니다. 하지만 대부분 교차 타입을 잘못 사용해 발생한 실수일 가능성이 높습니다. 관련된 내용은 15장 '타입 운영'에서 자세히 살펴보겠습니다.

4.5 마치며

이번 장에서는 다양한 객체를 다루는 방법을 살펴보며 타입 시스템에 대한 이해를 확장해보았습니다.

- 타입스크립트가 객체 타입 리터럴의 타입을 해석하는 방법
- 중첩과 선택적 속성을 포함한 객체 리터럴 타입 소개
- 객체 리터럴 타입의 유니언 타입 선언, 추론 및 타입 내로잉
- 판별된 유니언 타입과 판별값
- 교차 타입으로 객체 타입을 결합하는 방법

> TIP https://learningtypescript.com/objects에서 배운 내용을 연습해보세요.

특징

타입스크립트 코드를 작성할 때 사용하는 자바스크립트의 주요 개념과 타입 시스템이 상호작용하는 방식을
자세히 알아봅니다. 타입스크립트에서 함수의 매개변수와 반환 타입을 유추하거나 명시적으로 선언하는 방법
을 알아보고 타입스크립트 배열의 특징, 인터페이스와 클래스 사용법, 더 정확한 타입 작성을 위한 타입 제한
자와 제네릭을 살펴봅니다.

Part 2

특징

CHAPTER 5

함수

한쪽 끝에는 함수 인수가 있고

다른 쪽 끝에는 반환 타입이 있습니다.

2장 '타입 시스템'에서 타입 애너테이션을 사용해 변숫값에 주석을 추가하는 방법을 살펴봤습니다. 이제 함수 매개변수와 반환 타입에서 동일한 작업을 수행하는 방법과 이 방법이 유용한 이유를 살펴보겠습니다.

5.1 함수 매개변수

다음 sing 함수는 song 매개변수를 받아 콘솔에 출력합니다.

```
function sing(song) {
    console.log('Singing: ${song}!');
}
```

sing 함수를 작성한 개발자가 song 매개변수를 제공하기 위해 의도한 값의 타입은 무엇일까요? string일까요? 재정의된 toString() 메서드가 있는 객체일까요? 이 코드는 버그일까요? 누가 알 수 있을까요?

명시적 타입 정보가 선언되지 않으면 절대 타입을 알 수 없습니다. 타입스크립트가 이를 any 타입으로 간주하며 매개변수의 타입은 무엇이든 될 수 있습니다.

변수와 마찬가지로 타입스크립트를 사용하면 타입 애너테이션으로 함수 매개변수의 타입을 선언할 수 있습니다. 다음과 같이 : string을 사용해 song 매개변수가 string 타입임을 타입스크립트에 알립니다.

```
function sing(song: string) {
    console.log('Singing: ${song}!');
}
```

훨씬 더 좋네요. 이제 song이 어떤 타입인지 알 수 있습니다!

코드를 유효한 타입스크립트 구문으로 만들기 위해 함수 매개변수에 적절한 타입 애너테이션을 추가할 필요는 없습니다. 타입스크립트는 타입 오류로 오류를 계속 알리지만, 이미 시작된 자바스크립트는 계속 실행됩니다. 앞서 song 매개변수에 타입 선언이 누락된 코드 스니펫은 여전히 타입스크립트에서 자바스크립트로 변환됩니다. 13장 '구성 옵션'에서는 song 매개변수가 그랬던 것처럼 암시적 any 타입인 매개변수에 대해 타입스크립트 오류를 설정하는 방법을 살펴봅니다.

5.1.1 필수 매개변수

자바스크립트에서는 인수의 수와 상관없이 함수를 호출할 수 있습니다. 하지만 타입스크립트는 함수에 선언된 모든 매개변수가 필수라고 가정합니다. 함수가 잘못된 수의 인수로 호출되면, 타입스크립트는 타입 오류의 형태로 이의를 제기합니다. 함수가 너무 적거나 많은 인수로 호출되면 타입스크립트는 인수의 개수를 계산합니다.

다음 singTwo 함수는 두 개의 매개변수가 필요하므로 하나 혹은 세 개의 인수를 전달하는 것은 모두 허용되지 않습니다.

```
function singTwo(first: string, second: string) {
    console.log('${first} / ${second}');
}
```

```
// Logs: "Ball and Chain / undefined"
singTwo("Ball and Chain");
//~~~~~~~~~~~~~~~~~~~~~~~
// Error: Expected 2 arguments, but got 1.

// Logs: "I Will Survive / Higher Love"
singTwo("I Will Survive", "Higher Love"); // Ok

// Logs: "Go Your Own Way / The Chain"
singTwo("Go Your Own Way", "The Chain", "Dreams");
//                                      ~~~~~~~~
// Error: Expected 2 arguments, but got 3.
```

함수에 필수 매개변수^{required parameter}를 제공하도록 강제하면 예상되는 모든 인숫값을 함수 내에 존재하도록 만들어 타입 안정성을 강화하는 데 도움이 됩니다. 모든 인숫값이 존재하는지 확인하지 못하면 이전 **singTwo** 함수가 **undefined**를 로그로 남기거나 인수를 무시하는 것과 같이 코드에서 예기치 않은 동작이 발생합니다.

> **NOTE** 매개변수는 인수로 받을 것으로 예상되는 함수의 선언을 나타냅니다. 인수는 함수를 호출할 때 매개변수에 제공되는 값을 나타냅니다. 이전 예제에서 **first**와 second는 매개변수이고 **"Dreams"**와 같은 문자열은 인수입니다.

5.1.2 선택적 매개변수

자바스크립트에서 함수 매개변수가 제공되지 않으면 함수 내부의 인숫값은 undefined으로 기본값이 설정된다는 것을 떠올려보세요. 때로는 함수 매개변수를 제공할 필요가 없을 때도 있고, undefined 값을 위해 의도적으로 사용할 수도 있습니다. 우리는 타입스크립트가 이러한 선택적 매개변수에 인수를 제공하지 못하는 경우, 타입 오류를 보고하지 않았으면 합니다. 타입스크립트에서는 선택적 객체 타입 속성과 유사하게 타입 애너테이션의 : 앞에 ?를 추가해 매개변수가 선택적이라고 표시합니다.

함수 호출에 선택적 매개변수^{optional parameter}를 제공할 필요는 없습니다. 선택적 매개변수에는 항상 ¦ undefined가 유니언 타입으로 추가되어 있습니다.

다음 announceSong 함수에서 singer 매개변수는 선택 사항으로 표시됩니다. 타입은 string | undefined이며 함수 호출자가 singer 매개변수를 위한 인수를 제공할 필요가 없습니다. 만일 singer가 제공되면, string 값이거나 undefined일 수 있습니다.

```
function announceSong(song: string, singer?: string) {
    console.log('Song: ${song}');

    if (singer) {
        console.log('Singer: ${singer}');
    }
}

announceSong("Greensleeves"); // Ok
announceSong("Greensleeves", undefined); // Ok
announceSong("Chandelier", "Sia"); // Ok
```

이러한 선택적 매개변수는 항상 암묵적으로 undefined가 될 수 있습니다. 이전 코드에서 singer는 string | undefined 타입으로 시작한 후 if 문에 따라 string 타입으로 좁혀집니다.

선택적 매개변수는 | undefined를 포함하는 유니언 타입 매개변수와는 다릅니다. ?으로 표시된 선택적 매개변수가 아닌 매개변수는 값이 명시적으로 undefined일지라도 항상 제공되어야 합니다.

announceSongBy 함수의 singer 매개변수는 명시적으로 제공되어야 합니다. singer는 string 값이거나 undefined가 될 수 있습니다.

```
function announceSongBy(song: string, singer: string | undefined) { /* ... */ }

announceSongBy("Greensleeves");
//~~~~~~~~~~~~~~~~~~~~~~~~~~~~
// Error: Expected 2 arguments, but got 1.

announceSongBy("Greensleeves", undefined); // Ok
announceSongBy("Chandelier", "Sia"); // Ok
```

함수에서 사용되는 모든 선택적 매개변수는 마지막 매개변수여야 합니다. 필수 매개변수 전에 선택적 매개변수를 위치시키면 다음과 같이 타입스크립트 구문 오류가 발생합니다.

```
function announceSinger(singer?: string, song: string) {}
//                                       ~~~~
// Error: A required parameter cannot follow an optional parameter.
```

5.1.3 기본 매개변수

자바스크립트에서 선택적 매개변수를 선언할 때 =와 값이 포함된 기본값을 제공할 수 있습니다. 즉, 선택적 매개변수에는 기본적으로 값이 제공되기 때문에 해당 타입스크립트 타입에는 암묵적으로 함수 내부에 | undefined 유니언 타입이 추가됩니다. 타입스크립트는 함수의 매개변수에 대해 인수를 누락하거나 undefined 인수를 사용해서 호출하는 것을 여전히 허용합니다.

타입스크립트의 타입 추론은 초기 변숫값과 마찬가지로 기본 함수 매개변수에 대해서도 유사하게 작동합니다. 매개변수에 기본값이 있고 타입 애너테이션이 없는 경우, 타입스크립트는 해당 기본값을 기반으로 매개변수 타입을 유추합니다.

다음 rateSong 함수에서 rating은 number 타입으로 유추되지만, 함수를 호출하는 코드에서는 선택적 number | undefined가 됩니다.

```
function rateSong(song: string, rating = 0) {
    console.log('${song} gets ${rating}/5 stars!');
}

rateSong("Photograph"); // Ok
rateSong("Set Fire to the Rain", 5); // Ok
rateSong("Set Fire to the Rain", undefined); // Ok

rateSong("At Last!", "100");
//                    ~~~~~
// Error: Argument of type '"100"' is not assignable to
// parameter of type 'number | undefined'.
```

5.1.4 나머지 매개변수

자바스크립트의 일부 함수는 임의의 수의 인수로 호출할 수 있도록 만들어집니다. ... 스프레드 연산자는 함수 선언의 마지막 매개변수에 위치하고, 해당 매개변수에서 시작해 함수에 전달된 '나머지rest' 인수가 모두 단일 배열에 저장되어야 함을 나타냅니다.

타입스크립트는 이러한 나머지 매개변수rest parameter의 타입을 일반 매개변수와 유사하게 선언할 수 있습니다. 단, 인수 배열을 나타내기 위해 끝에 [] 구문이 추가된다는 점만 다릅니다.

다음 singAllTheSongs는 songs 나머지 매개변수에 대해 0개 이상의 string 타입 인수를 사용할 수 있습니다.

```
function singAllTheSongs(singer: string, ...songs: string[]) {
    for (const song of songs) {
        console.log('${song}, by ${singer}');
    }
}

singAllTheSongs("Alicia Keys"); // Ok
singAllTheSongs("Lady Gaga", "Bad Romance", "Just Dance", "Poker Face"); // Ok

singAllTheSongs("Ella Fitzgerald", 2000);
//                                 ~~~~
// Error: Argument of type 'number' is not assignable to parameter of type 'string'.
```

타입스크립트의 배열과 관련된 내용은 6장 '배열'에서 살펴보겠습니다.

5.2 반환 타입

타입스크립트는 지각적perceptive입니다. 함수가 반환할 수 있는 가능한 모든 값을 이해하면 함수가 반환하는 타입을 알 수 있습니다. 이번 예제에서 singSongs는 타입스크립트에서 number를 반환하는 것으로 파악됩니다.

```
// 타입: (songs: string[]) => number
function singSongs(songs: string[]) {
    for (const song of songs) {
        console.log('${song}');
    }

  return songs.length;
}
```

함수에 다른 값을 가진 여러 개의 반환문을 포함하고 있다면, 타입스크립트는 반환 타입[return type]을 가능한 모든 반환 타입의 조합으로 유추합니다.

다음 코드에서 getSongAt 함수는 string | undefined를 반환하는 것으로 유추됩니다. 두 가지 가능한 반환값이 각각 string과 undefined이기 때문입니다.

```
// 타입: (songs: string[], index: number) => string | undefined
function getSongAt(songs: string[], index: number) {
    return index < songs.length
        ? songs[index]
        : undefined;
}
```

5.2.1 명시적 반환 타입

변수와 마찬가지로 타입 애너테이션을 사용해 함수의 반환 타입을 명시적으로 선언하지 않는 것이 좋습니다. 그러나 특히 함수에서 반환 타입을 명시적으로 선언하는 방식이 매우 유용할 때가 종종 있습니다.

- 가능한 반환값이 많은 함수가 항상 동일한 타입의 값을 반환하도록 강제합니다.
- 타입스크립트는 재귀 함수의 반환 타입을 통해 타입을 유추하는 것을 거부합니다.
- 수백 개 이상의 타입스크립트 파일이 있는 매우 큰 프로젝트에서 타입스크립트 타입 검사 속도를 높일 수 있습니다.

함수 선언 반환 타입 애너테이션은 매개변수 목록이 끝나는) 다음에 배치됩니다. 함수 선언의 경우는 { 앞에 배치됩니다.

```
function singSongsRecursive(songs: string[], count = 0): number {
    return songs.length ? singSongsRecursive(songs.slice(1), count + 1) : count;
}
```

화살표 함수의 경우 => 앞에 배치됩니다.

```
const singSongsRecursive = (songs: string[], count = 0): number =>
    songs.length ? singSongsRecursive(songs.slice(1), count + 1) : count;
```

함수의 반환문이 함수의 반환 타입으로 할당할 수 없는 값을 반환하는 경우 타입스크립트는 할당 가능성 오류를 표시합니다.

다음 getSongRecordingDate 함수는 Date | undefined를 반환하도록 명시적으로 선언되었지만, 반환문 중 하나가 string을 반환하도록 잘못 제공하고 있습니다.

```
function getSongRecordingDate(song: string):
Date | undefined {
    switch (song) {
        case "Strange Fruit":
            return new Date('April 20, 1939'); // Ok

        case "Greensleeves":
            return "unknown";
            //~~~~~~~~~~~~~~~
            // Error: Type 'string' is not assignable to type 'Date'.
        default:
            return undefined; // Ok
    }
}
```

5.3 함수 타입

자바스크립트에서는 함수를 값으로 전달할 수 있습니다. 즉, 함수를 가지기 위한 매개변수 또는 변수의 타입을 선언하는 방법이 필요합니다.

함수 타입^{function type} 구문은 화살표 함수와 유사하지만 함수 본문 대신 타입이 있습니다.

다음 nothingInGivesString 변수 타입은 매개변수가 없고 string 타입을 반환하는 함수임을 설명합니다.

```
let nothingInGivesString: () => string;
```

다음 inputAndOutput 변수 타입은 string[] 매개변수와 count 선택적 매개변수 및 number 값을 반환하는 함수임을 설명합니다.

```
let inputAndOutput: (songs: string[], count?: number) => number;
```

함수 타입은 콜백 매개변수(함수로 호출되는 매개변수)를 설명하는 데 자주 사용됩니다.

예를 들어 다음 runOnSongs 함수는 getSongAt 매개변수의 타입을 index: number를 받고 string을 반환하는 함수로 선언했습니다. getSongAt을 전달하면 해당 타입과 일치하지만, logSong은 매개변수로 number 대신 string을 사용하므로 반환값을 가져오는 데 실패합니다.

```
const songs = ["Juice", "Shake It Off", "What's Up"];

function runOnSongs(getSongAt: (index: number) => string) {
    for (let i = 0; i < songs.length; i += 1) {
        console.log(getSongAt(i));
    }
}
function getSongAt(index: number) {
    return '${songs[index]}';
}
runOnSongs(getSongAt); // Ok

function logSong(song: string) {
    return '${song}';
}

runOnSongs(logSong);
//         ~~~~~~~
// Error: Argument of type '(song: string) => string' is not
// assignable to parameter of type '(index: number) => string'.
```

```
//   Types of parameters 'song' and 'index' are incompatible.
//     Type 'number' is not assignable to type 'string'.
```

runOnSongs(logSong)에 대한 오류 메시지는 할당 가능성 오류의 예로 몇 가지 상세한 단계까지 제공합니다. 두 함수를 서로 할당할 수 없다는 오류를 출력할 때 타입스크립트는 일반적으로 세 가지 상세한 단계를 제공합니다. 각 단계는 다음과 같이 점점 자세한 내용을 담고 있습니다.

1. 첫 번째 들여쓰기 단계는 두 함수 타입을 출력합니다.
2. 다음 들여쓰기 단계는 일치하지 않는 부분을 지정합니다.
3. 마지막 들여쓰기 단계는 일치하지 않는 부분에 대한 정확한 할당 가능성 오류를 출력합니다.

이전 코드 스니펫에서 단계별로 제공하는 내용을 다음과 같습니다.

1. logSongs: (song: string) => string은 getSongAt: (index: number) => string에 할당되도록 제공된 타입입니다.
2. logSong의 song 매개변수는 getSongAt의 index 매개변수로 할당됩니다.
3. song의 string 타입은 index의 number 타입에 할당할 수 없습니다.

> **TIP** 타입스크립트에서 여러 줄로 나타나는 오류가 처음에 어려워보일 수 있습니다. 차근차근 한 줄씩 읽으며 각 부분이 전달하는 내용을 이해하면 점차 오류를 이해하게 될 겁니다.

5.3.1 함수 타입 괄호

함수 타입은 다른 타입이 사용되는 모든 곳에 배치할 수 있습니다. 여기에는 유니언 타입도 포함됩니다.

유니언 타입의 애너테이션에서 함수 반환 위치를 나타내거나 유니언 타입을 감싸는 부분을 표시할 때 괄호를 사용합니다.

```
// 타입은 string | undefined 유니언을 반환하는 함수
let returnsStringOrUndefined: () => string | undefined;
```

```
// 타입은 undefined나 string을 반환하는 함수
let maybeReturnsString: (() => string) | undefined;
```

이후 장에서 더 많은 구문을 소개하며 함수 타입을 괄호로 묶어야 하는 다른 위치를 살펴보겠습니다.

5.3.2 매개변수 타입 추론

매개변수로 사용되는 인라인 함수inline function를 포함하여 작성한 모든 함수에 대해 매개변수를 선언해야 한다면 번거로울 것입니다. 다행히도 타입스크립트는 선언된 타입의 위치에 제공된 함수의 매개변수 타입을 유추할 수 있습니다.

다음 singer 변수는 string 타입의 매개변수를 갖는 함수로 알려져 있으므로 나중에 singer가 할당되는 함수 내의 song 매개변수는 string으로 예측됩니다.

```
let singer: (song: string) => string;

singer = function (song) {
    // song: string의 타입
    return 'Singing: ${song.toUpperCase()}!'; // Ok
};
```

함수를 매개변수로 갖는 함수에 인수로 전달된 함수는 해당 매개변수 타입도 잘 유추할 수 있습니다.

예를 들어 다음 song과 index 매개변수는 타입스크립트에 따라 각각 string과 number로 유추됩니다.

```
const songs = ["Call Me", "Jolene", "The Chain"];

// song: string
// index: number
songs.forEach((song, index) => {
    console.log('${song} is at index ${index}');
});
```

5.3.3 함수 타입 별칭

3장 '유니언과 리터럴'에서 다룬 타입 별칭을 기억하시나요? 함수 타입에서도 동일하게 타입 별칭을 사용할 수 있습니다.

다음 StringToNumber 타입은 string 타입을 받고 number 타입을 반환하는 함수의 별칭을 지정합니다. 별칭은 이후 변수 타입을 설명하는 데 시용합니다.

```
type StringToNumber = (input: string) => number;

let stringToNumber: StringToNumber;

stringToNumber = (input) => input.length; // Ok

stringToNumber = (input) => input.toUpperCase();
//                                  ~~~~~~~~~~~~~~~~~~~
// Error: Type 'string' is not assignable to type 'number'.
```

비슷하게 함수 매개변수도 함수 타입을 참조하는 별칭을 입력할 수 있습니다. 다음 useNumber ToString 함수는 함수 타입 별칭인 NumberToString의 단일 매개변수를 갖습니다.

```
type NumberToString = (input: number) => string;

function usesNumberToString(numberToString: NumberToString) {
    console.log('The string is: ${numberToString(1234)}');
}

usesNumberToString((input) => '${input}! Hooray!'); // Ok

usesNumberToString((input) => input * 2);
//                            ~~~~~~~~~
// Error: Type 'number' is not assignable to type 'string'.
```

타입 별칭은 특히 함수 타입에 유용합니다. 타입 별칭을 이용하면 반복적으로 작성하는 매개변수와 반환 타입을 갖는 코드 공간을 많이 절약할 수 있습니다.

5.4 그 외 반환 타입

지금부터 void와 never, 두 반환 타입에 대해 알아봅시다.

5.4.1 void 반환 타입

일부 함수는 어떤 값도 반환하지 않습니다. 예를 들면 return 문이 없는 함수이거나 값을 반환하지 않는 return 문을 가진 함수일 경우입니다. 타입스크립트는 void 키워드를 사용해 반환 값이 없는 함수의 반환 타입을 확인할 수 있습니다.

반환 타입이 void인 함수는 값을 반환하지 않을 수 있습니다. 다음 logSong 함수는 void를 반환하도록 선언되었으므로 값 반환을 허용하지 않습니다.

```typescript
function logSong(song: string | undefined): void {
    if (!song) {
        return; // Ok
    }

    console.log('${song}');

    return true;
    //~~~~~~~~~~~
    // Error: Type 'boolean' is not assignable to type 'void'.
}
```

함수 타입 선언 시 void 반환 타입은 매우 유용합니다. 함수 타입을 선언할 때 void를 사용하면 함수에서 반환되는 모든 값은 무시됩니다.

예를 들어 다음 songLogger 변수는 song: string을 받고, 값을 반환하지 않는 함수입니다.

```typescript
let songLogger: (song: string) => void;

songLogger = (song) => {
    console.log('${songs}');
};

songLogger("Heart of Glass"); // Ok
```

자바스크립트 함수는 실젯값이 반환되지 않으면 기본으로 모두 undefined를 반환하지만 void 는 undefined와 동일하지 않습니다. void는 함수의 반환 타입이 무시된다는 것을 의미하고 undefined는 반환되는 리터럴 값입니다. undefined를 포함하는 대신 void 타입의 값을 할당 하려고 하면 타입 오류가 발생합니다.

```
function returnsVoid() {
    return;
}

let lazyValue: string | undefined;

lazyValue = returnsVoid();
//~~~~~~~
// Error: Type 'void' is not assignable to type 'string | undefined'.
```

undefined와 void를 구분해서 사용하면 매우 유용합니다. 특히 void를 반환하도록 선언된 타입 위치에 전달된 함수가 반환된 모든 값을 무시하도록 설정할 때 유용합니다.

예를 들어 배열의 내장 forEach 메서드는 void를 반환하는 콜백을 받습니다. forEach 에 제공되는 함수는 원하는 모든 값을 반환할 수 있습니다. 다음 saveRecords 함수의 records.push(record)는 number(배열의 .push()에서 반환된 값)를 반환하지만, 여전히 newRecords.forEach에 전달된 화살표 함수에 대한 반환값이 허용됩니다.

```
const records: string[] = [];

function saveRecords(newRecords: string[]) {
    newRecords.forEach(record => records.push(record));
}

saveRecords(['21', 'Come On Over', 'The Bodyguard'])
```

void 타입은 자바스크립트가 아닌 함수의 반환 타입을 선언하는 데 사용하는 타입스크립트 키 워드입니다. void 타입은 함수의 반환값이 자체적으로 반환될 수 있는 값도 아니고, 사용하기 위한 것도 아니라는 표시임을 기억하세요.

5.4.2 never 반환 타입

일부 함수는 값을 반환하지 않을 뿐만 아니라 반환할 생각도 전혀 없습니다. never 반환 함수는 (의도적으로) 항상 오류를 발생시키거나 무한 루프를 실행하는 함수입니다.

함수가 절대 반환하지 않도록 의도하려면 명시적 : never 타입 애너테이션을 추가해 해당 함수를 호출한 후 모든 코드가 실행되지 않음을 나타냅니다. 다음 fail 함수는 오류만 발생시키므로 param의 타입을 string으로 좁혀서 타입스크립트의 제어 흐름 분석^{control flow analysis}을 도와줍니다.

```
function fail(message: string): never {
    throw new Error('Invariant failure: ${message}.');
}

function workWithUnsafeParam(param: unknown) {
    if (typeof param !== "string") {
        fail('param should be a string, not ${typeof param}');
    }

    // 여기에서 param의 타입은 string으로 알려집니다.
    param.toUpperCase(); // Ok
}
```

> **NOTE** never는 void와는 다릅니다. void는 아무것도 반환하지 않는 함수를 위한 것이고, never는 절대 반환하지 않는 함수를 위한 것입니다.

5.5 함수 오버로드

일부 자바스크립트 함수는 선택적 매개변수와 나머지 매개변수만으로 표현할 수 없는 매우 다른 매개변수들로 호출될 수 있습니다. 이러한 함수는 **오버로드 시그니처**overload signature라고 불리는 타입스크립트 구문으로 설명할 수 있습니다. 즉, 하나의 최종 **구현 시그니처**implementation signature와 그 함수의 본문 앞에 서로 다른 버전의 함수 이름, 매개변수, 반환 타입을 여러 번 선언합니다.

오버로드된 함수 호출에 대해 구문 오류를 생성할지 여부를 결정할 때 타입스크립트는 함수의 오버로드 시그니처만 확인합니다. 구현 시그니처는 함수의 내부 로직에서만 사용됩니다.

다음 createDate 함수는 1개의 timestamp 매개변수 또는 3개의 매개변수(month, day, year)를 사용해 호출합니다. 허용된 수의 인수를 사용해 호출할 수 있지만 2개의 인수를 사용해 호출하면 2개의 인수를 허용하는 오버로드 시그니처가 없기 때문에 타입 오류가 발생합니다.

다음 예제의 처음 두 줄은 오버로드 시그니처이고 세 번째 줄은 구현 시그니처 코드입니다.

```
function createDate(timestamp: number): Date;
function createDate(month: number, day: number, year: number): Date;
function createDate(monthOrTimestamp: number, day?: number, year?: number) {
    return day === undefined || year === undefined
        ? new Date(monthOrTimestamp)
        : new Date(year, monthOrTimestamp, day);
}

createDate(554356800); // Ok
createDate(7, 27, 1987); // Ok

createDate(4, 1);
//~~~~~~~~~~~~~~~
// Error: No overload expects 2 arguments, but overloads
// do exist that expect either 1 or 3 arguments.
```

타입스크립트를 컴파일해 자바스크립트로 출력하면 다른 타입 시스템 구문처럼 오버로드 시그니처도 지워집니다.

이전 코드 스니펫의 함수는 다음 자바스크립트처럼 컴파일됩니다.

```
function createDate(monthOrTimestamp, day, year) {
    return day === undefined || year === undefined
        ? new Date(monthOrTimestamp)
        : new Date(year, monthOrTimestamp, day);
}
```

> **WARNING** 함수 오버로드는 복잡하고 설명하기 어려운 함수 타입에 사용하는 최후의 수단입니다. 함수를 단순하게 유지하고 가능하면 함수 오버로드를 사용하지 않는 것이 좋습니다.

5.5.1 호출 시그니처 호환성

오버로드된 함수의 구현에서 사용되는 구현 시그니처는 매개변수 타입과 반환 타입에 사용하는 것과 동일합니다. 따라서 함수의 오버로드 시그니처에 있는 반환 타입과 각 매개변수는 구현 시그니처에 있는 동일한 인덱스의 매개변수에 할당할 수 있어야 합니다. 즉, 구현 시그니처는 모든 오버로드 시그니처와 호환되어야 합니다.

다음 format 함수의 구현 시그니처는 첫 번째 매개변수를 string으로 선언합니다. 처음 두 개의 오버로드 시그니처는 string 타입과 호환되지만, 세 번째 오버로드 시그니처의 () => string 타입과는 호환되지 않습니다.

```
function format(data: string): string; // Ok
function format(data: string, needle: string, haystack: string): string; // Ok

function format(getData: () => string): string;
//              ~~~~~~~
// Error: This overload signature is not compatible with its implementation
// signature.

function format(data: string, needle?: string, haystack?: string) {
    return needle && haystack ? data.replace(needle, haystack) : data;
}
```

5.6 마치며

이번 장에서는 타입스크립트에서 함수의 매개변수와 반환 타입을 유추하거나 명시적으로 선언하는 방법을 살펴봤습니다.

- 타입 애너테이션으로 함수 매개변수 타입 선언하기
- 타입 시스템의 동작을 변경하기 위한 선택석 매개변수, 기본 매개변수, 나머지 매개변수 선언하기
- 타입 애너테이션으로 함수 반환 타입 선언하기
- void 타입으로 사용 가능한 값을 반환하지 않는 함수 알아보기
- never 타입으로 절대 반환하지 않는 함수 알아보기
- 함수 오버로드를 사용해서 다양한 함수 호출 시그니처 설명하기

> **TIP** https://learningtypescript.com/functions에서 배운 내용을 연습해보세요.

배열

유연한 배열과 고정된 튜플

모험을 선택하세요!

자바스크립트 배열^{array}은 매우 유연하고 내부에 모든 타입의 값을 혼합해서 저장할 수 있습니다.

```
const elements = [true, null, undefined, 42];

elements.push("even", ["more"]);
// elements 배열의 값: [true, null, undefined, 42, "even", ["more"]]
```

그러나 대부분의 개별 자바스크립트 배열은 하나의 특정 타입의 값만 가집니다. 다른 타입의 값을 추가하게 되면 배열을 읽을 때 혼란을 줄 수 있으며, 최악의 상황으로는 프로그램에 문제가 될 만한 오류가 발생할 수도 있습니다.

타입스크립트는 초기 배열에 어떤 데이터 타입이 있는지 기억하고, 배열이 해당 데이터 타입에서만 작동하도록 제한합니다. 이런 방식으로 배열의 데이터 타입을 하나로 유지시킵니다.

다음 예제에서 타입스크립트는 warriors 배열이 초기에 string 타입의 값을 포함한다는 것을 알고 있으므로 이후 string 타입의 값 추가는 허용하지만 다른 데이터 타입 추가는 허용하지 않습니다.

```
const warriors = ["Artemisia", "Boudica"];

// Ok: "Zenobia"의 타입은 string
warriors.push("Zenobia");

warriors.push(true);
//           ~~~~
// Error: Argument of type 'boolean' is not assignable to parameter of type 'string'.
```

타입스크립트가 초기 배열에 담긴 요소를 통해 배열의 타입을 유추하는 방법은 변수의 초깃값에서 변수 타입을 유추하는 방법과 유사합니다. 타입스크립트는 값이 할당되는 방식에서 코드의 의도된 타입을 이해하려고 시도하며 배열도 예외는 아닙니다.

6.1 배열 타입

다른 변수 선언과 마찬가지로 배열을 저장하기 위한 변수는 초깃값이 필요하지 않습니다. 변수는 undefined로 시작해서 나중에 배열 값을 받을 수 있습니다.

타입스크립트는 변수에 타입 애너테이션을 제공해 배열이 포함해야 하는 값의 타입을 알려주려고 합니다. 배열에 대한 타입 애너테이션은 배열의 요소 타입 다음에 []가 와야 합니다.

```
let arrayOfNumbers: number[];

arrayOfNumbers = [4, 8, 15, 16, 23, 42];
```

> **NOTE** 배열 타입은 Array<number> 같은 구문으로도 작성할 수 있습니다. 하지만 개발자 대부분은 더 간단한 number[]를 선호합니다. 클래스에 대해서는 8장에서 다루고, 제네릭은 10장에서 살펴보겠습니다.

6.1.1 배열과 함수 타입

배열 타입은 함수 타입에 무엇이 있는지를 구별하는 괄호가 필요한 구문 컨테이너의 예입니다. 괄호는 애너테이션의 어느 부분이 함수 반환 부분이고 어느 부분이 배열 타입 묶음인지를 나타내기 위해 사용합니다.

다음 함수 타입인 createStrings는 배열 타입인 stringCreators와 동일하지 않습니다.

```
// 타입은 string 배열을 반환하는 함수
let createStrings: () => string[];

// 타입은 각각의 string을 반환하는 함수 배열
let stringCreators: (() => string)[];
```

6.1.2 유니언 타입 배열

배열의 각 요소가 여러 선택 타입 중 하나일 수 있음을 나타내려면 유니언 타입을 사용합니다.

유니언 타입으로 배열 타입을 사용할 때 애너테이션의 어느 부분이 배열의 콘텐츠이고 어느 부분이 유니언 타입 묶음인지를 나타내기 위해 괄호를 사용해야 할 수도 있습니다. 유니언 타입 배열에서 괄호 사용은 매우 중요합니다. 따라서 다음 코드의 두 타입은 동일하지 않습니다.

```
// 타입은 string 또는 number의 배열
let stringOrArrayOfNumbers: string | number[];

// 타입은 각각 number 또는 string인 요소의 배열
let arrayOfStringOrNumbers: (string | number)[];
```

타입스크립트는 배열의 선언에서 두 가지 이상의 요소 타입이 포함되는 경우 유니언 타입 배열임을 알게 됩니다. 즉, 배열의 요소 타입은 배열에 담긴 요소에 대한 모든 가능한 타입의 집합입니다.

다음 namesMaybe는 string 값과 undefined 값을 모두 가지므로 (string | undefined)[] 타입입니다.

```
// 타입: (string | undefined)[]
const namesMaybe = [
    "Aqualtune",
    "Blenda",
    undefined,
];
```

6.1.3 any 배열의 진화

초기에 빈 배열로 설정된 변수에서 타입 애너테이션을 포함하지 않으면 타입스크립트는 배열을 any[]로 취급하고 모든 콘텐츠를 받을 수 있습니다. 하지만 any 변수가 변경되는 것처럼 any[] 배열이 변경되는 것도 좋아하지 않습니다. 타입 애너테이션이 없는 빈 배열은 잠재적으로 잘못된 값 추가를 허용해 타입스크립트의 타입 검사기가 갖는 이점을 부분적으로 무력화하기 때문입니다.

다음 values 배열은 any 요소를 갖고 시작해 string 요소를 포함하도록 바뀐 다음, 다시 number | string 요소로 바뀝니다.

```
// 타입: any[]
let values = [];

// 타입: string[]
values.push('');

// 타입: (number | string)[]
values[0] = 0;
```

변수와 마찬가지로 배열이 any 타입이 되도록 허용하거나 일반적으로 any 타입을 사용하도록 허용하면 타입스크립트의 타입 검사 목적을 부분적으로 무효화합니다. 여러분도 이제는 알다시피 타입스크립트는 값의 타입을 알 때 가장 잘 작동합니다.

6.1.4 다차원 배열

2차원 배열 또는 배열의 배열은 두 개의 [](대괄호)를 갖습니다.

```
let arrayOfArraysOfNumbers: number[][];

arrayOfArraysOfNumbers = [
    [1, 2, 3],
    [2, 4, 6],
    [3, 6, 9],
];
```

3차원 배열 또는 배열의 배열의 배열에는 세 개의 []가 있고 4차원 배열에는 네 개의 []가 있습니다. 그럼 6차원 배열이나 그 이상의 배열에는 몇 개의 []가 필요한지 예측할 수 있습니다.

이러한 다차원 배열 타입은 배열 타입에 새로운 개념을 도입한 게 아닙니다. 즉, 2차원 배열은 원래의 타입을 가지며 끝에 []가 있고, 그 뒤에 []를 추가한다고 생각하면 쉽습니다.

다음 arrayOfArraysOfNumbers 배열은 number[][] 타입이고 (number[])[]로 나타낼 수 있습니다.

```
// 타입: number[][]
let arrayOfArraysOfNumbers: (number[])[];
```

6.2 배열 멤버

타입스크립트는 배열의 멤버를 찾아서 해당 배열의 타입 요소를 되돌려주는 전형적인 인덱스 기반 접근 방식을 이해하는 언어입니다.

다음 defenders 배열은 string[] 타입이므로 defender는 string 타입입니다.

```
const defenders = ["Clarenza", "Dina"];

// 타입: string
const defender = defenders[0];
```

유니언 타입으로 된 배열의 멤버는 그 자체로 동일한 유니언 타입입니다.

다음 solidersOrDates는 (string | Date)[] 타입이므로 soldierOrDate 변수는 string | Date 타입입니다.

```
const soldiersOrDates = ["Deborah Sampson", new Date(1782, 6, 3)];

// 타입: string | Date
const soldierOrDate = soldiersOrDates[0];
```

6.2.1 주의 사항: 불안정한 멤버

타입스크립트 타입 시스템은 기술적으로 불안정하다고 알려져 있습니다. 대부분 올바른 타입을 얻을 수 있지만, 때로는 값 타입에 대한 타입 시스템의 이해가 올바르지 않을 수 있습니다. 특히 배열은 타입 시스템에서 불안정한 소스입니다. 기본적으로 타입스크립트는 모든 배열의 멤버에 대한 접근이 해당 배열의 멤버를 반환한다고 가정하지만, 자바스크립트에서조차도 배열의 길이보다 큰 인덱스로 배열 요소에 접근하면 undefined를 제공합니다.

다음 코드는 타입스크립트 컴파일러의 기본 설정에서 오류를 표시하지 않습니다.

```
function withElements(elements: string[]) {
    console.log(elements[9001].length); // 타입 오류 없음
}

withElements(["It's", "over"]);
```

이 책의 독자라면 런타임 시 Cannot read property 'length' of undefined가 발생하며 충돌할 거라고 유추할 수 있지만, 타입스크립트는 검색된 배열의 멤버가 존재하는지 의도적으로 확인하지 않습니다. 코드 스니펫에서 elements[9001]은 undefined가 아니라 string 타입으로 간주됩니다.

6.3 스프레드와 나머지 매개변수

5장에서 살펴본 함수를 위한 나머지 매개변수를 기억하시나요? ... 연산자를 사용하는 나머지 매개변수와 배열 스프레드^{spread}는 자바스크립트에서 배열과 상호작용하는 핵심 방법입니다. 타입스크립트는 두 방법을 모두 이해합니다.

6.3.1 스프레드

... 스프레드 연산자를 사용해 배열을 결합합니다. 타입스크립트는 입력된 배열 중 하나의 값이 결과 배열에 포함될 것임을 이해합니다.

만약에 입력된 배열이 동일한 타입이라면 출력 배열도 동일한 타입입니다. 서로 다른 타입의 두 배열을 함께 스프레드해 새 배열을 생성하면 새 배열은 두 개의 원래 타입 중 어느 하나의 요소인 유니언 타입 배열로 이해됩니다.

다음 conjoined 배열은 string 타입과 number 타입 값을 모두 포함하므로 (string ¦ number)[] 타입으로 유추됩니다.

```
// 타입: string[]
const soldiers = ["Harriet Tubman", "Joan of Arc", "Khutulun"];

// 타입: number[]
const soldierAges = [90, 19, 45];

// 타입: (string ¦ number)[]
const conjoined = [...soldiers, ...soldierAges];
```

6.3.2 나머지 매개변수 스프레드

타입스크립트는 나머지 매개변수로 배열을 스프레드하는 자바스크립트 실행을 인식하고 이에 대해 타입 검사를 수행합니다. 나머지 매개변수를 위한 인수로 사용되는 배열은 나머지 매개변수와 동일한 배열 타입을 가져야 합니다.

다음 logWarriors 함수는 ...names 나머지 매개변수로 string 값만 받습니다. string[] 타입 배열을 스프레드하는 것은 허용되지만 number[]는 허용되지 않습니다.

```
function logWarriors(greeting: string, ...names: string[]) {
    for (const name of names) {
        console.log('${greeting}, ${name}!');
    }
}

const warriors = ["Cathay Williams", "Lozen", "Nzinga"];

logWarriors("Hello", ...warriors);

const birthYears = [1844, 1840, 1583];

logWarriors("Born in", ...birthYears);
//                       ~~~~~~~~~~~~~~~
// Error: Argument of type 'number' is not assignable to parameter of type 'string'.
```

6.4 튜플

자바스크립트 배열은 이론상 어떤 크기라도 될 수 있습니다. 하지만 때로는 튜플tuple이라고 하는 고정된 크기의 배열을 사용하는 것이 유용합니다. 튜플 배열은 각 인덱스에 알려진 특정 타입을 가지며 배열의 모든 가능한 멤버를 갖는 유니언 타입보다 더 구체적입니다. 튜플 타입을 선언하는 구문은 배열 리터럴처럼 보이지만 요소의 값 대신 타입을 적습니다.

yearAndWarrior 배열은 인덱스 0에 number 타입 값을 갖고, 인덱스 1에 string 값을 갖는 튜플 타입으로 선언되었습니다.

```
let yearAndWarrior: [number, string];

yearAndWarrior = [530, "Tomyris"]; // Ok

yearAndWarrior = [false, "Tomyris"];
//                ~~~~~
// Error: Type 'boolean' is not assignable to type 'number'.

yearAndWarrior = [530];
//~~~~~~~~~~~~~
// Error: Type '[number]' is not assignable to type '[number, string]'.
//    Source has 1 element(s) but target requires 2.
```

자바스크립트에서는 단일 조건을 기반으로 두 개의 변수에 초깃값을 설정하는 것처럼 한 번에 여러 값을 할당하기 위해 튜플과 배열 구조 분해 할당^{array destructuring}을 함께 자주 사용합니다.

예를 들어 타입스크립트는 다음 코드에서 year는 항상 number이고, warrior는 항상 string 임을 인식합니다.

```
// year 타입: number
// warrior 타입: string
let [year, warrior] = Math.random() > 0.5
    ? [340, "Archidamia"]
    : [1828, "Rani of Jhansi"];
```

6.4.1 튜플 할당 가능성

타입스크립트에서 튜플 타입은 가변 길이^{variable length}의 배열 타입보다 더 구체적으로 처리됩니다. 즉, 가변 길이의 배열 타입은 튜플 타입에 할당할 수 없습니다.

다음 코드에서 우리는 pairLoose 내부에 [boolean, number]가 있는 것을 볼 수 있지만, 타입스크립트는 더 일반적인 (boolean | number)[] 타입으로 유추합니다.

```
// 타입: (boolean | number)[]
const pairLoose = [false, 123];
```

```
const pairTupleLoose: [boolean, number] = pairLoose;
//    ~~~~~~~~~~~~~~~
// Error: Type '(number | boolean)[]' is not assignable to type '[boolean, number]'.
//   Target requires 2 element(s) but source may have fewer.
```

pairLoose가 [boolean, number] 자체로 선언된 경우 pairTupleLoose에 대한 값 할당이
허용되었을 것입니다. 하지만 타입스크립트는 튜플 타입의 튜플에 얼마나 많은 멤버가 있는지
알고 있기 때문에 길이가 다른 튜플은 서로 할당할 수 없습니다.

다음 tupleTwoExtra는 정확히 두 개의 멤버를 가져야 하므로 tupleThree가 올바른 멤버로
시작하더라도 세 번째 멤버는 tupleTwoExtra에 할당할 수 없습니다.

```
const tupleThree: [boolean, number, string] = [false, 1583, "Nzinga"];

const tupleTwoExact: [boolean, number] = [tupleThree[0], tupleThree[1]];

const tupleTwoExtra: [boolean, number] = tupleThree;
//    ~~~~~~~~~~~~~~
// Error: Type '[boolean, number, string]' is not assignable to type '[boolean,
// number]'.
//   Source has 3 element(s) but target allows only 2.
```

나머지 매개변수로서의 튜플

튜플은 구체적인 길이와 요소 타입 정보를 가지는 배열로 간주되므로 함수에 전달할 인수를 저
장하는 데 특히 유용합니다. 타입스크립트는 ... 나머지 매개변수로 전달된 튜플에 정확한 타
입 검사를 제공할 수 있습니다.

다음 logPair 함수의 매개변수는 string과 number로 입력됩니다. (string | number)[]
타입의 값을 인수로 전달하려고 하면 둘 다 동일한 타입이거나 타입의 잘못된 순서로 인해 내
용이 일치하지 않을 가능성이 있어 타입의 안전을 보장할 수 없습니다. 그러나 값이 [string,
number] 튜플이라고 알고 있다면 값이 일치한다는 것을 알게 됩니다.

```
function logPair(name: string, value: number) {
    console.log('${name} has ${value}');
}

const pairArray = ["Amage", 1];
```

```
logPair(...pairArray);
//        ~~~~~~~~~~~~~
// Error: A spread argument must either have a tuple type or be passed to a rest
// parameter.

const pairTupleIncorrect: [number, string] = [1, "Amage"];

logPair(...pairTupleIncorrect);
//        ~~~~~~~~~~~~~~~~~~~~~
// Error: Argument of type 'number' is not assignable to parameter of type 'string'.

const pairTupleCorrect: [string, number] = ["Amage", 1];

logPair(...pairTupleCorrect); // Ok
```

나머지 매개변수 튜플을 사용하고 싶다면 여러 번 함수를 호출하는 인수 목록을 배열에 저장해
함께 사용할 수 있습니다. 다음 코드의 trios는 튜플 배열이고, 각 튜플은 두 번째 멤버로 또
튜플을 가집니다. trios.forEach(trio => logTrio(...trio))는 각 ...trio가 logTrio
의 매개변수 타입과 일치하므로 안전한 것으로 알려집니다. 그러나 trio.forEach(logTrio)
는 첫 번째 매개변수로 타입이 string인 [string, [number, boolean]] 전체를 전달하려고
시도하기 때문에 할당할 수 없습니다.

```
function logTrio(name: string, value: [number, boolean]) {
    console.log('${name} has ${value[0]} (${value[1]}');
}

const trios: [string, [number, boolean]][] = [
    ["Amanitore", [1, true]],
    ["Æthelflæd", [2, false]],
    ["Ann E. Dunwoody", [3, false]]
];

trios.forEach(trio => logTrio(...trio)); // Ok

trios.forEach(logTrio);
//            ~~~~~~~
// Error: Argument of type '(name: string, value: [number, boolean]) => void' is not
// assignable to parameter of type '(value: [string, [number, boolean]], ...) => void'.
//    Types of parameters 'name' and 'value' are incompatible.
//      Type '[string, [number, boolean]]' is not assignable to type 'string'.
```

6.4.2 튜플 추론

타입스크립트는 생성된 배열을 튜플이 아닌 가변 길이의 배열로 취급합니다. 배열이 변수의 초 깃값 또는 함수에 대한 반환값으로 사용되는 경우, 고정된 크기의 튜플이 아니라 유연한 크기 의 배열로 가정합니다.

다음 코드에서 반환된 배열 리터럴 기반으로 타입을 유추해보면 firstCharAndSize 함수는 [string, number]가 아니라 (string | number)[]를 반환하는 것으로 유추됩니다.

```
// 반환 타입: (string | number)[]
function firstCharAndSize(input: string) {
    return [input[0], input.length];
}

// firstChar 타입: string | number
// size 타입: string | number
const [firstChar, size] = firstCharAndSize("Gudit");
```

타입스크립트에서는 값이 일반적인 배열 타입 대신 좀 더 구체적인 튜플 타입이어야 함을 다음 두 가지 방법으로 나타냅니다. 명시적 튜플 타입과 const 어서션^{assertion}을 사용한 방법입니다.

명시적 튜플 타입

함수에 대한 반환 타입 애너테이션처럼 튜플 타입도 타입 애너테이션에 사용할 수 있습니다. 함수가 튜플 타입을 반환한다고 선언되고, 배열 리터럴을 반환한다면 해당 배열 리터럴은 일반 적인 가변 길이의 배열 대신 튜플로 간주됩니다.

firstCharAndSizeExplicit 함수는 string과 number인 튜플을 반환한다고 명백하게 명시 되어 있습니다.

```
// 반환 타입: [string, number]
function firstCharAndSizeExplicit(input: string): [string, number] {
    return [input[0], input.length];
}

// firstChar 타입: string
// size 타입: number
const [firstChar, size] = firstCharAndSizeExplicit("Cathay Williams");
```

const 어서션

명시적 타입 애너테이션에 튜플 타입을 입력하는 작업은 명시적 타입 애너테이션을 입력할 때와 동일한 이유로 고통스러울 수 있습니다. 즉, 코드 변경에 따라 작성 및 수정이 필요한 구문을 추가해야 합니다.

하지만 그 대안으로 타입스크립트는 값 뒤에 넣을 수 있는 const 어서션인 as const 연산자를 제공합니다. const 어서션은 타입스크립트에 타입을 유추할 때 읽기 전용[read-only]이 가능한 값 형식을 사용하도록 지시합니다.

다음과 같이 배열 리터럴 뒤에 as const가 배치되면 배열이 튜플로 처리되어야 함을 나타냅니다.

```
// 타입: (string | number)[]
const unionArray = [1157, "Tomoe"];

// 타입: readonly [1157, "Tomoe"]
const readonlyTuple = [1157, "Tomoe"] as const;
```

const 어서션은 유연한 크기의 배열을 고정된 크기의 튜플로 전환하는 것을 넘어서, 해당 튜플이 읽기 전용이고 값 수정이 예상되는 곳에서 사용할 수 없음을 나타냅니다.

다음 예제에서 pairMutable은 전형적인 명시적 튜플 타입이므로 수정될 수 있습니다. 그러나 as const는 값이 변경될 수 있는 pairAlsoMutable에 할당할 수 없도록 하고, 상수 piarConst의 멤버는 수정을 허용하지 않습니다.

```
const pairMutable: [number, string] = [1157, "Tomoe"];
pairMutable[0] = 1247; // Ok

const pairAlsoMutable: [number, string] = [1157, "Tomoe"] as const;
//      ~~~~~~~~~~~~~~~~~
// Error: The type 'readonly [1157, "Tomoe"]' is 'readonly'
// and cannot be assigned to the mutable type '[number, string]'.

const pairConst = [1157, "Tomoe"] as const;
pairConst[0] = 1247;
//        ~
// Error: Cannot assign to '0' because it is a read-only property.
```

실제로 읽기 전용 튜플은 함수 반환에 편리합니다. 튜플을 반환하는 함수로부터 반환된 값은 보통 즉시 구조화되지 않으므로 읽기 전용인 튜플은 함수를 사용하는 데 방해가 되지 않습니다.

다음 firstCharAndSizeAsConst는 읽기 전용 [string, number]를 반환하지만, 이를 사용하는 코드는 해당 튜플에서 값을 찾는 것에만 관심을 둡니다.

```
// 반환 타입: readonly [string, number]
function firstCharAndSizeAsConst(input: string) {
    return [input[0], input.length] as const;
}

// firstChar 타입: string
// size 타입: number
const [firstChar, size] = firstCharAndSizeAsConst("Ching Shih");
```

> **NOTE** 읽기 전용 객체와 **as const** 어서션은 9장 '타입 제한자'에서 더 자세히 다루겠습니다.

6.5 마치며

이번 장에서는 배열을 선언하고 배열에서 멤버를 찾는 법을 알아보았습니다.

- []로 배열 타입 선언하기
- 괄호를 사용해 함수의 배열 또는 유니언 타입의 배열 선언하기
- 타입스크립트가 배열 요소를 배열의 타입으로 이해하는 방법
- ... 스프레드와 나머지 매개변수로 작업하는 방법
- 고정된 크기의 배열을 나타내는 튜플 타입 선언하기
- 타입 애너테이션 또는 as const 어서션으로 튜플 생성하기

> **TIP** https://learningtypescript.com/arrays에서 배운 내용을 연습해보세요.

인터페이스

우리가 직접 만들 수 있는데

왜 지루한 내장 타입 형태만 사용하나요!

4장에서 {...} 객체 타입에 대한 별칭을 입력해 객체 형태를 설명하는 방법을 소개하며 많은 개발자가 선호하는 '인터페이스interface' 기능도 살짝 언급했습니다. 인터페이스는 연관된 이름으로 객체 형태를 설명하는 또 다른 방법입니다. 인터페이스는 별칭으로 된 객체 타입과 여러 면에서 유사하지만 일반적으로 더 읽기 쉬운 오류 메시지, 더 빠른 컴파일러 성능, 클래스와의 더 나은 상호 운용성을 위해 선호됩니다.

7.1 타입 별칭 vs. 인터페이스

다음은 born: number와 name: string을 가진 객체를 타입 별칭으로 구현하는 간략한 구문입니다.

```
type Poet = {
    born: number;
    name: string;
};
```

다음은 인터페이스로 구현한 동일한 구문입니다.

```
interface Poet {
    born: number;
    name: string;
}
```

두 구문은 거의 같습니다.

> **TIP** 세미콜론(;)을 선호하는 타입스크립트 개발자는 대부분 인터페이스 뒤가 아닌 타입 별칭 뒤에 세미콜론을 넣습니다. 이 기본 설정은 세미콜론을 사용해 변수를 선언하는 것과 세미콜론 없이 클래스 또는 함수를 선언하는 것의 차이를 반영합니다.

인터페이스에 대한 타입스크립트의 할당 가능성 검사와 오류 메시지는 객체 타입에서 실행되는 것과 거의 동일합니다. Poet이 인터페이스 또는 타입 별칭인 경우 valueLater 변수에 할당하는 것에 대한 할당 가능성 오류는 거의 동일합니다.

```
let valueLater: Poet;

// Ok
valueLater = {
    born: 1935,
    name: 'Sara Teasdale',
};

valueLater = "Emily Dickinson";
//~~~~~~~~~
// Error: Type 'string' is not assignable to 'Poet'.

valueLater = {
    born: true,
    //~~
    // Error: Type 'boolean' is not assignable to type 'number'.
    name: 'Sappho'
};
```

그러나 인터페이스와 타입 별칭 사이에는 몇 가지 주요 차이점이 있습니다.

- 이 장의 후반부에서 볼 수 있듯이, 인터페이스는 속성 증가를 위해 병합^{merge}할 수 있습니다. 이 기능은 내장된 전역 인터페이스 또는 npm 패키지와 같은 외부 코드를 사용할 때 특히 유용합니다.
- 인터페이스는 클래스가 선언된 구조의 타입을 확인하는 데 사용할 수 있지만 타입 별칭은 사용할 수 없습니다. 8장 '클래스'에서 자세히 살펴봅니다.
- 일반적으로 인터페이스에서 타입스크립트 타입 검사기가 더 빨리 작동합니다. 인터페이스는 타입 별칭이 하는 것처럼 새로운 객체 리터럴의 동적인 복사 붙여넣기보다 내부적으로 더 쉽게 캐시할 수 있는 명명된 타입을 선언합니다.
- 인터페이스는 이름 없는 객체 리터럴의 별칭이 아닌 이름 있는(명명된) 객체로 간주되므로 어려운 특이 케이스에서 나타나는 오류 메시지를 좀 더 쉽게 읽을 수 있습니다.

마지막 두 가지 이유와 일관성을 유지하기 위해 이 책의 나머지 부분과 관련된 프로젝트에서는 기본적으로 별칭 객체 형태에 대한 인터페이스를 사용합니다. 가능하다면 인터페이스 사용을 추천합니다. 즉, 타입 별칭의 유니언 타입과 같은 기능이 필요할 때까지는 인터페이스를 사용하는 것이 좋습니다.

7.2 속성 타입

getter와 setter를 포함해, 가끔 존재하는 속성, 또는 임의의 속성 이름을 사용하는 등 자바스크립트 객체를 실제로 사용할 때 낯설고 이상할 수 있습니다. 타입스크립트는 인터페이스가 이런 이상한 부분을 모델링할 수 있도록 유용한 타입 시스템 도구를 제공합니다.

> **TIP** 인터페이스와 타입 별칭은 매우 비슷하게 작동하므로 이 장에서 소개하는 속성 타입은 별칭 객체 타입에도 사용할 수 있습니다.

7.2.1 선택적 속성

객체 타입과 마찬가지로 모든 객체가 필수적으로 인터페이스 속성을 가질 필요는 없습니다. 타입 애너테이션 : 앞에 ?를 사용해 인터페이스의 속성이 선택적 속성임을 나타낼 수 있습니다.

다음 Book 인터페이스는 필수 속성 **pages**와 선택적 속성 **author**를 갖습니다. Book 인터페이스를 사용하는 객체에 필수 속성만 제공된다면 선택적 속성은 제공되거나 생략할 수 있습니다.

```
interface Book {
  author?: string;
  pages: number;
};

// Ok
const ok: Book = {
    author: "Rita Dove",
    pages: 80,
};

const missing: Book = {
    pages: 80
};
```

undefined를 포함한 유니언 타입의 선택적 속성과 일반 속성 사이의 차이점과 관련된 주의 사항은 객체 타입뿐만 아니라 인터페이스에도 적용됩니다. 13장 '구성 옵션'에서 선택적 속성에 대한 타입스크립트의 엄격 모드 설정 방법을 살펴봅니다.

7.2.2 읽기 전용 속성

경우에 따라 인터페이스에 정의된 객체의 속성을 재할당하지 못하도록 인터페이스 사용자를 차단하고 싶습니다. 타입스크립트는 속성 이름 앞에 **readonly** 키워드를 추가해 다른 값으로 설정될 수 없음을 나타냅니다. 이러한 **readonly** 속성은 평소대로 읽을 수 있지만 새로운 값으로 재할당하지 못합니다.

예를 들어 다음 Page 인터페이스의 **text** 속성에 접근하면 **string**을 반환하지만, **text**에 새로운 값을 할당하면 타입 오류가 발생합니다.

```
interface Page {
    readonly text: string;
}
```

```
function read(page: Page) {
    // Ok: text 속성을 수정하지 않고 읽는 것
    console.log(page.text);

    page.text += "!";
    //   ~~~~
    // Error: Cannot assign to 'text' because it is a read-only property.
}
```

readonly 제한자[modifier]는 타입 시스템에만 존재하며 인터페이스에서만 사용할 수 있습니다. readonly 제한자는 객체의 인터페이스를 선언하는 위치에서만 사용되고 실제 객체에는 적용되지 않습니다.

Page 예제에서 text 속성의 부모 객체는 함수 내부에서 text로 명시적으로 사용되지 않았기 때문에 함수 밖에서 속성을 수정할 수 있습니다. 쓰기 가능한[writable] 속성을 readonly 속성에 할당할 수 있으므로 pageIsh는 Page로 사용할 수 있습니다. 가변(쓰기 가능한) 속성은 readonly 속성이 필요한 모든 위치에서 읽을 수 있습니다.

```
const pageIsh = {
  text: "Hello, world!",
};

// Ok: pageIsh는 Page 객체가 아니라 text가 있는, 유추된 객체 타입입니다.
pageIsh.text += "!";

// Ok: pageIsh의 더 구체적인 버전인 Page를 읽습니다.
read(pageIsh);
```

명시적 타입 애너테이션인 : Page로 변수 pageIsh를 선언하면 타입스크립트에 text 속성이 readonly라고 가리키게 됩니다. 하지만 유추된 타입은 readonly가 아니었습니다.

readonly 인터페이스 멤버는 코드 영역에서 객체를 의도치 않게 수정하는 것을 막는 편리한 방법입니다. 그러나 readonly는 타입 시스템 구성 요소일 뿐 컴파일된 자바스크립트 출력 코드에는 존재하지 않습니다. readonly는 단지 타입스크립트 타입 검사기를 사용해 개발 중에 그 속성이 수정되지 못하도록 보호하는 역할을 합니다.

7.2.3 함수와 메서드

자바스크립트에서 객체 멤버가 객체 함수가 되는 것은 매우 일반적입니다. 타입스크립트에서도 인터페이스 멤버를 앞서 5장 '함수'에서 다뤘던 함수 타입으로 선언할 수 있습니다.

타입스크립트는 인터페이스 멤버를 함수로 선언하는 두 가지 방법을 제공합니다.

- **메서드 구문**: 인터페이스 멤버를 member(): void와 같이 객체의 멤버로 호출되는 함수로 선언
- **속성 구문**: 인터페이스의 멤버를 member: () => void와 같이 독립 함수와 동일하게 선언

두 가지 선언 방법은 자바스크립트에서 객체를 함수로 선언하는 방법과 동일합니다.

다음 코드의 method와 property 멤버는 둘 다 매개변수 없이 호출되어 string을 반환합니다.

```
interface HasBothFunctionTypes {
    property: () => string;
    method(): string;
}

const hasBoth: HasBothFunctionTypes = {
    property: () => "",
    method() {
        return "";
    }
};

hasBoth.property(); // Ok
hasBoth.method(); // Ok
```

두 가지 방법 모두 선택적 속성 키워드인 ?를 사용해 필수로 제공하지 않아도 되는 멤버로 나타낼 수 있습니다.

```
interface OptionalReadonlyFunctions {
    optionalProperty?: () => string;
    optionalMethod?(): string;
}
```

메서드와 속성 선언은 대부분 서로 교환하여 사용할 수 있습니다. 이 책에서 다루는 메서드와 속성의 주요 차이점은 다음과 같습니다.

- 메서드는 readonly로 선언할 수 없지만 속성은 가능합니다.
- 이번 장 후반부에서 살펴볼 인터페이스 병합은 메서드와 속성을 다르게 처리합니다.
- 타입에서 수행되는 일부 작업은 메서드와 속성을 다르게 처리합니다. 15장 '타입 운영'에서 자세히 살펴봅니다.

타입스크립트의 향후 버전에서는 메서드와 속성 함수의 차이점에 대해 더 엄격한 옵션을 추가할지 모릅니다. 현시점에서 추천하는 스타일 가이드는 다음과 같습니다.

- 기본 함수가 this를 참조할 수 있다는 것을 알고 있다면 메서드 함수를 사용하세요. 가장 일반적으로 클래스의 인스턴스에서 사용됩니다(8장 '클래스'에서 살펴볼 예정입니다).
- 반대의 경우는 속성 함수를 사용하세요.

이 두 가지를 혼동하거나 차이점을 이해하지 못한다고 해도 걱정하지 마세요. this 스코프scope[1]와 선택한 방식을 의도하지 않는 한 코드에 거의 영향을 주지 않습니다.

7.2.4 호출 시그니처

인터페이스와 객체 타입은 호출 시그니처call signature로 선언할 수 있습니다. 호출 시그니처는 값을 함수처럼 호출하는 방식에 대한 타입 시스템의 설명입니다. 호출 시그니처가 선언한 방식으로 호출되는 값만 인터페이스에 할당할 수 있습니다. 즉, 할당 가능한 매개변수와 반환 타입을 가진 함수입니다. 호출 시그니처는 함수 타입과 비슷하지만, 콜론(:) 대신 화살표(=>)로 표시합니다.

다음 FunctionAlias와 CallSignature 타입은 모두 동일한 함수 매개변수와 반환 타입을 설명합니다.

```
type FunctionAlias = (input: string) => number;

interface CallSignature {
    (input: string): number;
}

// 타입: (input: string) => number
const typedFunctionAlias: FunctionAlias = (input) => input.length; // Ok
```

---

1 옮긴이_ 변수 참조에 대한 유효 범위

```
// 타입: (input: string) => number
const typedCallSignature: CallSignature = (input) => input.length; // Ok
```

호출 시그니처는 사용자 정의 속성을 추가로 갖는 함수를 설명하는 데 사용할 수 있습니다. 타입스크립트는 함수 선언에 추가된 속성을 해당 함수 선언의 타입에 추가하는 것으로 인식합니다.

다음 keepsTrackOfCalls 함수 선언에는 number 타입인 counter 속성이 주어져 Function WithCount 인터페이스에 할당할 수 있습니다. 따라서 FunctionWithCount 타입의 hasCallCount 인수에 할당할 수 있습니다. 다음 코드의 마지막 함수에는 count 속성이 주어지지 않았습니다.

```
interface FunctionWithCount {
    count: number;
    (): void;
}

let hasCallCount: FunctionWithCount;

function keepsTrackOfCalls() {
    keepsTrackOfCalls.count += 1;
    console.log('I've been called ${keepsTrackOfCalls.count} times!');
}

keepsTrackOfCalls.count = 0;

hasCallCount = keepsTrackOfCalls; // Ok

function doesNotHaveCount() {
    console.log("No idea!");
}

hasCallCount = doesNotHaveCount;
//~~~~~~~~~~~
// Error: Property 'count' is missing in type
// '() => void' but required in type 'FunctionWithCalls'
```

7.2.5 인덱스 시그니처

일부 자바스크립트 프로젝트는 임의의 **string** 키에 값을 저장하기 위한 객체를 생성합니다. 이러한 '컨테이너container' 객체의 경우 모든 가능한 키에 대해 필드가 있는 인터페이스를 선언하는 것은 비현실적이거나 불가능합니다.

타입스크립트는 인덱스 시그니처index signature 구문을 제공해 인터페이스의 객체가 임의의 키를 받고, 해당 키 아래의 특정 타입을 반환할 수 있음을 나타냅니다. 자바스크립트 객체 속성 조회lookup는 암묵적으로 키를 문자열로 변환하기 때문에 인터페이스의 객체는 문자열 키와 함께 가장 일반적으로 사용됩니다. 인덱스 시그니처는 일반 속성 정의와 유사하지만 키 다음에 타입이 있고 **{[i: string]: ... }**과 같이 배열의 대괄호를 갖습니다.

다음 **WordCounts** 인터페이스는 **number** 값을 갖는 모든 **string** 키를 허용하는 것으로 선언되었습니다. 이런 타입의 객체는 값이 **number**면 **string** 키가 아닌 그 어떤 키도 바인딩binding할 수 없습니다.

```
interface WordCounts {
    [i: string]: number;
}

const counts: WordCounts = {};

counts.apple = 0; // Ok
counts.banana = 1; // Ok

counts.cherry = false;
//~~~~~~~~~~
// Error: Type 'boolean' is not assignable to type 'number'.
```

인덱스 시그니처는 객체에 값을 할당할 때 편리하지만 타입 안정성을 완벽하게 보장하지는 않습니다. 인덱스 시그니처는 객체가 어떤 속성에 접근하든 간에 값을 반환해야 함을 나타냅니다.

다음 **publishDates** 값은 **Date** 타입으로 **Frankenstein**을 안전하게 반환하지만 타입스크립트는 **Beloved**가 정의되지 않았음에도 불구하고 정의되었다고 생각하도록 속입니다.

```
interface DatesByName {
    [i: string]: Date;
}

const publishDates: DatesByName = {
    Frankenstein: new Date("1 January 1818"),
};

publishDates.Frankenstein; // 타입: Date
console.log(publishDates.Frankenstein.toString()); // Ok

publishDates.Beloved; // 타입은 Date이지만 런타임 값은 undefined
console.log(publishDates.Beloved.toString());
// 타입 시스템에서는 오류가 나지 않지만 실제 런타임에서는 오류가 발생함
// Runtime error: Cannot read property 'toString'
// of undefined (reading publishDates.Beloved)
```

키/값 쌍을 저장하려고 하는데 키를 미리 알 수 없다면 Map을 사용하는 편이 더 안전합니다. .get 메서드는 항상 키가 존재하지 않음을 나타내기 위해서 ¦ undefined 타입을 반환합니다. 9장 '타입 제한자'에서 Map과 Set 같은 제네릭 컨테이너 클래스로 작업하는 법을 살펴봅니다.

속성과 인덱스 시그니처 혼합

인터페이스는 명시적으로 명명된 속성과 포괄적인catchall 용도의 string 인덱스 시그니처를 한 번에 포함할 수 있습니다. 각각의 명명된 속성의 타입은 포괄적인 용도의 인덱스 시그니처로 할당할 수 있어야 합니다. 명명된 속성이 더 구체적인 타입을 제공하고, 다른 모든 속성은 인덱스 시그니처의 타입으로 대체하는 것으로 혼합해서 사용할 수 있습니다.

다음 HistoricalNovels는 모든 속성을 number 타입으로 선언했고 추가적으로 Oroonoko 속성이 존재해야 합니다.

```
interface HistoricalNovels {
    Oroonoko: number;
    [i: string]: number;
}

// Ok
const novels: HistoricalNovels = {
```

```
    Outlander: 1991,
    Oroonoko: 1688,
};

const missingOroonoko: HistoricalNovels = {
    //~~~~~~~~~~~~~~~
    // Error: Property 'Oroonoko' is missing in type
    // '{ Outlander: number; }' but required in type 'HistoricalNovels'.
    Outlander: 1991,
};
```

속성과 인덱스 시그니처를 혼합해서 사용하는 일반적인 타입 시스템 기법 중 하나는 인덱스 시그니처의 원시 속성보다 명명된 속성에 대해 더 구체적인 속성 타입 리터럴을 사용하는 것입니다. 명명된 속성의 타입이 인덱스 시그니처에 할당될 수 있는 경우(각각의 리터럴 및 원시 속성에 해당) 타입스크립트는 더 구체적인 속성 타입 리터럴을 사용하는 것을 허용합니다.

다음 ChapterStarts는 preface 속성은 0으로, 다른 모든 속성은 더 일반적인 number를 갖도록 선언합니다. 즉, ChapterStarts를 사용하는 모든 객체의 preface 속성은 반드시 0이어야 합니다.

```
interface ChapterStarts {
    preface: 0;
    [i: string]: number;
}

const correctPreface: ChapterStarts = {
    preface: 0,
    night: 1,
    shopping: 5
};

const wrongPreface: ChapterStarts = {
    preface: 1,
    //~~~~~
    // Error: Type '1' is not assignable to type '0'.
};
```

숫자 인덱스 시그니처

자바스크립트가 암묵적으로 객체 속성 조회 키를 문자열로 변환하지만 때로는 객체의 키로 숫자만 허용하는 것이 바람직할 수 있습니다. 타입스크립트 인덱스 시그니처는 키로 string 대신 number 타입을 사용할 수 있지만, 명명된 속성은 그 타입을 포괄적인 용도의 string 인덱스 시그니처의 타입으로 할당할 수 있어야 합니다.

다음 MoreNarrowNumbers 인터페이스는 string을 string | undefined에 할당할 수 있지만 MoreNarrowStrings 인터페이스는 string | undefined를 string에 할당할 수 없습니다.

```
// Ok
interface MoreNarrowNumbers {
    [i: number]: string;
    [i: string]: string | undefined;
}

// Ok
const mixesNumbersAndStrings: MoreNarrowNumbers = {
    0: '',
    key1: '',
    key2: undefined,
}

interface MoreNarrowStrings {
    [i: number]: string | undefined;
    //~~~~~~~~~~~~~~~~~~~~~~~~~~~~~~~~
    // Error: 'number' index type 'string | undefined'
    // is not assignable to 'string' index type 'string'.
    [i: string]: string;
}
```

7.2.6 중첩 인터페이스

객체 타입이 다른 객체 타입의 속성으로 중첩될 수 있는 것처럼 인터페이스 타입도 자체 인터페이스 타입 혹은 객체 타입을 속성으로 가질 수 있습니다.

다음 Novel 인터페이스는 인라인 객체 타입인 author 속성과 Setting 인터페이스인 setting 속성을 포함합니다.

```
interface Novel {
    author: {
        name: string;
    };
    setting: Setting;
}

interface Setting {
    place: string;
    year: number;
}

let myNovel: Novel;

// Ok
myNovel = {
    author: {
        name: 'Jane Austen',
    },
    setting: {
        place: 'England',
        year: 1812,
    }
};

myNovel = {
    author: {
        name: 'Emily Brontë',
    },
    setting: {
    //~~~~~
    // Error: Property 'year' is missing in type
    // '{ place: string; }' but required in type 'Setting'.
        place: 'West Yorkshire',
    },
};
```

7.3 인터페이스 확장

때로는 서로 형태가 비슷한 여러 개의 인터페이스를 갖게 됩니다. 예를 들면 다른 인터페이스의 모든 멤버를 포함하고, 거기에 몇 개의 멤버가 추가된 인터페이스인 경우입니다.

타입스크립트는 인터페이스가 다른 인터페이스의 모든 멤버를 복사해서 선언할 수 있는 **확장된**extend 인터페이스를 허용합니다. 확장할 인터페이스의 이름 뒤에 extends 키워드를 추가해서 다른 인터페이스를 확장한 인터페이스라는 걸 표시합니다. 이렇게 하면 파생 인터페이스derived interface를 준수하는 모든 객체가 기본 인터페이스basic interface의 모든 멤버도 가져야 한다는 것을 타입스크립트에 알려줍니다.

다음 예제에서 Novella 인터페이스는 Writing을 확장하므로 객체는 최소한 Novella의 pages와 Writing의 title 멤버가 모두 있어야 합니다.

```typescript
interface Writing {
    title: string;
}

interface Novella extends Writing {
    pages: number;
}

// Ok
let myNovella: Novella = {
    pages: 195,
    title: "Ethan Frome",
};

let missingPages: Novella = {
    //~~~~~~~~~~~~
    // Error: Property 'pages' is missing in type '{ title: string; }' but
    // required in type 'Novella'.
    title: "The Awakening",
}

let extraProperty: Novella = {
    //~~~~~~~~~~~~~
    // Error: Type '{ pages: number; strategy: string; style: string; }'
    // is not assignable to type 'Novella'.
    //    Object literal may only specify known properties,
```

```
//    and 'strategy' does not exist in type 'Novella'.
    pages: 300,
    strategy: "baseline",
    style: "Naturalism"
};
```

인터페이스 확장은 프로젝트의 한 엔티티^{entity} 타입이 다른 엔티티의 모든 멤버를 포함하는 상위 집합^{superset}을 나타내는 실용적인 방법입니다. 인터페이스 확장 덕분에 여러 인터페이스에 관계를 나타내기 위해 동일한 코드를 반복 입력하는 작업을 피할 수 있습니다.

7.3.1 재정의된 속성

파생 인터페이스는 다른 타입으로 속성을 다시 선언해 기본 인터페이스의 속성을 재정의^{override}하거나 대체할 수 있습니다. 타입스크립트의 타입 검사기는 재정의된 속성이 기본 속성에 할당되어 있도록 강요합니다. 이렇게 하면 파생 인터페이스 타입의 인스턴스를 기본 인터페이스 타입에 할당할 수 있습니다.

속성을 재선언하는 대부분의 파생 인터페이스는 해당 속성을 유니언 타입의 더 구체적인 하위 집합으로 만들거나 속성을 기본 인터페이스의 타입에서 확장된 타입으로 만들기 위해 사용합니다.

예를 들어 다음 WithNullableName 타입은 WithNonNullableName에서 null을 허용하지 않도록 적절하게 다시 설정됩니다. 그러나 WithNumericName의 name에는 number | string이 허용되지 않습니다. number | string은 string | null에 할당할 수 없기 때문입니다.

```
interface WithNullableName {
    name: string | null;
}

interface WithNonNullableName extends WithNullableName {
    name: string;
}

interface WithNumericName extends WithNullableName {
    //       ~~~~~~~~~~~~~~~
    // Error: Interface 'WithNumericName' incorrectly extends interface
```

```
    // 'WithNullableName'.
    //    Types of property 'name' are incompatible.
    //      Type 'string | number' is not assignable to type 'string | null'.
    //        Type 'number' is not assignable to type 'string'.
    name: number | string;
}
```

7.3.2 다중 인터페이스 확장

타입스크립트의 인터페이스는 여러 개의 다른 인터페이스를 확장해서 선언할 수 있습니다. 파생 인터페이스 이름에 있는 extends 키워드 뒤에 쉼표로 인터페이스 이름을 구분해 사용하면 됩니다. 파생 인터페이스는 모든 기본 인터페이스의 모든 멤버를 받습니다.

다음 GivesBothAndEither는 세 개의 메서드를 가집니다. 하나는 자체 메서드이고, 하나는 GivesNumber에서, 나머지 하나는 GivesString에서 왔습니다.

```
interface GivesNumber {
    giveNumber(): number;
}

interface GivesString {
    giveString(): string;
}

interface GivesBothAndEither extends GivesNumber, GivesString {
    giveEither(): number | string;
}

function useGivesBoth(instance: GivesBothAndEither) {
    instance.giveEither(); // 타입: number | string
    instance.giveNumber(); // 타입: number
    instance.giveString(); // 타입: string
}
```

여러 인터페이스를 확장하는 방식으로 인터페이스를 사용하면 코드 중복을 줄이고 다른 코드 영역에서 객체의 형태를 더 쉽게 재사용할 수 있습니다.

7.4 인터페이스 병합

인터페이스의 중요한 특징 중 하나는 서로 병합하는 능력입니다. 두 개의 인터페이스가 동일한 이름으로 동일한 스코프에 선언된 경우, 선언된 모든 필드를 포함하는 더 큰 인터페이스가 코드에 추가됩니다.

다음 코드는 fromFirst와 fromSecond라는 두 개의 속성을 갖는 Merged 인터페이스를 선언합니다.

```
interface Merged {
    fromFirst: string;
}

interface Merged {
    fromSecond: number;
}

// 다음과 같음:
// interface Merged {
//     fromFirst: string;
//     fromSecond: number;
// }
```

일반적인 타입스크립트 개발에서는 인터페이스 병합을 자주 사용하지는 않습니다. 인터페이스가 여러 곳에 선언되면 코드를 이해하기가 어려워지므로 가능하면 인터페이스 병합을 사용하지 않는 것이 좋습니다.

그러나 인터페이스 병합은 외부 패키지 또는 Window 같은 내장된 전역 인터페이스를 보강하는 데 특히 유용합니다. 예를 들어 기본 타입스크립트 컴파일러 옵션을 사용할 때, 파일에서 myEnvironmentVariable 속성이 있는 Window 인터페이스를 선언하면 window.myEnvironmentVariable을 사용할 수 있습니다.

```
interface Window {
    myEnvironmentVariable: string;
}

window.myEnvironmentVariable; // 타입: string
```

타입 정의는 11장 '선언 파일'에서, 타입스크립트 전역 타입 옵션은 13장 '구성 옵션'에서 더 자세히 살펴봅니다.

7.4.1 이름이 충돌되는 멤버

병합된 인터페이스는 타입이 다른 동일한 이름의 속성을 여러 번 선언할 수 없습니다. 속성이 이미 인터페이스에 선언되어 있다면 나중에 병합된 인터페이스에서도 동일한 타입을 사용해야 합니다.

다음 두 개의 MergedProperties 인터페이스 선언에서는 same 속성이 모두 동일하므로 문제없지만 different 속성은 타입이 서로 다르기 때문에 오류가 발생합니다.

```
interface MergedProperties {
    same: (input: boolean) => string;
    different: (input: string) => string;
}

interface MergedProperties {
    same: (input: boolean) => string; // Ok

    different: (input: number) => string;
    //~~~~~~~
    // Error: Subsequent property declarations must have the same type.
    // Property 'different' must be of type '(input: string) => string',
    // but here has type '(input: number) => string'.
}
```

그러나 병합된 인터페이스는 동일한 이름과 다른 시그니처를 가진 메서드는 정의할 수 있습니다. 이렇게 하면 메서드에 대한 함수 오버로드가 발생합니다.

다음 MergedMethods 인터페이스는 두 가지 오버로드가 있는 different 메서드를 생성합니다.

```
interface MergedMethods {
    different(input: string): string;
}
```

```
interface MergedMethods {
    different(input: number): string; // Ok
}
```

7.5 마치며

이번 장에서는 객체 타입을 인터페이스로 설명하는 방법을 소개했습니다.

- 타입 별칭 대신 인터페이스를 사용한 객체 타입 선언하기
- 선택적 속성, 읽기 전용 속성, 함수, 메서드 등 다양한 인터페이스 속성 타입 소개
- 객체의 포괄적인 속성을 담기 위한 인덱스 시그니처 사용하기
- 중첩된 인터페이스와 extends 상속 확장으로 인터페이스 재사용하기
- 동일한 이름의 인터페이스 병합하기

다음 장에서는 여러 객체가 동일한 속성을 갖도록 설정하기 위한 기본 자바스크립트 구문인 클래스를 살펴봅니다.

> **TIP** https://learningtypescript.com/interfaces에서 배운 내용을 연습해보세요.

클래스

저는 일부 기능적 장치인 클래스를

절대 사용하지 않으려고 합니다.

저에게는 클래스가 너무 강렬해요!

타입스크립트가 탄생되고 릴리스된 2010년 초반의 자바스크립트 세계는 오늘날과 상당히 달랐습니다. 나중에 ES2015에서 표준화된 화살표 함수와 let/const 변수 같은 기능은 아직 먼 희망이었습니다. 바벨Babel은 첫 번째 커밋이 있은 후 몇 년이 흘렀고, 최신 자바스크립트 구문을 오래된 구문으로 변환하는 Traceur와 같은 이전 도구들은 완전한 주류로 채택 받지 못했습니다.

타입스크립트의 초기 마케팅과 기능들은 이런 자바스크립트 세계에 맞춰져 있었습니다. 타입스크립트의 타입 검사기 외에도 트랜스파일러transpiler가 강조되었고 그 예시로 클래스가 자주 등장했습니다. 오늘날 타입스크립트의 클래스 지원은 모든 자바스크립트 언어 기능을 지원하는 많은 기능 중 하나에 불과합니다. 타입스크립트는 클래스 사용이나 다른 인기 있는 자바스크립트 패턴을 권장하지도 막지도 않습니다.

8.1 클래스 메서드

타입스크립트는 독립 함수standalone function를 이해하는 것과 동일한 방식으로 메서드를 이해합니다. 매개변수 타입에 타입이나 기본값을 지정하지 않으면 **any** 타입을 기본으로 갖습니다. 메서드를 호출하려면 허용 가능한 수의 인수가 필요하고, 재귀 함수가 아니라면 대부분 반환 타입을 유추할 수 있습니다.

다음은 **string** 타입의 단일 필수 매개변수를 갖는 **greet** 클래스 메서드를 가진 **Greeter** 클래스를 정의하는 코드입니다.

```
class Greeter {
    greet(name: string) {
        console.log('${name}, do your stuff!');
    }
}

new Greeter().greet("Miss Frizzle"); // Ok

new Greeter().greet();
//                ~~~~~
// Error: Expected 1 arguments, but got 0.
```

클래스 생성자constructor는 매개변수와 관련하여 전형적인 클래스 메서드처럼 취급됩니다. 타입스크립트는 메서드 호출 시 올바른 타입의 인수가 올바른 수로 제공되는지 확인하기 위해 타입 검사를 수행합니다.

다음 **Greeted** 생성자는 **message: string**으로 매개변수가 제공되어야 합니다.

```
class Greeted {
    constructor(message: string) {
        console.log('As I always say: ${message}!');
    }
}

new Greeted("take chances, make mistakes, get messy");

new Greeted();
//~~~~~~~~~~~~
// Error: Expected 1 arguments, but got 0.
```

이 장의 뒷부분에서 하위 클래스^{subclass}와 관련된 생성자를 살펴봅니다.

8.2 클래스 속성

타입스크립트에서 클래스의 속성을 읽거나 쓰려면 클래스에 명시적으로 선언해야 합니다. 클래스 속성은 인터페이스와 동일한 구문을 사용해 선언합니다. 클래스 속성 이름 뒤에는 선택적으로 타입 애너테이션이 붙습니다.

타입스크립트는 생성자 내의 할당에 대해서 그 멤버가 클래스에 존재하는 멤버인지 추론하려고 시도하지 않습니다.

다음 예제에서 destination은 string으로 명시적으로 선언되어 있어 FieldTrip 클래스 인스턴스에 할당되고 접근할 수 있습니다. 클래스가 nonexistent 속성을 선언하지 않았기 때문에 생성자에서 this.nonexistent 할당은 허용되지 않습니다.

```
class FieldTrip {
    destination: string;

    constructor(destination: string) {
        this.destination = destination; // Ok
        console.log('We're going to ${this.destination}!');

        this.nonexistent = destination;
        //   ~~~~~~~~~~~
        // Error: Property 'nonexistent' does not exist on type 'FieldTrip'.
    }
}
```

클래스 속성을 명시적으로 선언하면 타입스크립트는 클래스 인스턴스에서 무엇이 허용되고, 허용되지 않는지 빠르게 이해할 수 있습니다. 나중에 클래스 인스턴스가 사용될 때, 코드가 trip.nonexistent와 같은 클래스 인스턴스에 존재하지 않는 멤버에 접근하려고 시도하면 타입스크립트는 타입 오류를 발생시킵니다.

```
const trip = new FieldTrip("planetarium");

trip.destination; // Ok

trip.nonexistent;
//    ~~~~~~~~~~~
// Error: Property 'nonexistent' does not exist on type 'FieldTrip'.
```

8.2.1 함수 속성

자바스크립트 메서드 스코프와 기본 구문에 익숙하지 않다면 당황할 수 있으므로 몇 가지 자바
스크립트 메서드 스코프와 기본 구문을 간략히 설명하겠습니다. 자바스크립트에는 클래스의
멤버를 호출 가능한 함수로 선언하는 두 가지 구문이 있습니다.

myFunction(){}과 같이 멤버 이름 뒤에 괄호를 붙이는 메서드 접근 방식을 앞서 살펴봤습니
다. 메서드 접근 방식은 함수를 클래스 프로토타입에 할당하므로 모든 클래스 인스턴스는 동일
한 함수 정의를 사용합니다.

다음 WithMethod 클래스는 모든 인스턴스가 참조할 수 있는 myMethod 메서드를 선언합니다.

```
class WithMethod {
    myMethod() {}
}

new WithMethod().myMethod === new WithMethod().myMethod; // true
```

값이 함수인 속성을 선언하는 방식도 있습니다. 이렇게 하면 클래스의 인스턴스당 새로운 함수
가 생성되며, 항상 클래스 인스턴스를 가리켜야 하는 화살표 함수에서 this 스코프를 사용하면
클래스 인스턴스당 새로운 함수를 생성하는 시간과 메모리 비용 측면에서 유용할 수 있습니다.

다음 WithProperty 클래스는 이름이 myProperty인 단일 속성을 포함하며 각 클래스 인스턴
스에 대해 다시 생성되는 () => void 타입입니다.

```
class WithProperty {
    myProperty: () => {}
```

```
}

new WithMethod().myProperty === new WithMethod().myProperty; // false
```

함수 속성에는 클래스 메서드와 독립 함수의 동일한 구문을 사용해 매개변수와 반환 타입을 지정할 수 있습니다. 결국 함수 속성은 클래스 멤버로 할당된 값이고, 그 값은 함수입니다.

다음 WithPropertyParameters 클래스는 타입이 (input: boolean) => string인 takesParameters 속성을 가집니다.

```
class WithPropertyParameters {
    takesParameters = (input: boolean) => input ? "Yes" : "No";
}

const instance = new WithPropertyParameters();

instance.takesParameters(true); // Ok

instance.takesParameters(123);
//                       ~~~
// Error: Argument of type 'number' is not assignable to parameter of type 'boolean'.
```

8.2.2 초기화 검사

엄격한 컴파일러 설정이 활성화된 상태에서 타입스크립트는 undefined 타입으로 선언된 각 속성이 생성자에서 할당되었는지 확인합니다. 이와 같은 엄격한 초기화 검사는 클래스 속성에 값을 할당하지 않는 실수를 예방할 수 있어 유용합니다.

다음 WithValue 클래스는 unused 속성에 값을 할당하지 않았고, 타입스크립트는 이 속성을 타입 오류로 인식합니다.

```
class WithValue {
    immediate = 0; // Ok
    later: number; // Ok(construtor에서 할당)
    mayBeUndefined: number | undefined; // Ok(undefined가 되는 것이 허용됨)
```

```
    unused: number;
    //~~~~
    // Error: Property 'unused' has no initializer
    // and is not definitely assigned in the constructor.

    constructor() {
        this.later = 1;
    }
}
```

엄격한 초기화 검사가 없다면, 비록 타입 시스템이 undefined 값에 접근할 수 없다고 말할지라도 클래스 인스턴스는 undefined 값에 접근할 수 있습니다.

다음 예제는 엄격한 초기화 검사가 수행되지 않으면 올바르게 컴파일되지만, 결과 자바스크립트는 런타임 시 문제가 발생합니다.

```
class MissingInitializer {
    property: string;
}

new MissingInitializer().property.length;
// TypeError: Cannot read property 'length' of undefined
```

십억 달러의 실수가 다시 일어납니다!

12장 'IDE 기능 사용'에서 타입스크립트의 strictPropertyInitialization 컴파일러 옵션을 사용해 엄격한 속성 초기화 검사를 구성하는 방법을 살펴봅니다.

확실하게 할당된 속성

엄격한 초기화 검사가 유용한 경우가 대부분이지만 클래스 생성자 다음에 클래스 속성을 의도적으로 할당하지 않는 경우가 있을 수도 있습니다. 엄격한 초기화 검사를 적용하면 안 되는 속성인 경우에는 이름 뒤에 !를 추가해 검사를 비활성화하도록 설정합니다. 이렇게 하면 타입스크립트에 속성이 처음 사용되기 전에 undefined 값이 할당됩니다.

다음 ActivitiesQueue 클래스는 생성자와는 별도로 여러 번 다시 초기화될 수 있으므로 pending 속성은 !와 함께 할당되어야 합니다.

```
class ActivitiesQueue {
    pending!: string[]; // Ok

    initialize(pending: string[]) {
        this.pending = pending;
    }

    next() {
        return this.pending.pop();
    }
}

const activities = new ActivitiesQueue();

activities.initialize(['eat', 'sleep', 'learn'])
activities.next();
```

> **WARNING** 클래스 속성에 대해 엄격한 초기화 검사를 비활성화하는 것은 종종 타입 검사에는 적합하지 않은 방식으로 코드가 설정된다는 신호입니다. ! 어서션을 추가하고 속성에 대한 타입 안정성을 줄이는 대신 클래스를 리팩터링해서 어서션이 더 이상 필요하지 않도록 하세요.

8.2.3 선택적 속성

인터페이스와 마찬가지로 클래스는 선언된 속성 이름 뒤에 ?를 추가해 속성을 옵션으로 선언합니다. 선택적 속성은 | undefined를 포함하는 유니언 타입과 거의 동일하게 작동합니다. 엄격한 초기화 검사는 생성자에서 선택적 속성을 명시적으로 설정하지 않아도 문제가 되지 않습니다.

다음 MissingInitializer 클래스는 property를 옵션으로 정의했으므로 엄격한 속성 초기화 검사와 관계없이 클래스 생성자에서 할당하지 않아도 됩니다.

```
class MissingInitializer {
    property?: string;
}
```

```
new MissingInitializer().property?.length; // Ok

new MissingInitializer().property.length;
//~~~~~~~~~~~~~~~~~~~~~~~~~~~~~~~~~~~~~~~~
// Error: Object is possibly 'undefined'.
```

8.2.4 읽기 전용 속성

인터페이스와 마찬가지로 클래스도 선언된 속성 이름 앞에 readonly 키워드를 추가해 속성을 읽기 전용으로 선언합니다. readonly 키워드는 타입 시스템에만 존재하며 자바스크립트로 컴파일할 때 삭제됩니다.

readonly로 선언된 속성은 선언된 위치 또는 생성자에서 초깃값만 할당할 수 있습니다. 클래스 내의 메서드를 포함한 다른 모든 위치에서 속성은 읽을 수만 있고, 쓸 수는 없습니다.

다음 예제에서 Quote 클래스의 text 속성은 생성자에서는 값이 지정되지만 다른 곳에서 값을 지정하려고 하면 타입 오류가 발생합니다.

```
class Quote {
    readonly text: string;

    constructor(text: string) {
        this.text = ;
    }

    emphasize() {
        this.text += "!";
        //     ~~~~
        // Error: Cannot assign to 'text' because it is a read-only property.
    }
}

const quote = new Quote(
    "There is a brilliant child locked inside every student."
);
```

```
Quote.text = "Ha!";
//      ~~~~
// Error: Cannot assign to 'text' because it is a read-only property.
```

원시 타입의 초깃값을 갖는 readonly로 선언된 속성은 다른 속성과 조금 다릅니다. 이런 속성은 더 넓은 원싯값이 아니라 값의 타입이 가능한 한 좁혀진 리터럴 타입으로 유추됩니다. 타입스크립트는 값이 나중에 변경되지 않는다는 것을 알기 때문에 더 공격적인 초기 타입 내로잉을 편하게 느낍니다. const 변수가 let 변수보다 더 좁은 타입을 갖는 것과 유사합니다.

다음 예제에서 클래스 속성은 처음에는 모두 문자열 리터럴로 선언되므로 둘 중 하나를 string으로 확장하기 위해서는 타입 애너테이션이 필요합니다.

```
class RandomQuote {
    readonly explicit: string = "Home is the nicest word there is.";
    readonly implicit = "Home is the nicest word there is.";

    constructor() {
        if (Math.random () > 0.5) {
            this.explicit = "We start learning the minute we're born."; // Ok

            this.implicit = "We start learning the minute we're born.";
            //~~~~~~~~~~~~
            // Error: Type '"We start learning the minute we're born."' is
            // not assignable to type '"Home is the nicest word there is."'.
        }
    }
}

const quote = new RandomQuote();

quote.explicit; // 타입: string
quote.implicit; // 타입: "Home is the nicest word there is."
```

속성의 타입을 명시적으로 확장하는 작업이 자주 필요하지는 않습니다. 그럼에도 불구하고 RandomQuote에서 등장하는 생성자의 조건부 로직처럼 경우에 따라 유용할 수 있습니다.

8.3 타입으로서의 클래스

타입 시스템에서의 클래스는 클래스 선언이 런타임 값(클래스 자체)과 타입 애너테이션에서 사용할 수 있는 타입을 모두 생성한다는 점에서 상대적으로 독특합니다.

Teacher 클래스의 이름은 teacher 변수에 주석을 다는 데 사용됩니다. teacher 변수에는 Teacher 클래스의 자체 인스턴스처럼 Teacher 클래스에 할당할 수 있는 값만 할당해야 함을 타입스크립트에 알려줍니다.

```
class Teacher {
    sayHello() {
        console.log("Take chances, make mistakes, get messy!");
    }
}

let teacher: Teacher;

teacher = new Teacher(); // Ok

teacher = "Wahoo!";
//~~~~~
// Error: Type 'string' is not assignable to type 'Teacher'.
```

흥미롭게도 타입스크립트는 클래스의 동일한 멤버를 모두 포함하는 모든 객체 타입을 클래스에 할당할 수 있는 것으로 간주합니다. 타입스크립트의 구조적 타이핑이 선언되는 방식이 아니라 객체의 형태만 고려하기 때문입니다.

다음 withSchoolBus는 SchoolBus 타입의 매개변수를 받습니다. 매개변수로 SchoolBus 클래스 인스턴스처럼 타입이 () => string[]인 getAbilities 속성을 가진 모든 객체를 할당할 수 있습니다.

```
class SchoolBus {
    getAbilities() {
        return ["magic", "shapeshifting"];
    }
}

function withSchoolBus(bus: SchoolBus) {
    console.log(bus.getAbilities());
}

withSchoolBus(new SchoolBus()); // Ok

// Ok
withSchoolBus({
    getAbilities: () => ["transmogrification"],
});

withSchoolBus({
    getAbilities: () => 123,
    //                 ~~~
    // Error: Type 'number' is not assignable to type 'string[]'.
});
```

> **TIP** 대부분의 실제 코드에서 개발자는 클래스 타입을 요청하는 위치에 객체의 값을 전달하지 않습니다. 이러한 구조적인 확인 동작은 예상하지 못한 것처럼 보일 수 있지만 자주 나타나지는 않습니다.

8.4 클래스와 인터페이스

7장 '인터페이스'에서 타입스크립트 개발자가 코드에서 객체의 형태를 예측할 수 있도록 인터페이스로 설정하는 방법을 살펴봤습니다. 타입스크립트는 클래스 이름 뒤에 implements 키워드와 인터페이스 이름을 추가함으로써 클래스의 해당 인스턴스가 인터페이스를 준수한다고 선언할 수 있습니다. 이렇게 하면 클래스를 각 인터페이스에 할당할 수 있어야 함을 타입스크립트에 나타냅니다. 타입 검사기에 의해 모든 불일치에 대해서 타입 오류가 발생합니다.

다음 예제에서 Student 클래스는 name 속성과 study 메서드를 포함해 Learner 인터페이스
를 올바르게 구현했지만 Slaker에는 study가 누락되어 타입 오류가 발생합니다.

```typescript
interface Learner {
    name: string;
    study(hours: number): void;
}

class Student implements Learner {
    name: string;

    constructor(name: string) {
        this.name = name;
    }

    study(hours: number) {
        for (let i = 0; i < hours; i+= 1) {
            console.log("...studying...");
        }
    }
}

class Slacker implements Learner {
    // ~~~~~~~
    // Error: Class 'Slacker' incorrectly implements interface 'Learner'.
    //  Property 'study' is missing in type 'Slacker' but required in type 'Learner'.
    //  name = "Rocky";
}
```

> **NOTE** 클래스에 의해 구현되는 인터페이스는 Leaner 인터페이스에서 사용된 것처럼 인터페이스 멤버를
> 함수로 선언하기 위해 메서드 구문을 사용합니다.

인터페이스를 구현하는 것으로 클래스를 만들어도 클래스가 사용되는 방식은 변경되지 않습
니다. 클래스가 이미 인터페이스와 일치하는 경우 타입스크립트의 타입 검사기는 인터페이스
의 인스턴스가 필요한 곳에서 해당 인스턴스를 사용할 수 있도록 허용합니다. 타입스크립트
는 인터페이스에서 클래스의 메서드 또는 속성 타입을 유추하지 않습니다. Slacker 예제에서
study(hours){} 메서드를 추가했다면 타입스크립트는 타입 애너테이션을 지정하지 않는 한

hours 매개변수를 암시적 any로 간주합니다.

다음의 다른 형태로 구현한 Student 클래스는 멤버에 타입 애너테이션을 제공하지 않기 때문에 암시적인 any 타입 오류가 발생합니다.

```
class Student implements Learner {
    name;
    //~~
    // Error: Member 'name' implicitly has an 'any' type.

    study(hours) {
        //~~~~~
        // Error: Parameter 'hours' implicitly has an 'any' type.
    }
}
```

인터페이스를 구현하는 것은 순전히 안정성 검사를 위해서입니다. 모든 인터페이스 멤버를 클래스 정의로 복사하지 않습니다. 대신 인터페이스를 구현하면 클래스 인스턴스가 사용되는 곳에서 나중에 타입 검사기로 신호를 보내고 클래스 정의에서 표면적인 타입 오류가 발생합니다. 변수에 초깃값이 있더라도 타입 애너테이션을 추가하는 것과 용도가 비슷합니다.

8.4.1 다중 인터페이스 구현

타입스크립트의 클래스는 다중 인터페이스를 구현해 선언할 수 있습니다. 클래스에 구현된 인터페이스 목록은 인터페이스 이름 사이에 쉼표를 넣고, 개수 제한 없이 인터페이스를 사용할 수 있습니다.

다음 두 클래스에서 모두 Graded를 구현하려면 grades 속성을 가져야 하고, Reporter를 구현하려면 report 속성을 가져야 합니다. Empty 클래스에는 Graded와 Reporter 인터페이스를 제대로 구현하지 못했으므로 두 가지 타입 오류가 발생합니다

```
interface Graded {
    grades: number[];
}

interface Reporter {
```

```typescript
    report: () => string;
}

class ReportCard implements Graded, Reporter {
    grades: number[];

    constructor(grades: number[]) {
        this.grades = grades;
    }

    report() {
        return this.grades.join(", ");
    }
}

class Empty implements Graded, Reporter { }
    // ~~~~~
    // Error: Class 'Empty' incorrectly implements interface 'Graded'.
    //    Property 'grades' is missing in type 'Empty' but required in type 'Graded'.
    // Error: Class 'Empty' incorrectly implements interface 'Reporter'.
    //    Property 'report' is missing in type 'Empty' but required in type 'Reporter'.
```

실제로 클래스가 한 번에 두 인터페이스를 구현할 수 없도록 정의하는 인터페이스가 있을 수 있습니다. 두 개의 충돌하는 인터페이스를 구현하는 클래스를 선언하려고 하면 클래스에 하나 이상의 타입 오류가 발생합니다.

다음 AgeIsNumber와 AgeIsNotANumber 인터페이스는 age 속성을 서로 다른 타입으로 선언합니다. AsNumber 클래스와 NotAsNumber 클래스 모두 두 인터페이스를 제대로 구현하지 못했습니다.

```typescript
interface AgeIsANumber {
    age: number;
}

interface AgeIsNotANumber {
    age: () => string;
}

class AsNumber implements AgeIsANumber, AgeIsNotANumber {
    age = 0;
    //~
```

```
    // Error: Property 'age' in type 'AsNumber' is not assignable
    // to the same property in base type 'AgeIsNotANumber'.
    //    Type 'number' is not assignable to type '() => string'.
}
class NotAsNumber implements AgeIsANumber, AgeIsNotANumber {
    age() { return ""; }
    //~
    // Error: Property 'age' in type 'NotAsNumber' is not assignable
    // to the same property in base type 'AgeIsANumber'.
    //    Type '() => string' is not assignable to type 'number'.
}
```

두 인터페이스가 매우 다른 객체 형태를 표현하는 경우에는 동일한 클래스로 구현하지 않아야
합니다.

8.5 클래스 확장

타입스크립트는 다른 클래스를 확장하거나 하위 클래스를 만드는 자바스크립트 개념에 타입
검사를 추가합니다. 먼저 기본 클래스에 선언된 모든 메서드나 속성은 파생 클래스라고도 하는
하위 클래스에서 사용할 수 있습니다.

다음 예제에서 Teacher는 StudentTeacher 하위 클래스의 인스턴스에서 사용할 수 있는
teach 메서드를 선언합니다.

```
class Teacher {
    teach() {
        console.log("The surest test of discipline is its absence.");
    }
}

class StudentTeacher extends Teacher {
    learn() {
        console.log("I cannot afford the luxury of a closed mind.");
    }
}

const teacher = new StudentTeacher();
```

```
teacher.teach(); // Ok(기본 클래스에 정의됨)
teacher.learn(); // Ok(하위 클래스에 정의됨)

teacher.other();
   // ~~~~~
   // Error: Property 'other' does not exist on type 'StudentTeacher'.
```

8.5.1 할당 가능성 확장

파생 인터페이스가 기본 인터페이스를 확장하는 것과 마찬가지로 하위 클래스도 기본 클래스의 멤버를 상속합니다. 하위 클래스의 인스턴스는 기본 클래스의 모든 멤버를 가지므로 기본 클래스의 인스턴스가 필요한 모든 곳에서 사용할 수 있습니다. 만약 기본 클래스에 하위 클래스가 가지고 있는 모든 멤버가 없으면 더 구체적인 하위 클래스가 필요할 때 사용할 수 없습니다.

다음 Lesson 클래스의 인스턴스는 파생된 OnlineLesson 인스턴스가 필요한 곳에서 사용할 수 없지만, 파생된 인스턴스는 기본 클래스 또는 하위 클래스를 충족하는 데 사용할 수 있습니다.

```
class Lesson {
    subject: string;

    constructor(subject: string) {
        this.subject = subject;
    }
}

class OnlineLesson extends Lesson {
    url: string;

    constructor(subject: string, url: string) {
        super(subject);
        this.url = url;
    }
}

let lesson: Lesson;
lesson = new Lesson("coding"); // Ok
lesson = new OnlineLesson("coding", "oreilly.com"); // Ok

let online: OnlineLesson;
```

```
online = new OnlineLesson("coding", "oreilly.com"); // Ok

online = new Lesson("coding");
//~~~~
// Error: Property 'url' is missing in type 'Lesson' but required in type
// 'OnlineLesson'.
```

타입스크립트의 구조적 타입에 따라 하위 클래스의 모든 멤버가 동일한 타입의 기본 클래스에
이미 존재하는 경우 기본 클래스의 인스턴스를 하위 클래스 대신 사용할 수 있습니다.

다음 예제에서 LabeledPastGrades는 선택적 속성인 PastGrades만 추가하므로 하위 클래스
대신 기본 클래스의 인스턴스를 사용할 수 있습니다.

```
class PastGrades {
    grades: number[] = [];
}

class LabeledPastGrades extends PastGrades {
    label?: string;
}

let subClass: LabeledPastGrades;

subClass = new LabeledPastGrades(); // Ok
subClass = new PastGrades(); // Ok
```

> **TIP** 대부분의 실제 코드에서 하위 클래스는 일반적으로 기본 클래스 위에 새로운 필수 타입 정보를 추가합
> 니다. 이러한 구조적 검사 동작은 예상치 못한 것처럼 보일 수 있지만 자주 발생하지는 않습니다.

8.5.2 재정의된 생성자

바닐라 자바스크립트와 마찬가지로 타입스크립트에서 하위 클래스는 자체 생성자를 정의할 필
요가 없습니다. 자체 생성자가 없는 하위 클래스는 암묵적으로 기본 클래스의 생성자를 사용합
니다.

자바스크립트에서 하위 클래스가 자체 생성자를 선언하면 super 키워드를 통해 기본 클래스 생성자를 호출해야 합니다. 하위 클래스 생성자는 기본 클래스에서의 필요 여부와 상관없이 모든 매개변수를 선언할 수 있습니다. 타입스크립트의 타입 검사기는 기본 클래스 생성자를 호출할 때 올바른 매개변수를 사용하는지 확인합니다.

다음 예제에서 PassingAnnouncer의 생성자는 number 인수를 사용해 기본 클래스인 Grade Announcer의 생성자를 올바르게 호출하는 반면, FailingAnnouncer는 기본 생성자를 올바르게 호출하지 않아 타입 오류가 발생합니다.

```
class GradeAnnouncer {
    message: string;

    constructor(grade: number) {
        this.message = grade >= 65 ? "Maybe next time..." : "You pass!";
    }
}

class PassingAnnouncer extends GradeAnnouncer {
    constructor() {
        super(100);
    }
}

class FailingAnnouncer extends GradeAnnouncer {
    constructor() { }
    //~~~~~~~~~~~~~~~~
    // Error: Constructors for subclasses must contain a 'super' call.
}
```

자바스크립트 규칙에 따르면 하위 클래스의 생성자는 this 또는 super에 접근하기 전에 반드시 기본 클래스의 생성자를 호출해야 합니다. 타입스크립트는 super()를 호출하기 전에 this 또는 super에 접근하려고 하는 경우 타입 오류를 보고합니다.

다음 ContinuedGradesTally 클래스는 super()를 호출하기 전에 생성자에서 this.grades 를 잘못 참조합니다.

```
class GradesTally {
    grades: number[] = [];

    addGrades(...grades: number[]) {
        this.grades.push(...grades);
        return this.grades.length;
    }
}

class ContinuedGradesTally extends GradesTally {
    constructor(previousGrades: number[]) {
        this.grades = [...previousGrades];
        //~~
        // Error: 'super' must be called before accessing
        // 'this' in the constructor of a subclass.

        super();

        console.log("Starting with length", this.grades.length); // Ok
    }
}
```

8.5.3 재정의된 메서드

하위 클래스의 메서드가 기본 클래스의 메서드에 할당될 수 있는 한 하위 클래스는 기본 클래스와 동일한 이름으로 새 메서드를 다시 선언할 수 있습니다. 기본 클래스를 사용하는 모든 곳에 하위 클래스를 사용할 수 있으므로 새 메서드의 타입도 기본 메서드 대신 사용할 수 있어야 한다는 점을 명심하세요.

다음 예제에서 FailureCounter의 countGrades 메서드는 기본 GradeCounter의 countGrades 메서드의 반환 타입과 첫 번째 매개변수가 동일하기 때문에 허용됩니다. AnyFailureChecker의 countGrades는 잘못된 반환 타입을 가지므로 타입 오류가 발생합니다.

```
class GradeCounter {
    countGrades(grades: string[], letter: string) {
        return grades.filter(grade => grade === letter).length;
    }
}
```

```
    }

    class FailureCounter extends GradeCounter {
        countGrades(grades: string[]) {
            return super.countGrades(grades, "F");
        }
    }

    class AnyFailureChecker extends GradeCounter {
        countGrades(grades: string[]) {
        //~~~~~~~~~~
            // Error: Property 'countGrades' in type 'AnyFailureChecker' is not
            // assignable to the same property in base type 'GradeCounter'.
            //    Type '(grades: string[]) => boolean' is not assignable
            //    to type '(grades: string[], letter: string) => number'.
            //        Type 'boolean' is not assignable to type 'number'.
            return super.countGrades(grades, "F") !== 0;
        }
    }

    const counter: GradeCounter = new AnyFailureChecker();

    // 예상한 타입: number
    // 실제 타입: boolean
    const count = counter.countGrades(["A", "C", "F"]);
```

8.5.4 재정의된 속성

하위 클래스는 새 타입을 기본 클래스의 타입에 할당할 수 있는 한 동일한 이름으로 기본 클래스의 속성을 명시적으로 다시 선언할 수 있습니다. 재정의된 메서드와 마찬가지로 하위 클래스는 기본 클래스와 구조적으로 일치해야 합니다.

속성을 다시 선언하는 대부분의 하위 클래스는 해당 속성을 유니언 타입의 더 구체적인 하위 집합으로 만들거나 기본 클래스 속성 타입에서 확장되는 타입으로 만듭니다.

다음 예제에서 기본 클래스 Assignment는 grade를 number | undefined로 선언하고 하위 클래스 GradedAssignment는 grade를 항상 존재하는 number 타입으로 선언합니다.

```
class Assignment {
    grade?: number;
}

class GradedAssignment extends Assignment {
    grade: number;

    constructor(grade: number) {
        super();
        this.grade = grade;
    }
}
```

속성의 유니언 타입의 허용된 값 집합을 확장할 수는 없습니다. 만약 확장한다면 하위 클래스 속성은 더 이상 기본 클래스 속성 타입에 할당할 수 없습니다.

다음 예제에서 VagueGrade의 value는 기본 클래스 NumericGrade의 number 타입에 ¦ string을 추가하려고 하므로 타입 오류가 발생합니다.

```
class NumericGrade {
    value = 0;
}

class VagueGrade extends NumericGrade {
    value = Math.random() > 0.5 ? 1 : "...";
    //~~~
    // Error: Property 'value' in type 'NumberOrString' is not
    // assignable to the same property in base type 'JustNumber'.
    //   Type 'string ¦ number' is not assignable to type 'number'.
    //     Type 'string' is not assignable to type 'number'.
}

const instance: NumericGrade = new VagueGrade();

// 예상한 타입: number
// 실제 타입: number ¦ string
instance.value;
```

8.6 추상 클래스

때로는 일부 메서드의 구현을 선언하지 않고, 대신 하위 클래스가 해당 메서드를 제공할 것을 예상하고 기본 클래스를 만드는 방법이 유용할 수 있습니다. 추상화하려는 클래스 이름과 메서드 앞에 타입스크립트의 **abstract** 키워드를 추가합니다. 이러한 추상화 메서드 선언은 추상화 기본 클래스에서 메서드의 본문을 제공하는 것을 건너뛰고, 대신 인터페이스와 동일한 방식으로 선언됩니다.

다음 예제에서 School 클래스와 getStudentTypes 메서드는 **abstract**로 표시됩니다. 그러므로 하위 클래스인 Preschool과 Absence는 getStudentTypes를 구현해야 합니다.

```
abstract class School {
    readonly name: string;

    constructor(name: string) {
        this.name = name;
    }

    abstract getStudentTypes(): string[];
}

class Preschool extends School {
    getStudentTypes() {
        return ["preschooler"];
    }
}

class Absence extends School { }
    //~~~~~~~
    // Error: Nonabstract class 'Absence' does not implement
    // inherited abstract member 'getStudentTypes' from class 'School'.
```

구현이 존재한다고 가정할 수 있는 일부 메서드에 대한 정의가 없기 때문에 추상 클래스를 직접 인스턴스화할 수 없습니다. 추상 클래스가 아닌 클래스만 인스턴스화할 수 있습니다.

계속해서 School 예제에서 new School을 호출하려고 하면 타입스크립트 오류가 발생합니다.

```
let school: School;

school = new Preschool("Sunnyside Daycare"); // Ok

school = new School("somewhere else");
//        ~~~~~~~~~~~~~~~~~~~~~~~~~~~~~~
// Error: Cannot create an instance of an abstract class.
```

추상 클래스는 클래스의 세부 사항이 채워질 거라 예상되는 프레임워크에서 자주 사용됩니다. 클래스는 앞서 본 school: School 예제에서처럼 값이 클래스를 준수해야 함을 나타내는 타입 애너테이션으로 사용할 수 있습니다. 그러나 새 인스턴스를 생성하려면 하위 클래스를 사용해야 합니다.

8.7 멤버 접근성

자바스크립트에서는 클래스 멤버 이름 앞에 #을 추가해 private 클래스 멤버임을 나타냅니다. private 클래스 멤버는 해당 클래스 인스턴스에서만 접근할 수 있습니다. 자바스크립트 런타임은 클래스 외부 코드 영역에서 private 메서드나 속성에 접근하려고 하면 오류를 발생시킴으로써 프라이버시privacy를 강화합니다.

타입스크립트의 클래스 지원은 자바스크립트의 # 프라이버시보다 먼저 만들어졌습니다. 또한 타입스크립트는 private 클래스 멤버를 지원하지만, 타입 시스템에만 존재하는 클래스 메서드와 속성에 대해 조금 더 미묘한 프라이버시 정의 집합을 허용합니다. 타입스크립트의 멤버 접근성(가시성visibility)은 클래스 멤버의 선언 이름 앞에 다음 키워드 중 하나를 추가해 만듭니다.

- public(기본값): 모든 곳에서 누구나 접근 가능
- protected: 클래스 내부 또는 하위 클래스에서만 접근 가능
- private: 클래스 내부에서만 접근 가능

이러한 키워드는 순수하게 타입 시스템 내에 존재합니다. 코드가 자바스크립트로 컴파일되면 다른 모든 타입 시스템 구문과 함께 키워드도 제거됩니다.

다음 Base 클래스는 두 개의 public 멤버와 한 개의 protected, 한 개의 private, 그리고 #truePrivate을 사용해 한 개의 private을 선언합니다. Subclass는 public과 protected 멤버는 접근할 수 있지만 private과 #truePrivate은 접근할 수 없습니다.

```
class Base {
    isPublicImplicit = 0;
    public isPublicExplicit = 1;
    protected isProtected = 2;
    private isPrivate = 3;
    #truePrivate = 4;
}

class Subclass extends Base {
    examples() {
        this.isPublicImplicit; // Ok
        this.isPublicExplicit; // Ok
        this.isProtected; // Ok

        this.isPrivate;
        //   ~~~~~~~~~
        // Error: Property 'isPrivate' is private and only accessible within class
        // 'Base'.

        this.#truePrivate;
        //   ~~~~~~~~~~~~
        // Error: Property '#truePrivate' is not accessible outside
        // class 'Base' because it has a private identifier.
    }
}

new Subclass().isPublicImplicit; // Ok
new Subclass().isPublicExplicit; // Ok

new Subclass().isProtected;
//             ~~~~~~~~~~~
// Error: Property 'isProtected' is protected
// and only accessible within class 'Base' and its subclasses.

new Subclass().isPrivate;
//             ~~~~~~~~~
// Error: Property 'isPrivate' is private and only accessible within class 'Base'.
```

타입스크립트의 멤버 접근성은 타입 시스템에서만 존재하는 반면 자바스크립트의 private 선언은 런타임에도 존재한다는 점이 주요 차이점입니다. protected 또는 private으로 선언된 타입스크립트 클래스 멤버는 명시적으로 또는 암묵적으로 public으로 선언된 것처럼 동일한 자바스크립트 코드로 컴파일됩니다. 인터페이스와 타입 애너테이션처럼 접근성 키워드는 자바스크립트로 컴파일될 때 제거됩니다. 자바스크립트 런타임에서는 # private 필드만 진정한 private입니다.

접근성 제한자는 readonly와 함께 표시할 수 있습니다. readonly와 명시적 접근성 키워드로 멤버를 선언하려면 접근성 키워드를 먼저 적어야 합니다.

다음 TwoKeywords 클래스는 name 멤버를 private과 readonly로 선언합니다.

```
class TwoKeywords {
    private readonly name: string;

    constructor() {
        this.name = "Anne Sullivan"; // Ok
    }

    log() {
        console.log(this.name); // Ok
    }
}

const two = new TwoKeywords();

two.name = "Savitribai Phule";
//  ~~~~
// Error: Property 'name' is private and only accessible within class 'TwoKeywords'.
// Cannot assign to 'name' because it is a read-only property.
```

타입스크립트의 이전 멤버 접근성 키워드를 자바스크립트의 # private 필드와 함께 사용할 수 없다는 점을 기억하세요. private 필드는 기본적으로 항상 private이므로 private 키워드를 추가로 표시할 필요가 없습니다.

8.7.1 정적 필드 제한자

자바스크립트는 static 키워드를 사용해 클래스 자체에서 멤버를 선언합니다. 타입스크립트는 static 키워드를 단독으로 사용하거나 readonly와 접근성 키워드를 함께 사용할 수 있도록 지원합니다. 함께 사용할 경우 접근성 키워드를 먼저 작성하고, 그다음 static, readonly 키워드가 옵니다.

다음 Question 클래스는 protected, static, readonly를 모두 사용해 prompt와 answer 속성을 만듭니다.

```
class Question {
    protected static readonly answer: "bash";
    protected static readonly prompt =
        "What's an ogre's favorite programming language?";

    guess(getAnswer: (prompt: string) => string) {
        const answer = getAnswer(Question.prompt);

        // Ok
        if (answer === Question.answer) {
            console.log("You got it!");
        } else {
            console.log("Try again...")
        }
    }
}

Question.answer;
//       ~~~~~~
// Error: Property 'answer' is protected and only
// accessible within class 'Question' and its subclasses.
```

static 클래스 필드에 대해 readonly와 접근성 제한자를 사용하면 해당 필드가 해당 클래스 외부에서 접근되거나 수정되는 것을 제한하는 데 유용합니다.

8.8 마치며

이 장에서는 클래스와 관련된 다양한 타입 시스템과 구문을 소개했습니다.

- 클래스 메서드 및 속성 선언과 사용법
- 읽기 전용(readonly) 또는 선택적 속성으로 표시하기
- 타입 애너테이션에서 타입으로 클래스 이름 사용하기
- 클래스 인스턴스 형태를 적용하기 위한 인터페이스 구현하기
- 하위 클래스에 대한 할당 가능성과 재정의 규칙으로 클래스 확장하기
- abstract 클래스와 abstract 메서드로 표시하기
- 클래스 필드에 타입 시스템 제한자 추가하기

> **TIP** https://learningtypescript.com/classes에서 배운 내용을 연습해보세요.

CHAPTER 9

타입 제한자

타입에서 타입의 타입

아네르스는 "거북이들이 계속 내려오고 있어"라고 말하기를 좋아합니다.

지금까지 타입스크립트의 타입 시스템이 배열, 클래스, 객체와 같은 기존 자바스크립트 구성 요소와 함께 작동하는 방식을 살펴봤습니다. 이번 장과 10장 '제네릭'에서는 타입 시스템에서 한 걸음 더 나아가 다른 타입을 기반으로 하는 타입뿐만 아니라 더 정확한 타입 작성에 중점을 둔 기능을 다루겠습니다.

9.1 top 타입

4장 '객체'에서 가능한 값이 없고, 접근 불가능한 타입을 설명하기 위해 bottom 타입 개념을 언급했습니다. 당연히 그 반대 개념도 타입 이론에 존재합니다.

top 타입은 시스템에서 가능한 모든 값을 나타내는 타입입니다. 모든 다른 타입의 값은 타입이 top인 위치에 제공될 수 있습니다. 즉, 모든 타입은 top 타입에 할당할 수 있습니다.

9.1.1 any 다시 보기

any 타입은 모든 타입의 위치에 제공될 수 있다는 점에서 top 타입처럼 작동할 수 있습니다. any는 일반적으로 console.log의 매개변수와 같이 모든 타입의 데이터를 받아들이는 위치에서 사용합니다.

```
let anyValue: any;
anyValue = "Lucille Ball"; // Ok
anyValue = 123; // Ok

console.log(anyValue); // Ok
```

다만 any는 타입스크립트가 해당 값에 대한 할당 가능성 또는 멤버에 대해 타입 검사를 수행하지 않도록 명시적으로 지시한다는 문제점을 갖습니다. 이러한 안정성 부족은 타입스크립트의 타입 검사기를 빠르게 건너뛰려고 할 때 유용하지만, 타입 검사를 비활성화하면 해당 값에 대한 타입스크립트의 유용성이 줄어듭니다.

예를 들어 아래의 name.toUpperCase() 호출은 확실히 문제가 되지만, name이 any로 선언되었기 때문에 타입스크립트는 타입 오류를 보고하지 않습니다.

```
function greetComedian(name: any) {
    // 타입 오류 없음
    console.log('Announcing ${name.toUpperCase()}!');
}

greetComedian({ name: "Bea Arthur" });
    // Runtime error: name.toUpperCase is not a function
```

어떤 값이든 될 수 있음을 나타내려면 unknown 타입이 훨씬 안전합니다.

9.1.2 unknown

타입스크립트에서 unknown 타입은 진정한 top 타입입니다. 모든 객체를 unknown 타입의 위치로 전달할 수 있다는 점에서 any 타입과 유사합니다. unknown 타입과 any 타입의 주요 차이점으로는 타입스크립트는 unknown 타입의 값을 훨씬 더 제한적으로 취급한다는 점입니다.

- 타입스크립트는 unknown 타입 값의 속성에 직접 접근할 수 없습니다.
- unknown 타입은 top 타입이 아닌 타입에는 할당할 수 없습니다.

다음 코드처럼 unknown 타입 값의 속성에 접근하려고 시도하면 타입스크립트는 타입 오류를 보고합니다.

```
Function greetComedian(name: unknown) {
    console.log('Announcing ${name.toUpperCase()}!');
    //                          ~~~~
    // Error: Object is of type 'unknown'.
}
```

타입스크립트가 unknown 타입인 name에 접근할 수 있는 유일한 방법은 instanceof나 typeof 또는 타입 어서션을 사용하는 것처럼 값의 타입이 제한된 경우입니다.

다음 코드 스니펫은 unknown에서 string으로 타입을 좁히기 위해 typeof를 사용합니다.

```
function greetComedianSafety(name: unknown) {
    if (typeof value === "string") {
        console.log('Announcing ${name.toUpperCase()}!'); // Ok
    } else {
        console.log("Well, I'm off.");
    }
}

greetComedianSafety("Betty White"); // Logs: 4
greetComedianSafety({}); // 로그 없음
```

앞서 얘기한 unknown 타입 값의 두 가지 제한으로 인해 unknown이 any보다 훨씬 안전한 타입으로 사용됩니다. 가능하다면 any 대신 unknown을 사용하길 추천합니다.

9.2 타입 서술어

instanceof, typeof와 같은 자바스크립트 구문을 사용해 타입을 좁히는 방법을 앞서 살펴봤습니다. 제한된 검사로 이 방법을 직접 사용할 때는 괜찮지만, 로직을 함수로 감싸면 타입을

좁힐 수 없게 됩니다.

예를 들어 다음 isNumberOrString 함수는 value를 받고 그 값이 number 또는 string인지를 나타내는 boolean 값을 반환합니다. 우리는 isNumberOrString(value)가 true를 반환하므로 if 문 내부의 값이 두 가지 타입 중 하나여야 한다고 유추할 수 있지만 타입스크립트는 그렇지 않습니다. 타입스크립트는 isNumberOrString이 boolean 값을 반환한다는 사실만 알 수 있고, 인수의 타입을 좁히기 위함이라는 건 알 수 없습니다.

```
function isNumberOrString(value: unknown) {
    return ['number', 'string'].includes(typeof value);
}

function logValueIfExists(value: number | string | null | undefined) {
    if (isNumberOrString(value)) {
        // value: number | string | null | undefined의 타입
        value.toString();
        //~~~
        // Error: Object is possibly undefined.
    } else {
        console.log("Value does not exist:", value);
    }
}
```

타입스크립트에는 인수가 특정 타입인지 여부를 나타내기 위해 boolean 값을 반환하는 함수를 위한 특별한 구문이 있습니다. 이를 **타입 서술어**type predicate라고 부르며 '사용자 정의 타입 가드user-defined type guard'라고도 부릅니다. 개발자는 instanceof 또는 typeof와 유사한 자체 타입 가드를 생성합니다. 타입 서술어는 일반적으로 매개변수로 전달된 인수가 매개변수의 타입보다 더 구체적인 타입인지 여부를 나타내는 데 사용됩니다.

타입 서술어의 반환 타입은 매개변수의 이름, is 키워드, 특정 타입으로 선언할 수 있습니다.

```
function typePredicate(input: WideType): input is NarrowType;
```

이전 예제의 isNumberOrString 함수에서 value를 value is number | string으로 명시적으로 변경하면 명시적 반환 타입을 가질 수 있습니다. 그러면 타입스크립트는 value가 number | string인 경우의 코드 블록은 number | string 타입의 값을 가져야 한다고 추론합니다.

반면에 value가 number ¦ string이 아닌 경우의 코드 블록은 null ¦ undefined 타입의 값을 가져야 합니다.

```
function isNumberOrString(value: unknown): value is number ¦ string {
    return ['number', 'string'].includes(typeof value);
}

function logValueIfExists(value: number ¦ string ¦ null ¦ undefined) {
    if (isNumberOrString(value)) {
        // value: number ¦ string의 타입
        value.toString(); // Ok
    } else {
        // value: null ¦ undefined의 타입
        console.log("value does not exist:", value);
    }
}
```

타입 서술어는 단순히 boolean 값을 반환하는 것이 아니라 인수가 더 구체적인 타입임을 나타내는 것이라고 생각할 수 있습니다.

타입 서술어는 이미 한 인터페이스의 인스턴스로 알려진 객체가 더 구체적인 인터페이스의 인스턴스인지 여부를 검사하는 데 자주 사용됩니다.

다음 StandupComedian 인터페이스는 Comedian 인터페이스 위에 추가 정보를 갖습니다. isStandupComedian 타입 가드는 Comedian이 구체적으로 StandupComedian인지 여부를 확인하는 데 사용됩니다.

```
interface Comedian {
    funny: boolean;
}

interface StandupComedian extends Comedian {
    routine: string;
}

function isStandupComedian(value: Comedian): value is StandupComedian {
    return 'routine' in value;
}
```

```
function workWithComedian(value: Comedian) {
    if (isStandupComedian(value)) {
        // value: StandupComedian의 타입
        console.log(value.routine); // Ok
    }

    // value: Comedian의 타입
    console.log(value.routine);
    //                ~~~~~~~~
    // Error: Property 'routine' does not exist on type 'Comedian'.
}
```

타입 서술어는 false 조건에서 타입을 좁히기 때문에 타입 서술어가 입력된 타입 이상을 검사하는 경우 예상치 못한 결과를 얻을 수 있음을 주의하세요.

다음 isLongString 타입 서술어는 input 매개변수가 undefined 또는 길이가 7보다 작은 string인 경우 false를 반환합니다. 결과적으로 else 문(false 조건)은 text를 undefined 타입으로 좁힙니다.

```
function isLongString(input: string | undefined): input is string {
    return !!(input && input.length >= 7);
}

function workWithText(text: string | undefined) {
    if (isLongString(text)) {
        // text: string의 타입
        console.log("Long text:", text.length);
    } else {
        // text: undefined의 타입
        console.log("Short text:", text?.length);
        //                         ~~~~~~~
        // Error: Property 'length' does not exist on type 'never'.
    }
}
```

하지만 타입 서술어는 속성이나 값의 타입을 확인하는 것 이상을 수행해 잘못 사용하기 쉬우므로 가능하면 피하는 것이 좋습니다. 대부분은 간단한 타입 서술어만으로도 충분합니다.

9.3 타입 연산자

키워드나 기존 타입의 이름만 사용해 모든 타입을 나타낼 수는 없습니다. 때로는 기존 타입의 속성 일부를 변환해서 두 타입을 결합하는 새로운 타입을 생성해야 할 때도 있습니다.

9.3.1 keyof

자바스크립트 객체는 (반드시 그렇지는 않지만) 일반적으로 string 타입인 동적값을 사용하여 검색된 멤버를 갖습니다. 타입 시스템에서 이러한 키를 표현하려면 상당히 까다로울 수 있습니다. string 같은 포괄적인 원시 타입을 사용하면 컨테이너 값에 대해 유효하지 않은 키가 허용됩니다.

13장 '구성 옵션'에서 설명할 더 엄격한 구성 설정을 사용할 때 타입스크립트는 다음 예제에서 볼 수 있는 것과 같은 ratings[key]에 대한 오류를 보고합니다. 타입 string은 Ratings 인터페이스에서 속성으로 허용되지 않는 값을 허용하고, Ratings는 string 키를 허용하는 인덱스 시그니처를 선언하지 않습니다.

```
interface Ratings {
    audience: number;
    critics: number;
}

function getRating(ratings: Ratings, key: string): number {
    return ratings[key];
    //     ~~~~~~~~~~~~
    // Error: Element implicitly has an 'any' type because expression
    // of type 'string' can't be used to index type 'Ratings'.
    //   No index signature with a parameter of type 'string' was found on type
    //   'Ratings'.
}

const ratings: Ratings = { audience: 66, critic: 84 };

getRating(ratings, 'audience'); // Ok

getRating(ratings, 'not valid'); // 허용되지만 사용하면 안 됨
```

또 다른 옵션은 허용되는 키를 위한 리터럴 유니언 타입을 사용하는 것입니다. 이 경우 컨테이너 값에 존재하는 키만 적절하게 제한하는 것이 더 정확합니다.

```
function getRating(ratings: Ratings, key: 'audience' | 'critic'): number {
    return ratings[key]; // Ok
}

const ratings: Ratings = { audicnce: 66, critic: 84 };

getRating(ratings, 'audience'); // Ok

getRating(ratings, 'not valid');
//                 ~~~~~~~~~~~
// Error: Argument of type '"not valid"' is not
// assignable to parameter of type '"audience" | "critic"'.
```

그러나 인터페이스에 수십 개 이상의 멤버가 있다면 어떻게 될까요? 각 멤버의 키를 유니언 타입에 모두 입력하고 최신 상태를 유지해야 하는 상당히 번거로운 작업이 필요할 겁니다.

대신 타입스크립트에서는 기존에 존재하는 타입을 사용하고, 해당 타입에 허용되는 모든 키의 조합을 반환하는 keyof 연산자를 제공합니다. 타입 애너테이션처럼 타입을 사용하는 모든 곳에서 타입 이름 앞에 keyof 연산자를 배치합니다.

다음 keyof Ratings는 'audience' | 'critic'과 동일하지만, 작성하는 것이 훨씬 빠르고 Ratings 인터페이스가 변경되더라도 수동으로 업데이트할 필요가 없습니다.

```
function getCountKeyof(ratings: Ratings, key: keyof Ratings): number {
    return ratings[key]; // Ok
}

const ratings: Ratings = { audience: 66, critic: 84 };

getCountKeyof(ratings, 'audience'); // Ok

getCountKeyof(ratings, 'not valid');
//                     ~~~~~~~~~~~
// Error: Argument of type '"not valid"' is not
// assignable to parameter of type 'keyof Ratings'.
```

keyof는 존재하는 타입의 키를 바탕으로 유니언 타입을 생성하는 훌륭한 기능입니다. 또한 타입스크립트의 다른 타입 연산자와도 잘 결합되어 이 장의 후반부와 15장 '타입 운영'에서 볼 수 있는 매우 멋진 패턴도 허용합니다.

9.3.2 typeof

타입스크립트에서 제공하는 또 다른 타입 연산자는 typeof입니다. typeof는 제공되는 값의 타입을 반환합니다. typeof는 값의 타입을 수동으로 작성하는 것이 짜증날 정도로 복잡한 경우에 사용하면 매우 유용합니다.

다음 adaptation 변수는 original과 동일한 타입으로 선언되었습니다.

```
Const original = {
    medium: "movie",
    title: "Mean Girls",
};

let adaptation: typeof original;

if (Math.random() > 0.5) {
    adaptation = { ...original, medium: "play" }; // Ok
} else {
    adaptation = { ...original, medium: 2 };
    //                          ~~~~~~~~~
    // Error: Type 'number' is not assignable to type 'string'.
}
```

typeof 타입 연산자는 시각적으로 주어진 값이 어떤 타입인지를 반환할 때 사용하는 런타임 typeof 연산자처럼 보이지만 이 둘은 차이가 있습니다. 둘은 단지 우연히 같은 단어를 사용할 뿐입니다. 자바스크립트의 typeof 연산자는 타입에 대한 문자열 이름을 반환하는 런타임 연산이라는 것을 기억하세요. 타입스크립트의 typeof 연산자는 타입스크립트에서만 사용할 수 있으며 컴파일된 자바스크립트 코드에는 나타나지 않습니다.

keyof typeof

typeof는 값의 타입을 검색하고, keyof는 타입에 허용된 키를 검색합니다. 타입스크립트는 두 키워드를 함께 연결해 값의 타입에 허용된 키를 간결하게 검색할 수 있습니다. 두 키워드를 함께 사용하면 typeof 타입 연산자를 keyof 타입 연산자와 함께 작업할 때 매우 유용합니다.

다음 예제에서 logRating 함수는 ratings 값의 키 중 하나를 받습니다. 코드는 인터페이스를 생성하는 것 대신, keyof typeof를 사용해 키가 ratings 값 타입의 키 중 하나여야 함을 나타냅니다.

```
const ratings = {
    imdb: 8.4,
    metacritic: 82,
};

function logRating(key: keyof typeof ratings) {
    console.log(ratings[key]);
}

logRating("imdb"); // Ok

logRating("invalid");
//         ~~~~~~~~~
// Error: Argument of type '"missing"' is not assignable
// to parameter of type '"imdb" | "metacritic"'.
```

keyof와 typeof를 결합해서 사용하면 명시적 인터페이스 타입이 없는 객체에 허용된 키를 나타내는 타입에 대한 코드를 작성하고 업데이트하는 수고를 줄일 수 있습니다.

9.4 타입 어서션

타입스크립트는 코드가 **강력하게 타입화**strongly typed될 때 가장 잘 작동합니다. 즉, 코드의 모든 값이 정확히 알려진 타입을 가지는 경우입니다. 타입스크립트의 타입 검사기가 복잡한 코드를 이해할 수 있도록 top 타입과 타입 가드 같은 기능을 제공합니다. 그러나 경우에 따라서는 코드가 어떻게 작동하는지 타입 시스템에 100% 정확하게 알리는 것이 불가능할 때도 있습니다.

예를 들어 JSON.parse는 의도적으로 top 타입인 any를 반환합니다. JSON.parse에 주어진 특정 문자열값이 특정한 값 타입을 반환해야 한다는 것을 타입 시스템에 안전하게 알릴 수 있는 방법은 없습니다. 10장 '제네릭'에서 살펴보겠지만, 반환 타입에 대해 한 번만 사용되는 제네릭 타입을 추가하는 것은 제네릭의 황금률The Golden Rule of Generics로 알려진 모범 사례를 위반하는 것입니다.

타입스크립트는 값의 타입에 대한 타입 시스템의 이해를 재정의하기 위한 구문으로 **타입 어서선**type assertion(타입 캐스트type cast라고도 부름)을 제공합니다. 다른 타입을 의미하는 값의 타입 다음에 as 키워드를 배치합니다. 타입 시스템은 어서션을 따르고 값을 해당 타입으로 처리합니다.

다음 스니펫에서 JSON.parse로부터 반환된 결과는 string[], [string, string], ["grace", "frankie"] 같은 타입이 될 수 있습니다. 세 줄의 코드에서 타입 어서션을 사용해 any인 타입을 셋 중 하나로 전환합니다.

```
const rawData = '["grace", "frankie"]';

// 타입: any
JSON.parse(rawData);

// 타입: string[]
JSON.parse(rawData) as string[];

// 타입: [string, string]
JSON.parse(rawData) as [string, string];

// 타입: ["grace", "frankie"]
JSON.parse(rawData) as ["grace", "frankie"];
```

타입 어서션은 타입스크립트 타입 시스템에만 존재하며 자바스크립트로 컴파일될 때 다른 타입 시스템 구문과 함께 제거됩니다. 이전 코드를 자바스크립트로 컴파일하면 결과는 다음과 같습니다.

```
const rawData = '["grace", "frankie"]';

// 타입: any
JSON.parse(rawData);

// 타입: string[]
JSON.parse(rawData);
```

```
// 타입: [string, string]
JSON.parse(rawData);

// 타입: ["grace", "frankie"]
JSON.parse(rawData);
```

> **NOTE** 이전 라이브러리나 코드로 작업하는 경우 **item as type** 대신 **<type>item** 같은 캐스팅 구문을
> 볼 수 있습니다. 이 구문은 JSX 구문과 호환되지 않고 **.tsx** 파일에서도 작동하지 않기 때문에 권장하지 않습
> 니다.

타입스크립트 모범 사례는 가능한 한 타입 어서션을 사용하지 않는 것입니다. 코드가 완전히
타입화되고 어서션을 사용해 타입스크립트의 타입 이해를 방해할 필요가 없는 것이 가장 좋습
니다. 그러나 타입 어서션이 유용하고 심지어 필요한 경우가 종종 있습니다.

9.4.1 포착된 오류 타입 어서션

오류를 처리할 때 타입 어서션이 매우 유용할 수 있습니다. **try** 블록의 코드가 예상과 다른 객
체를 예기치 않게 발생할 수 있기 때문에 **catch** 블록에서 포착된 오류가 어떤 타입인지 아는
것은 일반적으로 불가능합니다. 게다가 자바스크립트의 모범 사례는 항상 **Error** 클래스의 인
스턴스를 발생시키지만, 일부 프로젝트에서는 문자열 리터럴 또는 다른 의외의 값을 발생시키
기도 합니다.

코드 영역이 **Error** 클래스의 인스턴스를 발생시킬 거라 틀림없이 확신한다면 타입 어서션을
사용해 포착된 어서션을 오류로 처리할 수 있습니다. 다음 스니펫은 **Error** 클래스의 인스턴스
라고 가정된 **error**의 **message** 속성에 접근합니다.

```
try {
    // (오류를 발생시키는 코드)
} catch (error) {
    console.warn("Oh no!", (error as Error).message);
}
```

발생된 오류가 예상된 오류 타입인지를 확인하기 위해 instanceof 검사와 같은 타입 내로잉을 사용하는 것이 더 안전합니다. 다음 스니펫은 catch 블록에 발생한 error가 Error 클래스의 인스턴스인지를 검사해 콘솔에 Error의 message를 출력할지 error 자체를 출력할지 여부를 확인합니다.

```
try {
    // (오류를 발생시키는 코드)
} catch (error) {
    console.warn("Oh no!", error instanceof Error ? error.message : error);
}
```

9.4.2 non-null 어서션

타입 어서션이 유용한 경우를 하나 더 살펴보자면, 실제로는 아니고 이론적으로만 null 또는 undefined를 포함할 수 있는 변수에서 null과 undefined를 제거할 때 타입 어서션을 주로 사용합니다. 타입스크립트에서는 너무 흔한 상황이라 이와 관련된 약어를 제공합니다. null과 undefined를 제외한 값의 전체 타입을 작성하는 대신 !를 사용하면 됩니다. 즉, non-null 어서션은 타입이 null 또는 undefined가 아니라고 간주합니다.

다음 두 가지 타입 어서션은 둘 다 Date | undefined가 아니고 Date가 된다는 점에서 동일합니다.

```
// 타입 유추: Date | undefined
let maybeDate = Math.random() > 0.5
    ? undefined
    : new Date();

// 타입이 Date라고 간주됨
maybeDate as Date;

// 타입이 Date라고 간주됨
maybeDate!;
```

non-null 어서션은 값을 반환하거나 존재하지 않는 경우 undefined를 반환하는 Map.get과 같은 API에서 특히 유용합니다.

다음 seasonCounts는 일반적인 Map<string, number>입니다. seasonCounts는 "I love Lucy" 키를 포함하고 있으므로 knownValue 변수는 !를 사용해 해당 타입에서 ¦ undefined 를 제거할 수 있습니다.

```
const seasonCounts = new Map([
    ["I Love Lucy", 6],
    ["The Golden Girls", 7],
]);

// 타입: string ¦ undefined
const maybeValue = seasonCounts.get("I Love Lucy");

console.log(maybeValue.toUpperCase());
//                    ~~~~~~~~~~~
// Error: Object is possibly 'undefined'.

// 타입: string
const knownValue = seasonCounts.get("I Love Lucy")!;

console.log(knownValue.toUpperCase()); // Ok
```

9.4.3 타입 어서션 주의 사항

any 타입과 마찬가지로 타입 어서션은 타입스크립트의 타입 시스템에 필요한 하나의 도피 수단입니다. 따라서 any 타입을 사용할 때처럼 꼭 필요한 경우가 아니라면 가능한 한 사용하지 말아야 합니다. 값의 타입에 대해 더 쉽게 어서션하는 것보다 코드를 나타내는 더 정확한 타입을 갖는 것이 좋습니다. 또한 이러한 어서션은 종종 잘못되기도 합니다. 작성 당시 이미 잘못되었거나 코드베이스가 변경됨에 따라 나중에 달라지기도 합니다.

예를 들어 seasonCounts 예제에서 Map이 시간이 지남에 따라 다른 값을 갖도록 변경된다고 가정해보겠습니다. non-null 어서션은 여전히 코드가 타입스크립트 타입 검사를 통과하도록 만들지만 런타임 오류가 발생할 수 있습니다.

```
const seasonCounts = new Map([
    ["Broad City", 5],
    ["Community", 6],
]);

// 타입: string
const knownValue = seasonCounts.get("I Love Lucy")!;

console.log(knownValue.toUpperCase()); // 타입 오류는 아니지만, 런타임 오류가 발생함
// Runtime TypeError: Cannot read property 'toUpperCase' of undefined.
```

타입 어서션은 자주 사용하면 안 되고, 사용하는 것이 안전하다고 확실히 확신할 때만 사용해야 합니다.

어서션 vs. 선언

변수 타입을 선언하기 위해 타입 애너테이션을 사용하는 것과 초깃값으로 변수 타입을 변경하기 위해 타입 어서션을 사용하는 것 사이에는 차이가 있습니다. 변수의 타입 애너테이션과 초깃값이 모두 있을 때, 타입스크립트의 타입 검사기는 변수의 타입 애너테이션에 대한 변수의 초깃값에 대해 할당 가능성 검사를 수행합니다. 그러나 타입 어서션은 타입스크립트에 타입 검사 중 일부를 건너뛰도록 명시적으로 지시합니다.

다음은 acts 멤버가 없는 동일한 결함을 가지며, 타입이 Entertainer인 객체 두 개를 생성하는 코드입니다. 타입스크립트는 Entertainer 타입 애너테이션으로 인해 declared 변수에서 오류를 잡을 수 있습니다. 하지만 타입 어서션 때문에 asserted 변수에 대해서는 오류를 잡을 수 없습니다.

```
interface Entertainer {
    acts: string[];
    name: string;
}

const declared: Entertainer = {
    //~~~~~~~~
    // Error: Property 'acts' is missing in type
    // '{ one: number; }' but required in type 'Entertainer'.
    name: "Moms Mabley",
};
```

```
const asserted = {
    name: "Moms Mabley",
} as Entertainer; // 허용되지만 런타임 시 오류 발생

// 다음 구문은 런타임 시 다음 오류로 인해 정상적으로 작동되지 않음
// Runtime TypeError: Cannot read properties of undefined (reading 'toPrecision')
console.log(declared.acts.join(", "));
console.log(asserted.acts.join(", "));
```

따라서 타입 애너테이션을 사용하거나 타입스크립트가 초깃값에서 변수의 타입을 유추하도록 하는 것이 매우 바람직합니다.

어서션 할당 가능성

타입 어서션은 일부 값의 타입이 약간 잘못된 상황에서 필요한 작은 도피 수단일 뿐입니다. 타입스크립트는 타입 중 하나가 다른 타입에 할당 가능한 경우에만 두 타입 간의 타입 어서션을 허용합니다. 완전히 서로 관련이 없는 두 타입 사이에 타입 어서션이 있는 경우에는 타입스크립트가 타입 오류를 감지하고 알려줍니다.

예를 들어 원시 타입은 서로 관련이 전혀 없으므로 하나의 원시 타입에서 다른 원시 타입으로 전환하는 것은 허용되지 않습니다.

```
let myValue = "Stella!" as number;
//                        ~~~~~~~~~~~~~~~~~~~
// Error: Conversion of type 'string' to type 'number' may be a mistake
// because neither type sufficiently overlaps with the other.
// If this was intentional, convert the expression to 'unknown' first.
```

하나의 타입에서 값을 완전히 관련 없는 타입으로 전환해야 하는 경우 이중 타입 어서션double type assertion을 사용합니다. 먼저 값을 any나 unknown 같은 top 타입으로 전환한 다음, 그 결과를 관련 없는 타입으로 전환합니다.

```
let myValueDouble = "1337" as unknown as number; // 허용되지만 이렇게 사용하면 안 됨
```

as unknown as... 이중 타입 어서션은 위험하고 거의 항상 코드의 타입이 잘못되었다는 징후를 나타냅니다. 타입 시스템의 도피 수단으로 이중 타입 어서션을 사용하면, 주변 코드를

변경해서 이전에 작동하던 코드에 문제가 발생할 경우, 타입 시스템이 여러분을 구해주지 못할 수 있음을 의미합니다. 필자는 이중 타입 어서션 사용을 권장하기 위해서가 아니라 타입 시스템 설명을 돕기 위한 사전 예방 차원에서 이 주제를 살펴봤습니다.

9.5 const 어서션

6장 '배열'에서 가변적인 배열 타입을 읽기 전용 튜플 타입으로 변경하는 as const 구문을 소개하면서 이 책의 후반부에서 더 많이 사용하겠다고 약속했습니다. 바로 이번 절에서 더 자세히 살펴보겠습니다.

const 어서션은 배열, 원시 타입, 값, 별칭 등 모든 값을 상수로 취급해야 함을 나타내는 데 사용합니다. 특히 as const는 수신하는 모든 타입에 다음 세 가지 규칙을 적용합니다.

- 배열은 가변 배열이 아니라 읽기 전용 튜플로 취급됩니다.
- 리터럴은 일반적인 원시 타입과 동등하지 않고 리터럴로 취급됩니다.
- 객체의 속성은 읽기 전용으로 간주됩니다.

다음 배열이 튜플로 간주되는 것처럼 배열이 튜플이 되는 것을 이미 보았습니다.

```
// 타입: (number | string)[]
[0, ''];

// 타입: readonly [0, '']
[0, ''] as const;
```

as const가 생성하는 다른 두 가지 변경 사항을 살펴보겠습니다.

9.5.1 리터럴에서 원시 타입으로

타입 시스템이 리터럴 값을 일반적인 원시 타입으로 확장하기보다 특정 리터럴로 이해하는 것이 유용할 수 있습니다.

예를 들어 튜플을 반환하는 함수처럼 일반적인 원시 타입 대신 특정 리터럴을 생성한다고 알려진 함수에서 유용할 수 있습니다. 다음 함수는 좀 더 구체적으로 만들 수 있는 값을 반환합니다. 여기에서 getNameConst의 반환 타입은 일반적인 string 대신 "Maria Bamford"라는 더 구체적인 값입니다.

```
// 타입: () => string
const getName = () => "Maria Bamford";

// 타입: () => "Maria Bamford"
const getNameConst = () => "Maria Bamford" as const;
```

값의 특정 필드가 더 구체적인 리터럴 값을 갖도록 하는 것도 유용합니다. 많은 인기 있는 라이브러리는 값의 판별 필드가 특정 리터럴이 되도록 요구합니다. 따라서 해당 코드의 타입이 값을 더 구체적으로 추론할 수 있습니다. 다음 narrowJoke 변수는 string 대신 "one-liner"를 style 값으로 가지므로 Joke 타입이 필요한 위치에 제공될 수 있습니다.

```
interface Joke {
    quote: string;
    style: "story" | "one-liner";
}

function tellJoke(joke: Joke) {
    if (joke.style === "one-liner") {
        console.log(joke.quote);
    } else {
        console.log(joke.quote.split("\n"));
    }
}

// 타입: { quote: string; style: "one-liner" }
const narrowJoke = {
    quote: "If you stay alive for no other reason do it for spite.",
    style: "one-liner" as const,
};

tellJoke(narrowJoke); // Ok

// 타입: { quote: string; style: string }
const wideObject = {
    quote: "Time flies when you are anxious!",
```

```
    style: "one-liner",
};

tellJoke(wideObject);
//       ~~~~~~~~~~~
// Error: Argument of type '{ quote: string; style: string; }'
// is not assignable to parameter of type 'LogAction'.
//   Types of property 'style' are incompatible.
//     Type 'string' is not assignable to type '"story" | "one-liner"'.
```

9.5.2 읽기 전용 객체

변수의 초깃값으로 사용되는 것과 같은 객체 리터럴은 let 변수의 초깃값이 확장되는 것과 동일한 방식으로 속성 타입을 확장합니다. apple 같은 문자열값은 string과 같은 원시 타입이 되고, 배열은 튜플이 아닌 array 타입이 됩니다. 하지만 이러한 값의 일부 또는 전체를 나중에 특정 리터럴 타입이 필요한 위치에서 사용해야 할 때 잘 맞지 않을 수 있습니다.

그러나 as const를 사용해 값 리터럴을 어서션하면 유추된 타입이 가능한 한 구체적으로 전환됩니다. 모든 멤버 속성은 readonly가 되고, 리터럴은 일반적인 원시 타입 대신 고유한 리터럴 타입으로 간주되며, 배열은 읽기 전용 튜플이 됩니다. 즉, 값 리터럴에 const 어서션을 적용하면 해당 값 리터럴이 변경되지 않고 모든 멤버에 동일한 const 어서션 로직이 재귀적으로 적용됩니다.

예를 들어 다음 preferencesMutable 값은 as const 없이 선언되었으므로 이름은 원시 타입인 string이 되고 수정이 허용됩니다. 그러나 preferencesReadonly는 as const로 선언되었으므로 해당 멤버 값은 리터럴이고 수정이 허용되지 않습니다.

```
function describePreference(preference: "maybe" | "no" | "yes") {
    switch (preference) {
        case "maybe":
            return "I suppose...";
        case "no":
            return "No thanks.";
        case "yes":
            return "Yes please!";
    }
```

```
}

// 타입: { movie: string, standup: string }
const preferencesMutable = {
    movie: "maybe"
    standup: "yes",
};

describePreference(preferencesMutable.movie);
//                 ~~~~~~~~~~~~~~~~~~~~~~~~~
// Error: Argument of type 'string' is not assignable
// to parameter of type '"maybe" | "no" | "yes"'.

preferencesMutable.movie = "no"; // Ok

// 타입: readonly { readonly movie: "maybe", readonly standup: "yes" }
const preferencesReadonly = {
    movie: "maybe"
    standup: "yes",
} as const;

describePreference(preferencesReadonly.movie); // Ok

preferencesReadonly.movie = "no";
//                  ~~~~~
// Error: Cannot assign to 'movie' because it is a read-only property.
```

9.6 마치며

이 장에서는 타입 제한자를 사용해 기존 객체와 타입을 가져와 새로운 타입으로 변환했습니다.

- **top 타입:** 매우 허용도가 높은 any와 제한적인 unknown
- **타입 연산자:** keyof로 타입의 키를 알아내고, typeof로 값의 타입 알아내기
- 값의 타입을 변경하기 위해 타입 어서션을 사용하는 경우와 사용하지 않는 경우
- as const 어서션을 사용한 타입 내로잉

> TIP https://learningtypescript.com/type-modifiers에서 배운 내용을 연습해보세요.

제네릭

타입 시스템에서 선언된 변수는

완전히 새롭게 타입된 세계가 됩니다!

지금까지 배운 모든 구문은 해당 구문이 작성될 때 완전히 알려진 타입과 함께 사용해야 했습니다. 그러나 때로는 코드에서 호출하는 방식에 따라 다양한 타입으로 작동하도록 의도할 수 있습니다.

자바스크립트에서 다음 identity 함수는 모든 가능한 타입으로 input을 받고, 동일한 input을 출력으로 반환합니다. 그렇다면 여기서 매개변수 타입과 반환 타입을 어떻게 설명해야 할까요?

```
function identity(input) {
    return input;
}

identity("abc");
identity(123);
identity({ quote: "I think your self emerges more clearly over time." });
```

input을 any로 선언할 수 있지만 그렇게 되면 함수의 반환 타입 역시 any가 됩니다.

```
function identity(input: any) {
    return input;
}

let value = identity(42); // value: any 타입
```

input이 모든 입력을 허용한다면, input 타입과 함수 반환 타입 간의 관계를 말할 수 있는 방법이 필요합니다. 타입스크립드는 **제네릭**^{generic}을 사용해 타입 간의 관계를 알아냅니다.

타입스크립트에서 함수와 같은 구조체는 **제네릭 타입 매개변수**를 원하는 수만큼 선언할 수 있습니다. 제네릭 타입 매개변수는 제네릭 구조체의 각 사용법에 따라 타입이 결정됩니다. 이러한 타입 매개변수는 구조체의 각 인스턴스에서 서로 다른 일부 타입을 나타내기 위해 구조체의 타입으로 사용됩니다. 타입 매개변수는 구조체의 각 인스턴스에 대해 **타입 인수**라고 하는 서로 다른 타입을 함께 제공할 수 있지만, 타입 인수가 제공된 인스턴스 내에서는 일관성을 유지합니다.

타입 매개변수는 전형적으로 T나 U 같은 단일 문자 이름 또는 Key와 Value 같은 파스칼 케이스 이름을 갖습니다. 이 장에서 다루는 모든 구조체에서는 <, >를 사용해 someFunction<T> 또는 SomeInterface<T>처럼 제네릭을 선언합니다.

10.1 제네릭 함수

매개변수 괄호 바로 앞 홑화살괄호(<, >)로 묶인 타입 매개변수에 별칭을 배치해 함수를 제네릭으로 만듭니다. 그러면 해당 타입 매개변수를 함수의 본문 내부의 매개변수 타입 애너테이션, 반환 타입 애너테이션, 타입 애너테이션에서 사용할 수 있습니다.

다음 identity 함수는 input 매개변수에 대한 타입 매개변수 T를 선언합니다. 이를 통해 타입스크립트는 함수의 반환 타입이 T임을 유추합니다. 그러면 타입스크립트는 identity가 호출될 때마다 T에 대한 다른 타입을 유추할 수 있습니다.

```
function identity<T>(input: T) {
    return input;
```

```
}

const numeric = identity("me"); // 타입: "me"
const stringy = identity(123); // 타입: 123
```

화살표 함수도 제네릭을 만들 수 있습니다. 화살표 함수의 제네릭 선언은 매개변수 목록 바로
전인 (앞에 위치합니다.

다음 화살표 함수는 앞서 선언했던 것과 기능적으로 동일한 함수 선언식입니다.

```
const identity = <T>(input: T) => input;

identity(123); // 타입: 123
```

> **WARNING** 제네릭 화살표 함수 구문은 .tsx 파일에서 JSX 구문과 충돌하므로 일부 제한이 있습니다. JSX
> 및 리액트 지원 구성과 해결 방법에 대해서는 13장 '구성 옵션'을 참조하세요.

이런 방식으로 함수에 타입 매개변수를 추가하면 타입 안정성을 유지하고 **any** 타입을 피하면
서 다른 입력과 함께 재사용할 수 있습니다.

10.1.1 명시적 제네릭 호출 타입

제네릭 함수를 호출할 때 대부분의 타입스크립트는 함수가 호출되는 방식에 따라 타입 인수
를 유추합니다. 예를 들어 이전 예제의 **identity** 함수에서 타입스크립트의 타입 검사기는
identity에 제공된 인수를 사용해 해당 함수 매개변수의 타입 인수를 유추합니다.

하지만 클래스 멤버와 변수 타입과 마찬가지로 때로는 타입 인수를 해석하기 위해 타입스크립
트에 알려줘야 하는 함수 호출 정보가 충분하지 않을 수도 있습니다. 이러한 현상은 타입 인수
를 알 수 없는 제네릭 구문이 다른 제네릭 구문에 제공된 경우 주로 발생합니다.

예를 들어 다음 **logWrapper** 함수는 매개변수 타입이 **logWrapper**의 타입 매개변수 **Input**으
로 설정된 **callback**을 받습니다. 이처럼 매개변수 타입이 명시적으로 선언된 **callback**과

logWrapper가 함께 호출되는 경우 타입스크립트는 타입 인수를 유추할 수 있습니다. 그러나 매개변수 타입을 모르는 경우에는 타입스크립트는 Input이 무엇이 되어야 하는지 알아낼 방법이 없습니다.

```
function logWrapper<Input>(callback: (input: Input) => void) {
    return (input: Input) => {
        console.log("Input:", input);
        callback(input);
    };
}

// 타입: (input: string) => void
logWrapper((input: string) => {
    console.log(input.length);
});

// 타입: (input: unknown) => void
logWrapper((input) => {
    console.log(input.length);
    //                ~~~~~~
    // Error: Property 'length' does not exist on type 'unknown'.
});
```

기본값이 unknown으로 설정되는 것을 피하기 위해 타입스크립트에 해당 타입 인수가 무엇인지 명시적으로 알려주는 **명시적 제네릭 타입 인수**를 사용해 함수를 호출할 수 있습니다. 타입스크립트는 매개변수가 타입 인수로 제공된 것과 일치하는지 확인하기 위해 제네릭 호출에서 타입 검사를 수행합니다.

앞서 본 logWrapper는 Input 제네릭을 위한 명시적 string과 함께 제공됩니다. 그러면 타입스크립트는 제네릭 타입 Input의 콜백 input 매개변수가 string 타입으로 해석된다고 유추합니다.

```
// 타입: (input: string) => void
logWrapper<string>((input) => {
    console.log(input.length);
});
```

```
logWrapper<string>((input: boolean) => {
    //                  ~~~~~~~~~~~~~~~~~~~~~
    // Error: Argument of type '(input: boolean) => void' is not
    // assignable to parameter of type '(input: string) => void'.
    //    Types of parameters 'input' and 'input' are incompatible.
    //       Type 'string' is not assignable to type 'boolean'.
});
```

변수에 대한 명시적 타입 애너테이션과 마찬가지로 명시적 타입 인수는 항상 제네릭 함수에 지정할 수 있지만 때로는 필요하지 않습니다. 많은 타입스크립트 개발자는 필요할 때만 명시적 타입 인수를 지정합니다.

다음 logWrapper는 타입 인수와 함수 매개변수 타입을 모두 string으로 명시적으로 지정합니다. 둘 중 하나는 제거할 수 있습니다.

```
// 타입: (input: string) => void
logWrapper<string>((input: string) => { /* ... */ });
```

타입 인수를 지정하기 위한 **이름<Type>** 구문은 이 장 전체에서 살펴볼 다른 제네릭 구조체에서도 동일하게 사용됩니다.

10.1.2 다중 함수 타입 매개변수

임의의 수의 타입 매개변수를 쉼표로 구분해 함수를 정의합니다. 제네릭 함수의 각 호출은 각 타입 매개변수에 대한 자체 값 집합을 확인할 수 있습니다.

다음 예제에서 makeTuple은 두 개의 타입 매개변수를 선언하고 입력된 값을 읽기 전용 튜플로 반환합니다.

```
function makeTuple<First, Second>(first: First, second: Second) {
    return [first, second] as const;
}

let tuple = makeTuple(true, "abc"); // value: readonly [boolean, string] 타입
```

함수가 여러 개의 타입 매개변수를 선언하면 해당 함수에 대한 호출은 명시적으로 제네릭 타입을 모두 선언하지 않거나 모두 선언해야 합니다. 타입스크립트는 아직 제네릭 호출 중 일부 타입만을 유추하지는 못합니다.

다음 makePair는 두 개의 타입 매개변수를 받으므로 두 개를 모두 명시적으로 지정하거나 지정하지 않아야 합니다.

```
function makePair<Key, Value>(key: Key, value: Value) {
    return { key, value };
}

// Ok: 타입 인수가 둘 다 제공되지 않음
makePair("abc", 123); // 타입: { key: string; value: number }

// Ok: 두 개의 타입 인수가 제공됨
makePair<string, number>("abc", 123); // 타입: { key: string; value: number }
makePair<"abc", 123>("abc", 123); // 타입: { key: "abc"; value: 123 }

makePair<string>("abc", 123);
//       ~~~~~~
// Error: Expected 2 type arguments, but got 1.
```

> **TIP** 제네릭 구조체에서 두 개보다 많은 타입 매개변수를 사용하지 마세요. 런타임 함수 매개변수처럼 많이 사용할수록 코드를 읽고 이해하는 것이 점점 어려워집니다.

10.2 제네릭 인터페이스

인터페이스도 제네릭으로 선언할 수 있습니다. 인터페이스는 함수와 유사한 제네릭 규칙을 따르며 인터페이스 이름 뒤 <과 > 사이에 선언된 임의의 수의 타입 매개변수를 갖습니다. 해당 제네릭 타입은 나중에 멤버 타입과 같이 선언의 다른 곳에서 사용할 수 있습니다.

다음 Box 선언은 속성에 대한 T 타입 매개변수가 있습니다. 타입 인수로 Box로 선언된 객체를 생성하면 inside의 T 속성이 해당 타입 인수와 일치됩니다.

```typescript
interface Box<T> {
    inside: T;
}

let stringyBox: Box<string> = {
    inside: "abc",
};

let numberBox: Box<number> = {
    inside: 123,
}

let incorrectBox: Box<number> = {
    inside: false,
    //~~~~
    // Error: Type 'boolean' is not assignable to type 'number'.
}
```

재밌는 사실은 타입스크립트에서 내장 Array 메서드는 제네릭 인터페이스로 정의된다는 점입니다. Array는 타입 매개변수 T를 사용해서 배열 안에 저장된 데이터의 타입을 나타냅니다. Array의 pop과 push 메서드를 구현하면 대략 다음과 같습니다.

```typescript
interface Array<T> {
    // ...

    /**
     * 배열에서 마지막 요소를 제거하고 그 요소를 반환
     * 배열이 비어 있는 경우 undefined를 반환하고 배열은 수정되지 않음
     */
    pop(): T | undefined;

    /**
     * 배열의 끝에 새로운 요소를 추가하고 배열의 길이를 반환
     * @param items 배열에 추가된 새로운 요소
     */
    push(...items: T[]): number;

    // ...
}
```

10.2.1 유추된 제네릭 인터페이스 타입

제네릭 함수와 마찬가지로 제네릭 인터페이스의 타입 인수는 사용법에서 유추할 수 있습니다. 타입스크립트는 제네릭 타입을 취하는 것으로 선언된 위치에 제공된 값의 타입에서 타입 인수를 유추합니다.

다음 getLast 함수는 타입 매개변수 Value를 선언한 다음 Value를 node 매개변수로 사용합니다. 그러면 타입스크립트는 인수로 전달된 값의 타입에 따라 Value를 유추합니다. 유추된 타입 인수가 값의 타입과 일치하지 않으면 타입 오류를 보고합니다. next를 포함하지 않은 객체 또는 유추된 Value 타입 인수가 타입과 동일한 객체를 getLast에 제공하는 것은 허용됩니다. 그러나 제공된 객체의 값과 next.value가 일치하지 않으면 타입 오류가 발생합니다.

```typescript
interface LinkedNode<Value> {
    next?: LinkedNode<Value>;
    value: Value;
}

function getLast<Value>(node: LinkedNode<Value>): Value {
    return node.next ? getLast(node.next) : node.value;
}

// 유추된 Value 타입 인수: Date
let lastDate = getLast({
    value: new Date("09-13-1993"),
});

// 유추된 Value 타입 인수: string
let lastFruit = getLast({
    next: {
        value: "banana",
    },
    value: "apple",
});

// 유추된 Value 타입 인수: number
let lastMismatch = getLast({
    next: {
        value: 123
    },
```

```
  value: false,
// ~~~~~
// Error: type 'boolean' is not assignable to type 'number'.
});
```

인터페이스가 타입 매개변수를 선언하는 경우, 해당 인터페이스를 참조하는 모든 타입 애너테이션은 이에 상응하는 타입 인수를 제공해야 합니다. 다음 예제에서 CrateLike는 타입 인수를 포함하지 않은 채로 사용했기 때문에 올바르지 않습니다.

```
interface CrateLike<T> {
    contents: T;
}

let missingGeneric: CrateLike = {
    //                ~~~~~~~~~~
    // Error: Generic type 'Crate<T>' requires 1 type argument(s).
    inside: "??"
};
```

이 장 후반부에서 타입 인수를 포함하지 않았을 때의 문제를 해결하기 위해 타입 매개변수에 기본값을 제공하는 방법을 살펴봅니다.

10.3 제네릭 클래스

인터페이스처럼 클래스도 나중에 멤버에서 사용할 임의의 수의 타입 매개변수를 선언할 수 있습니다. 클래스의 각 인스턴스는 타입 매개변수로 각자 다른 타입 인수 집합을 가집니다.

다음 Secret 클래스는 Key와 Value 타입 매개변수를 선언한 다음 이를 멤버 속성, constructor 매개변수 타입, 메서드의 매개변수, 반환 타입으로 사용합니다.

```
class Secret<Key, Value> {
    key: Key;
    value: Value;

    constructor(key: Key, value: Value) {
```

```
        this.key = key;
        this.value = value;
    }

    getValue(key: Key): Value | undefined {
        return this.key === key
            ? this.value
            : undefined;
    }
}

const storage = new Secret(12345, "luggage"); // 타입: Secret<number, string>

storage.getValue(1987); // 타입: string | undefined
```

제네릭 인터페이스와 마찬가지로 클래스를 사용하는 타입 애너테이션은 해당 클래스의 제네릭 타입이 무엇인지를 타입스크립트에 나타내야 합니다. 이 장 후반부에서 클래스의 요구 사항을 해결하기 위해 타입 매개변수에 기본값을 제공하는 방법을 살펴보겠습니다.

10.3.1 명시적 제네릭 클래스 타입

제네릭 클래스 인스턴스화는 제네릭 함수를 호출하는 것과 동일한 타입 인수 유추 규칙을 따릅니다. new Secret(12345, "luggage")와 같이 함수 생성자에 전달된 매개변수의 타입으로부터 타입 인수를 유추할 수 있다면 타입스크립트는 유추된 타입을 사용합니다. 하지만 생성자에 전달된 인수에서 클래스 타입 인수를 유추할 수 없는 경우에는 타입 인수의 기본값은 unknown이 됩니다.

다음 CurriedCallback 클래스는 제네릭 함수를 받는 생성자를 선언합니다. 제네릭 함수가 명시적 타입 인수의 타입 애너테이션과 같은 알려진 타입을 갖는 경우라면 클래스 인스턴스의 Input 타입 인수는 이를 통해 타입을 알아낼 수 있습니다.

```
class CurriedCallback<Input> {
    #callback: (input: Input) => void;

    constructor(callback: (input: Input) => void) {
        this.#callback = (input: Input) => {
            console.log("Input:", input);
```

```
            callback(input);
        };
    }

    call(input: Input) {
        this.#callback(input);
    }
}

// 타입: CurriedCallback<string>
new CurriedCallback((input: string) => {
    console.log(input.length);
});

// 타입: CurriedCallback<unknown>
new CurriedCallback((input) => {
    console.log(input.length);
    //                ~~~~~~
    // Error: Property 'length' does not exist on type 'unknown'.
});
```

클래스 인스턴스는 다른 제네릭 함수 호출과 동일한 방식으로 명시적 타입 인수를 제공해서 기본값 unknown이 되는 것을 피할 수 있습니다.

다음 코드에서는 CurriedCallback의 Input 타입 인수를 string으로 명시적으로 제공하므로 타입스크립트는 해당 콜백의 Input 타입 매개변수가 string으로 해석됨을 유추할 수 있습니다.

```
// 타입: CurriedCallback<string>
new CurriedCallback<string>((input) => {
    console.log(input.length);
});

new CurriedCallback<string>((input: boolean) => {
    //                       ~~~~~~~~~~~~~~~~~~~~~~
    // Error: Argument of type '(input: boolean) => void' is not
    // assignable to parameter of type '(input: string) => void'.
    //   Types of parameters 'input' and 'input' are incompatible.
    //     Type 'string' is not assignable to type 'boolean'.
});
```

10.3.2 제네릭 클래스 확장

제네릭 클래스는 extends 키워드 다음에 오는 기본 클래스로 사용할 수 있습니다. 타입스크립트는 사용법에서 기본 클래스에 대한 타입 인수를 유추하지 않습니다. 기본값이 없는 모든 타입 인수는 명시적 타입 애너테이션을 사용해 지정해야 합니다.

다음 SpokenQuote 클래스는 기본 클래스 Quote<T>에 대한 T 타입 인수로 string을 제공합니다.

```
class Quote<T> {
    lines: T;

    constructor(lines: T) {
        this.lines = lines;
    }
}

class SpokenQuote extends Quote<string[]> {
    speak() {
        console.log(this.lines.join("\n"));
    }
}

new Quote("The only real failure is the failure to try.").lines; // 타입: string
new Quote([4, 8, 15, 16, 23, 42]).lines; // 타입: number[]

new SpokenQuote([
    "Greed is so destructive.",
    "It destroys everything",
]).lines; // 타입: string[]

new SpokenQuote([4, 8, 15, 16, 23, 42]);
//               ~~~~~~~~~~~~~~~~~~~~~~
// Error: Argument of type 'number' is not assignable to parameter of type 'string'.
```

제네릭 파생 클래스는 자체 타입 인수를 기본 클래스에 번갈아 전달할 수 있습니다. 타입 이름은 일치하지 않아도 됩니다. 재미를 위해 다음 AttributedQuote는 다른 이름의 Value 타입 인수를 기본 클래스 Quote<T>에 전달합니다.

```
class AttributedQuote<Value> extends Quote<Value> {
    speaker: string

    constructor(value: Value, speaker: string) {
        super(value);
        this.speaker = speaker;
    }
}

// 타입: AttributedQuote<string>
// (Quote<string> 확장하기)
new AttributedQuote(
    "The road to success is always under construction.",
    "Lily Tomlin",
);
```

10.3.3 제네릭 인터페이스 구현

제네릭 클래스는 모든 필요한 매개변수를 제공함으로써 제네릭 인터페이스를 구현합니다. 제네릭 인터페이스는 제네릭 기본 클래스를 확장하는 것과 유사하게 작동합니다. 기본 인터페이스의 모든 타입 매개변수는 클래스에 선언되어야 합니다.

다음 MoviePart 클래스는 ActingCredit 인터페이스의 Role 타입 인수를 string으로 지정합니다. IncorrectExtension 클래스는 ActingCredit에 타입 인수로 string[]을 제공함에도 불구하고 role이 boolean 타입이므로 타입 오류가 발생합니다.

```
interface ActingCredit<Role> {
    role: Role;
}

class MoviePart implements ActingCredit<string> {
    role: string;
    speaking: boolean;

    constructor(role: string, speaking: boolean) {
        this.role = role;
        this.speaking = speaking;
```

```
        }
}

const part = new MoviePart("Miranda Priestly", true);

part.role; // 타입: string

class IncorrectExtension implements ActingCredit<string> {
    role: boolean;
    //     ~~~~~~~
    // Error: Property 'role' in type 'IncorrectExtension' is not
    // assignable to the same property in base type 'ActingCredit<string>'.
    //     Type 'boolean' is not assignable to type 'string'.
}
```

10.3.4 메서드 제네릭

클래스 메서드는 클래스 인스턴스와 별개로 자체 제네릭 타입을 선언할 수 있습니다. 제네릭 클래스 메서드에 대한 각각의 호출은 각 타입 매개변수에 대해 다른 타입 인수를 갖습니다.

다음 제네릭 CreatePairFactory 클래스는 Key 타입을 선언하고 별도의 Value 제네릭 타입을 선언하는 createPair 메서드를 포함합니다. 그러면 createPair의 반환 타입은 {key: Key, value: Value}로 유추됩니다.

```
class CreatePairFactory<Key> {
    key: Key;

    constructor(key: Key) {
        this.key = key;
    }

    createPair<Value>(value: Value) {
        return { key: this.key, value };
    }
}

// 타입: CreatePairFactory<string>
const factory = new CreatePairFactory("role");
```

```
// 타입: { key: string, value: number }
const numberPair = factory.createPair(10);

// 타입: { key: string, value: string }
const stringPair = factory.createPair("Sophie");
```

10.3.5 정적 클래스 제네릭

클래스의 정적static 멤버는 인스턴스 멤버와 구별되고 클래스의 특정 인스턴스와 연결되어 있지 않습니다. 클래스의 정적 멤버는 클래스 인스턴스에 접근할 수 없거나 타입 정보를 지정할 수 없습니다. 따라서 정적 클래스 메서드는 자체 타입 매개변수를 선언할 수 있지만 클래스에 선언된 어떤 타입 매개변수에도 접근할 수 없습니다.

다음 BothLogger 클래스는 instanceLog 메서드에 대한 OnInstance 타입 매개변수와 정적 메서드 staticLog에 대한 별도의 OnStatic 타입 매개변수를 선언합니다. 클래스 인스턴스에 대해 OnInstance가 선언되었으므로 static 메서드는 OnInstance 인스턴스에 접근할 수 없습니다.

```
class BothLogger<OnInstance> {
    instanceLog(value: OnInstance) {
        console.log(value);
        return value;
    }

    static staticLog<OnStatic>(value: OnStatic) {
        let fromInstance: OnInstance;
        //                ~~~~~~~~~~~
        // Error: Static members cannot reference class type arguments.

        console.log(value);
        return value;
    }
}

const logger = new BothLogger<number[]>();
logger.instanceLog([1, 2, 3]); // 타입: number[]
```

```
// 유추된 OnStatic 타입 인수: boolean[]
BothLogger.staticLog([false, true]);

// 유추된 OnStatic 타입 인수: string
BothLogger.staticLog<string>("You can't change the music of your soul.");
```

10.4 제네릭 타입 별칭

타입 인수를 사용해 제네릭을 만드는 타입스크립트의 마지막 구조체는 타입 별칭입니다. 각 타입 별칭에는 T를 받는 Nullish 타입과 같은 임의의 수의 타입 매개변수가 주어집니다.

```
type Nullish<T> = T | null | undefined;
```

제네릭 타입 별칭은 일반적으로 제네릭 함수의 타입을 설명하는 함수와 함께 사용됩니다.

```
type CreatesValue<Input, Output> = (input: Input) => Output;

// 타입: (input: string) => number
let creator: CreatesValue<string, number>;

creator = text => text.length; // Ok

creator = text => text.toUpperCase();
//                     ~~~~~~~~~~~~~~~~~~
// Error: Type 'string' is not assignable to type 'number'.
```

10.4.1 제네릭 판별된 유니언

4장 '객체'에서 언급한 판별된 유니언은 일반화된 우아한 자바스크립트 패턴과 타입스크립트의 타입 내로잉을 아름답게 결합하므로 타입스크립트에서 필자가 가장 좋아하는 기능입니다. 판별된 유니언 사용법 중 필자가 가장 좋아하는 용도는 데이터의 성공적인 결과 또는 오류로 인한 실패를 나타내는 제네릭 '결과' 타입을 만들기 위해 타입 인수를 추가하는 것입니다.

다음 Result 제네릭 타입은 성공 또는 실패 여부에 대한 결과를 좁히는 데(내로잉) 사용하는 succeeded 판별자를 포함합니다. 즉, Result을 반환하는 모든 작업은 오류 또는 데이터 결과를 나타내며 이를 사용하는 곳에서는 result의 succeeded가 true인지 false인지 여부를 확인해야 합니다.

```typescript
type Result<Data> = FailureResult | SuccessfulResult<Data>;

interface FailureResult {
    error: Error;
    succeeded: false;
}

interface SuccessfulResult<Data> {
    data: Data;
    succeeded: true;
}

function handleResult(result: Result<string>) {
    if (result.succeeded) {
        // result: SuccessfulResult<string>의 타입
        console.log('We did it! ${result.data}');
    } else {
        // result: FailureResult의 타입
        console.error('Awww... ${result.error}');
    }

    result.data;
    //     ~~~~
    // Error: Property 'data' does not exist on type 'Result<string>'.
    //   Property 'data' does not exist on type 'FailureResult'.
}
```

제네릭 타입과 판별된 타입을 함께 사용하면 Result와 같은 재사용 가능한 타입을 모델링하는 훌륭한 방법을 제공할 수 있습니다.

10.5 제네릭 제한자

타입스크립트는 제네릭 타입 매개변수의 동작을 수정하는 구문도 제공합니다.

10.5.1 제네릭 기본값

지금까지 제네릭 타입이 타입 애너테이션에 사용되거나 extends 또는 implements의 기본 클래스로 사용되는 경우 각 타입 매개변수에 대한 타입 인수를 제공해야 한다고 이야기했습니다. 타입 매개변수 선언 뒤에 =와 기본 타입을 배치해 타입 인수를 명시적으로 제공할 수 있습니다. 기본값은 타입 인수가 명시적으로 선언되지 않고 유추할 수 없는 모든 후속 타입에 사용됩니다.

다음 Quote 인터페이스는 값이 제공되지 않는 경우 기본값이 string인 T 타입 매개변수를 받습니다. explicit 변수는 명시적으로 T를 number로 설정하는 반면 implicit와 mismatch의 T는 string이 됩니다.

```
interface Quote<T = string> {
    value: T;
}

let explicit: Quote<number> = { value: 123 };

let implicit: Quote = { value: "Be yourself. The world worships the original." };

let mismatch: Quote = { value: 123 };
//                              ~~~~~
// Error: Type 'number' is not assignable to type 'string'.
```

타입 매개변수는 동일한 선언 안의 앞선 타입 매개변수를 기본값으로 가질 수 있습니다. 각 타입 매개변수는 선언에 대한 새로운 타입을 도입하므로 해당 선언 이후의 타입 매개변수에 대한 기본값으로 이를 사용할 수 있습니다.

다음 KeyValuePair 타입은 Key와 Value 제네릭에 대해 다른 타입을 가질 수 있지만 기본적으로 동일한 타입을 유지합니다. 그러나 Key는 기본값이 없기 때문에 여전히 유추 가능하거나 제공되어야 합니다.

```
interface KeyValuePair<Key, Value = Key> {
    key: Key;
    value: Value;
}

// 타입: KeyValuePair<string, string>
let allExplicit: KeyValuePair<string, number> = {
    key: "rating",
    value: 10,
};

// 타입: KeyValuePair<string>
let oneDefaulting: KeyValuePair<string> = {
    key: "rating",
    value: "ten",
};

let firstMissing: KeyValuePair = {
    //             ~~~~~~~~~~~~
    // Error: Generic type 'KeyValuePair<Key, Value>'
    // requires between 1 and 2 type arguments.
    key: "rating",
    value: 10,
};
```

모든 기본 타입 매개변수는 기본 함수 매개변수처럼 선언 목록의 제일 마지막에 와야 합니다. 기본값이 없는 제네릭 타입은 기본값이 있는 제네릭 타입 뒤에 오면 안 됩니다.

다음 inTheEnd는 기본값이 없는 모든 제네릭 타입이 기본값이 있는 제네릭 타입 앞에 있으므로 허용됩니다. 하지만 inTheMiddile은 기본값이 없는 제네릭 타입이 기본값이 있는 타입 다음에 있기 때문에 문제가 발생합니다.

```
function inTheEnd<First, Second, Third = number, Fourth = string>() {} // Ok

function inTheMiddle<First, Second = boolean, Third = number, Fourth>() {}
//                                                            ~~~~~~
// Error: Required type parameters may not follow optional type parameters.
```

10.6 제한된 제네릭 타입

기본적으로 제네릭 타입에는 클래스, 인터페이스, 원싯값, 유니언, 별칭 등 모든 타입을 제공할 수 있습니다. 그러나 일부 함수는 제한된 타입에서만 작동해야 합니다.

타입스크립트는 타입 매개변수가 타입을 확장해야 한다고 선언할 수 있으며 별칭 타입에만 허용되는 작업입니다. 타입 매개변수를 제한하는 구문은 매개변수 이름 뒤에 **extends** 키워드를 배치하고 그 뒤에 이를 제한할 타입을 배치합니다.

예를 들어 `length: number`를 가진 모든 것을 설명하기 위해 `WithLength` 인터페이스를 생성하면 제네릭 함수가 `T` 제네릭에 대한 `length`를 가진 모든 타입을 받아들이도록 구현할 수 있습니다. 문자열, 배열 그리고 `length: number`를 가진 객체는 허용되지만, `Date`와 같은 타입 형태에는 숫자형 **length** 멤버가 없으므로 타입 오류가 발생합니다.

```
interface WithLength {
    length: number;
}

function logWithLength<T extends WithLength>(input: T) {
    console.log('Length: ${input.length}');
    return input;
}

logWithLength("No one can figure out your worth but you."); // 타입: string
logWithLength([false, true]); // 타입: boolean[]
logWithLength({ length: 123 }); // 타입: { length: number }

logWithLength(new Date());
//                ~~~~~~~~~~
// Error: Argument of type 'Date' is not assignable to parameter of type 'WithLength'.
//   Property 'length' is missing in type 'Date' but required in type 'WithLength'.
```

15장 '타입 운영'에서 제네릭으로 수행할 수 있는 더 많은 타입 운영 방법을 살펴봅니다.

10.6.1 keyof와 제한된 타입 매개변수

9장 '타입 제한자'에서 소개한 **keyof** 연산자는 제한된 타입 매개변수와도 잘 작동합니다.

extends와 keyof를 함께 사용하면 타입 매개변수를 이전 타입 매개변수의 키로 제한할 수 있습니다. 또한 제네릭 타입의 키를 지정하는 유일한 방법이기도 합니다.

다음 코드는 인기 있는 라이브러리인 Lodash의 get 메서드의 간단한 버전입니다. T로 입력된 container 값과 container에서 검색할 수 있는 T의 key 중 하나의 key 이름을 받습니다. Key 타입 매개변수는 keyof T로 제한되기 때문에 타입스크립트는 이 함수가 T[Key]를 반환할 수 있음을 알고 있습니다.

```
function get<T, Key extends keyof T>(container: T, key: Key) {
    return container[key];
}

const roles = {
    favorite: "Fargo",
    others: ["Almost Famous", "Burn After Reading", "Nomadland"],
};

const favorite = get(roles, "favorite"); // 타입: string
const others = get(roles, "others"); // 타입: string[]

const missing = get(roles, "extras");
//                          ~~~~~~~~
// Error: Argument of type '"extras"' is not assignable
// to parameter of type '"favorite" | "others"'.
```

keyof가 없었다면 제네릭 key 매개변수를 올바르게 입력할 방법이 없었을 것입니다.

이전 예제에서 Key 타입 매개변수의 중요성에 주목해보세요. 타입 매개변수로 T만 제공되고 key 매개변수가 모든 keyof T일 수 있는 경우라면 반환 타입은 Container에 있는 모든 속성값에 대한 유니언 타입이 됩니다. 이렇게 구체적이지 않은 함수 선언은 각 호출이 타입 인수를 통해 특정 key를 가질 수 있음을 타입스크립트에 나타낼 수 없습니다.

```
function get<T>(container: T, key: keyof T) {
    return container[key];
}

const roles = {
    favorite: "Fargo",
```

```
        others: ["Almost Famous", "Burn After Reading", "Nomadland"],
};

const found = get(roles, "favorite"); // 타입: string | string[]
```

제네릭 함수를 작성할 때 매개변수의 타입이 이전 매개변수 타입에 따라 달라지는 경우를 알아야 합니다. 이러한 경우 올바른 매개변수 타입을 위해 제한된 타입 매개변수를 자주 사용하게 됩니다.

10.7 Promise

제네릭이 어떻게 작동하는지 살펴봤으니 드디어 최신 자바스크립트의 핵심 기능인 Promise를 이야기할 시간입니다. 간단히 말하자면 자바스크립트의 Promise는 네트워크 요청과 같이 요청 이후 결과를 받기까지 대기가 필요한 것을 나타냅니다. 각 Promise는 대기 중인 작업이 'resolve(성공적으로 완료됨)' 또는 'reject(오류 발생)'하는 경우 콜백을 등록하기 위한 메서드를 제공합니다.

임의의 값 타입에 대해 유사한 작업을 나타내는 Promise의 기능은 타입스크립트의 제네릭과 자연스럽게 융합됩니다. Promise는 타입스크립트 타입 시스템에서 최종적으로 resolve된 값을 나타내는 단일 타입 매개변수를 가진 Promise 클래스로 표현됩니다.

10.7.1 Promise 생성

타입스크립트에서 Promise 생성자는 단일 매개변수를 받도록 작성됩니다. 해당 매개변수의 타입은 제네릭 Promise 클래스에 선언된 타입 매개변수에 의존합니다. 축소된 형식은 대략 다음과 같습니다.

```
class PromiseLike<Value> {
    constructor(
        executor: (
            resolve: (value: Value) => void,
            reject: (reason: unknown) => void,
```

```
      ) => void,
  ) { /* ... */ }
}
```

결과적으로 값을 resolve하려는 Promise를 만들려면 Promise의 타입 인수를 명시적으로 선언해야 합니다. 타입스크립트는 명시적 제네릭 타입 인수가 없다면 기본적으로 매개변수 타입을 unknown으로 가정합니다. Promise 생성자에 타입 인수를 명시적으로 제공하면 타입스크립트가 결과로서 생기는 Promise 인스턴스의 resolve된 타입을 이해할 수 있습니다.

```
// 타입: Promise<unknown>
const resolvesUnknown = new Promise((resolve) => {
    setTimeout(() => resolve("Done!"), 1000);
});

// 타입: Promise<string>
const resolvesString = new Promise<string>((resolve) => {
    setTimeout(() => resolve("Done!"), 1000);
});
```

Promise의 제네릭 .then 메서드는 반환되는 Promise의 resolve된 값을 나타내는 새로운 타입 매개변수를 받습니다.

예를 들어 다음 코드는 1초 후에 string 값을 resolve하는 textEventually와 number를 resolve하기 위해 1초를 더 기다리는 lengthEventually를 생성합니다.

```
// 타입: Promise<string>
const textEventually = new Promise<string>((resolve) => {
    setTimeout(() => resolve("Done!"), 1000);
});

// 타입: Promise<number>
const lengthEventually = textEventually.then((text) => text.length)
```

10.7.2 async 함수

자바스크립트에서 async 키워드를 사용해 선언한 모든 함수는 Promise를 반환합니다. 자바스크립트에서 async 함수에 따라서 반환된 값이 Thenable(.then() 메서드가 있는 객체, 실제로는 거의 항상 Promise)이 아닌 경우, Promise.resolve가 호출된 것처럼 Promise로 래핑^{wrapping}됩니다.

다음 lengthAfterSecond는 Promise<number>를 직접적으로 반환하는 반면 lengthImmediately는 async 함수이고, 직접 number를 반환하기 때문에 Promise<number>를 반환하는 것으로 간주됩니다.

```
// 타입: (text: string) => Promise<number>
async function lengthAfterSecond(text: string) {
    await new Promise((resolve) => setTimeout(resolve, 1000))
    return text.length;
}

// 타입: (text: string) => Promise<number>
async function lengthImmediately(text: string) {
    return text.length;
}
```

그러므로 Promise를 명시적으로 언급하지 않더라도 async 함수에서 수동으로 선언된 반환 타입은 항상 Promise 타입이 됩니다.

```
// Ok
async function givesPromiseForString(): Promise<string> {
    return "Done!";
}

async function givesString(): string {
    //                           ~~~~~~
    // Error: The return type of an async function
    // or method must be the global Promise<T> type.
    return "Done!";
}
```

10.8 제네릭 올바르게 사용하기

이 장 앞에서 살펴본 Promise<Value> 구현처럼 제네릭은 코드에서 타입을 설명하는 데 많은 유연성을 제공할 수 있지만, 코드가 빠르게 복잡해질 수 있습니다. 타입스크립트를 처음 접한 개발자는 이따금 제네릭을 과도하게 사용해 읽기 혼란스럽고 지나치게 복잡한 코드를 만들기도 합니다. 타입스크립트의 모범 사례는 필요할 때만 제네릭을 사용하고, 제네릭을 사용할 때는 무엇을 위해 사용하는지 명확히 해야 합니다.

> **WARNING** 타입스크립트로 작성하는 대부분의 코드에서는 혼동을 일으킬 정도로 제네릭을 많이 사용해서는 안 됩니다. 그러나 유틸리티 라이브러리에 대한 타입, 특히 범용 모듈은 경우에 따라 제네릭을 많이 사용할 수도 있습니다. 제네릭을 이해하면 이러한 유틸리티 타입을 효과적으로 사용할 수 있습니다.

10.8.1 제네릭 황금률

함수에 타입 매개변수가 필요한지 여부를 판단할 수 있는 간단하고 빠른 방법은 타입 매개변수가 최소 두 번 이상 사용되었는지 확인하는 것입니다. 제네릭은 타입 간의 관계를 설명하므로 제네릭 타입 매개변수가 한 곳에만 나타나면 여러 타입 간의 관계를 정의할 수 없습니다. 따라서 각 함수 타입 매개변수는 매개변수에 사용되어야 하고, 그다음 적어도 하나의 다른 매개변수 또는 함수의 반환 타입에서도 사용되어야 합니다.

예를 들어 다음 logInput 함수는 input 매개변수를 선언하기 위해 Input 타입 매개변수를 정확히 한 번 사용합니다.

```
function logInput<Input extends string>(input: Input) {
    console.log("Hi!", input);
}
```

이 장의 앞 부분에서 살펴본 identify 함수와 달리 logInput은 타입 매개변수로 더 많은 매개변수를 반환하거나 선언하는 작업을 하지 않습니다. 따라서 Input 타입 매개변수를 선언하는 것은 별로 쓸모가 없습니다. 다음과 같이 Input 타입 매개변수를 사용하지 않고 logInput

을 다시 작성할 수 있습니다.

```
function logInput(input: string) {
    console.log("Hi!", input);
}
```

댄 밴더캄의 『이펙티브 타입스크립트』(인사이트, 2021)는 '제네릭 황금률'을 설명하며 제네릭으로 작업할 때 유용하고 훌륭한 팁도 소개합니다. 특히 코드에서 제네릭과 씨름하는 데 많은 시간을 할애하고 있다면 『이펙티브 타입스크립트』를 읽는 것을 추천합니다.

10.8.2 제네릭 명명 규칙

타입스크립트를 포함한 많은 언어가 지키는 타입 매개변수에 대한 표준 명명 규칙naming convention은 기본적으로 첫 번째 타입 인수로 T를 사용하고, 후속 타입 매개변수가 존재하면 U, V 등을 사용하는 것입니다.

타입 인수가 어떻게 사용되어야 하는지 맥락과 관련된 정보가 알려진 경우 명명 규칙은 경우에 따라 해당 용어의 첫 글자를 사용하는 것으로 확장됩니다. 예를 들어 상태 관리 라이브러리에서는 제네릭 상태를 S로, 데이터 구조의 키와 값은 K와 V로 나타내기도 합니다.

하지만 불행히도 하나의 문자를 사용하는 타입 인수명은 하나의 문자로 함수나 변수의 이름을 사용하는 것만큼 혼란스러울 수 있습니다.

```
// L과 V는 과연 무엇일까요?
function labelBox<L, V>(l: L, v: V) { /* ... */ }
```

제네릭의 의도가 단일 문자 T에서 명확하지 않은 경우에는 타입이 사용되는 용도를 가리키는 설명적인 제네릭 타입 이름을 사용하는 것이 가장 좋습니다.

```
// 좀 더 명확합니다.
function labelBox<Label, Value>(label: Label, value: Value) { /* ... */ }
```

구조체가 여러 개의 타입 매개변수를 갖거나 단일 타입 인수의 목적이 명확하지 않을 때마다 단일 문자 약어 대신 가독성을 위해 완전히 작성된 이름을 사용하는 것이 좋습니다.

10.9 마치며

이 장에서는 타입 매개변수와 함께 작동할 수 있도록 클래스, 함수, 인터페이스와 타입 별칭을 '제네릭'으로 만들었습니다.

- 구조체 간에 다른 타입을 나타내기 위한 타입 매개변수 사용법
- 제네릭 함수를 호출할 때 명시적 또는 암시적 타입 인수 제공하기
- 제네릭 객체 타입을 표현하는 제네릭 인터페이스
- 클래스에 타입 매개변수를 추가하고 클래스의 타입에 미치는 영향 확인하기
- 타입 별칭, 특히 판별된 타입 유니언에 타입 매개변수 추가하기
- 기본값(=)과 제한자(extends)를 사용한 제네릭 타입 매개변수 수정하기
- Promise와 async 함수가 제네릭을 사용해 비동기 데이터 흐름을 나타내는 방법
- 제네릭 황금률과 명명 규칙을 포함한 제네릭 모범 사례

이것으로 **2부 '특징'**이 마무리됩니다. 이제 대부분의 프로젝트에서 필요한 타입스크립트 타입 시스템의 가장 중요한 구문과 타입 검사 기능을 모두 알게 되었습니다. 축하합니다!

3부 '사용법'에서는 프로젝트에서 실행할 수 있는 타입스크립트를 구성하고, 외부 의존성과 상호작용하는 법, 타입 검사 및 내보낸 자바스크립트를 수정하는 방법을 살펴봅니다. 3부는 프로젝트에서 타입스크립트를 사용할 때 중요한 기능을 소개합니다.

타입스크립트 구문에서 사용할 수 있는 몇 가지 타입 운영 방법도 있습니다. 타입스크립트 프로젝트에서 작업하기 위해 이런 방법을 모두 이해할 필요는 없지만 알아두면 흥미롭고 유용합니다. 여러분에게 재미있는 작은 선물을 선사하기 위해 4부 '한 걸음 더'에서 타입 운영에 대해서 살펴봅니다.

> TIP https://learningtypescript.com/generics에서 배운 내용을 연습해보세요

3

사용법

지금까지 타입스크립트를 구성하는 특징을 이해했으니 실무에서 이 특징을 적용해 코드를 해석하고 작성하는 법을 소개합니다. 프로젝트에서 실행할 수 있는 타입스크립트를 구성하고, 외부 의존성과 상호작용하는 법, 타입 검사 및 내보낸 자바스크립트를 수정하는 방법을 살펴봅니다.

Part 3

사용법

선언 파일

선언 파일에는 런타임 구성에는 없는

순수 타입 시스템 코드가 있습니다.

타입스크립트로 코드를 작성하는 일은 멋지고 여러분이 원하는 모든 것일 테지만, 타입스크립트 프로젝트에서 원시 자바스크립트 파일로 작업할 수 있어야 합니다. 많은 패키지가 타입스크립트가 아닌 자바스크립트로 직접 작성됩니다. 타입스크립트로 작성된 패키지조차도 자바스크립트 파일로 배포됩니다.

게다가 타입스크립트 프로젝트는 전역 변수와 API 같은 환경에 특화된 기능의 타입 형태를 알려주는 방법이 필요합니다. 예를 들어 Node.js에서 실행되는 프로젝트는 브라우저에서 사용할 수 없는 내장 Node.js 모듈에 접근할 수 있으며 그 반대도 마찬가지입니다.

타입스크립트는 구현과 별도로 타입 형태를 선언할 수 있습니다. 타입 선언은 파일 이름이 .d.ts 확장자로 끝나는 **선언 파일**declaration file에 작성됩니다. 선언 파일은 일반적으로 프로젝트 내에서 작성되고, 프로젝트의 컴파일된 npm 패키지로 빌드 및 배포되거나 독립 실행형standalone typings 패키지로 공유됩니다.

11.1 선언 파일

.d.ts 선언 파일은 런타임 코드를 포함할 수 없다는 주목할 만한 제약 사항을 제외하고는 .ts 파일과 유사하게 작동합니다. .d.ts 파일에는 사용 가능한 런타임 값, 인터페이스, 모듈, 일반적인 타입의 설명만 포함됩니다. .d.ts 파일은 자바스크립트로 컴파일할 수 있는 모든 런타임 코드를 포함할 수 없습니다.

신인 파일은 다른 타입스크립트 파일과 마찬가지로 임포트해서 사용할 수 있습니다.

다음 types.d.ts 파일은 index.ts 파일에서 사용하는 Character 인터페이스를 내보냅니다.

```
// types.d.ts
export interface Character {
    catchphrase?: string;
    name: string;
}
```

```
// index.ts
import { Character } from "./types";

export const character: Character = {
    catchphrase: "Yee-haw!",
    name: "Sandy Cheeks",
};
```

> **TIP** 선언 파일은 값이 아닌 타입만 선언할 수 있는 코드 영역을 의미하는 **앰비언트 컨텍스트**ambient context를 생성합니다.

이번 장은 주로 선언 파일과 가장 일반적인 타입 선언에 대해 설명합니다.

11.2 런타임 값 선언

비록 선언 파일은 함수 또는 변수 같은 런타임 값을 생성하지 않을 수 있지만, declare 키워드를 사용해 이러한 구조체가 존재한다고 선언할 수 있습니다. 이렇게 하면 웹 페이지의 <script> 태그 같은 일부 외부 작업이 특정 타입의 이름을 사용해 값을 생성했음을 타입 시스템에 알립니다.

declare로 변수를 선언하면 초깃값이 허용되지 않는다는 점을 제외하고 일반적인 변수 선언과 동일한 구문을 사용합니다.

다음 스니펫은 declared 변수를 성공적으로 선언하지만 initializer 변수에 값을 제공하려고 하면 타입 오류가 발생합니다.

```typescript
// types.d.ts
declare let declared: string; // Ok

declare let initializer: string = "Wanda";
//                               ~~~~~~~
// Error: Initializers are not allowed in ambient contexts.
```

함수와 클래스도 일반적인 형식과 유사하게 선언되지만 함수 또는 메서드의 본문이 없습니다.

다음 canGrantWish 함수와 메서드는 본문 없이 올바르게 선언되었지만, grantWish 함수와 메서드는 본문을 설정하려는 부적절한 시도로 인해 구문 오류가 발생합니다.

```typescript
// fairies.d.ts
declare function canGrantWish(wish: string): boolean; // Ok

declare function grantWish(wish: string) { return true; }
//                                          ~
// Error: An implementation cannot be declared in ambient contexts.

class Fairy {
    canGrantWish(wish: string): boolean; // Ok

    grantWish(wish: string) {
        //                  ~
        // Error: An implementation cannot be declared in ambient contexts.
        return true;
```

```
    }
}
```

declare 키워드를 사용한 타입 선언은 .d.ts 선언 파일에서 사용하는 게 가장 일반적이지만, 선언 파일 외부에서도 사용할 수 있습니다. 모듈 또는 스크립트 파일에서도 declare 키워드를 사용할 수 있습니다. 전역으로 사용 가능한 변수가 해당 파일에서만 사용되어야 하는 경우 declare 키워드가 유용합니다.

다음 myGlobalValue 변수는 index.ts 파일에 정의되었으므로 해당 파일에서 사용할 수 있습니다.

```
// index.ts
declare const myGlobalValue: string;

console.log(myGlobalValue); // Ok
```

인터페이스와 같은 타입 형태는 .d.ts 선언 파일에서 declare 키워드 유무와는 관계없이 허용되지만, 함수나 변수 같은 런타임 구문에 declare 키워드가 없다면 타입 오류가 발생합니다.

```
// index.d.ts
interface Writer {} // Ok
declare interface Writer {} // Ok

declare const fullName: string; // Ok: 타입은 원시 타입 string입니다.
declare const firstName: "Liz"; // Ok: 타입은 리터럴 "값"입니다.

const lastName = "Lemon";
//~~~
// Error: Top-level declarations in .d.ts files must
// start with either a 'declare' or 'export' modifier.
```

11.2.1 전역 변수

import 또는 export 문이 없는 타입스크립트 파일은 모듈이 아닌 스크립트로 취급되기 때문에 여기에 선언된 타입을 포함한 구문은 전역으로 사용됩니다. import 또는 export가 없는 선언 파일은 해당 동작의 이점을 사용해 타입을 전역으로 선언할 수 있습니다. 전역 선언 파일은 애플리케이션의 모든 파일에 걸쳐서 사용할 수 있는 전역 타입 또는 변수를 선언하는 데 특히 유용합니다.

다음 globals.d.ts 파일은 전역으로 존재하는 const version: string을 선언합니다. 그러면 version.ts 파일은 globals.d.ts 파일을 가져오지 않아도 전역으로 선언된 version 변수를 참조할 수 있습니다.

```
// globals.d.ts
declare const version: string;
```

```
// version.ts
export function logVersion() {
    console.log('Version: ${version}'); // Ok
}
```

전역으로 선언된 값은 전역 변수를 사용하는 브라우저 애플리케이션에서 가장 자주 사용됩니다. 대부분의 최신 웹 프레임워크는 일반적으로 ECMA스크립트 모듈 같은 최신 기술을 사용하지만, 변수를 전역으로 저장하는 작업은 특히 작은 프로젝트에서는 여전히 유용합니다.

> **TIP** .d.ts 파일에 선언된 전역 타입에 자동으로 접근할 수 없는 경우 .d.ts 파일이 아무것도 가져오거나 내보내지 않는지 다시 확인해야 합니다. 하나의 export로도 전체 파일을 더 이상 전역으로 사용할 수 없게 만들 수도 있습니다.

11.2.2 전역 인터페이스 병합

변수는 타입스크립트의 타입 시스템에서 떠돌아다니는 유일한 전역은 아닙니다. 전역 API와 값에 대한 많은 타입 선언이 전역으로 존재합니다. 인터페이스는 동일한 이름의 다른 인터페이스와 병합되기 때문에 **import**와 **export** 문이 없는 **.d.ts** 선언 파일 같은 전역 스크립트 컨텍스트에서 인터페이스를 선언하면 해당 인터페이스가 전역으로 확장됩니다.

예를 들어 서버에 따라 설정된 전역 변수에 의존하는 웹 애플리케이션은 해당 변수를 전역 **Window** 인터페이스에 존재하도록 선언하고 싶을 수 있습니다. 인터페이스 병합을 이용하면 **types/www.d.ts**와 같은 파일에서 **Window** 타입의 전역 **window** 변수에 존재하는 변수를 선언할 수 있도록 허용합니다.

```
<script type="text/javascript">
window.myVersion = "3.1.1";
</script>
```

```
// types/window.d.ts
interface Window {
    myVersion: string;
}
```

```
// index.ts
export function logWindowVersion() {
    console.log('Window version is: ${window.myVersion}');
    window.alert("Built-in window types still work! Hooray!")
}
```

11.2.3 전역 확장

다른 곳에 정의된 타입을 가져와서 전역 정의를 크게 단순화할 때와 같이 전역 범위로 확장이 필요한 **.d.ts** 파일에 **import** 또는 **export** 문을 항상 금지할 수 있는 것은 아닙니다. 경우에 따라서 모듈 파일에 선언된 타입이 전역으로 사용되어야 합니다.

타입스크립트에서 **declare global** 코드 블록 구문을 사용해 해당 블록 내용이 전역 컨텍스트에 있다고 표시합니다.

```
// types.d.ts
// (모듈 컨텍스트)
```

```
declare global {
    // (전역 컨텍스트)
}

// (모듈 컨텍스트)
```

다음 types/data.d.ts 파일은 Data 인터페이스를 내보내고, 나중에 types/globals.d.ts
와 런타임 index.ts 파일에서 이 인터페이스를 가져옵니다.

```
// types/data.d.ts
export interface Data {
    version: string;
}
```

또한 types/globals.d.ts 파일에서만 사용할 수 있는 변수와 Data 타입 변수를 declare
global 블록 내에 전역으로 선언합니다.

```
// types/globals.d.ts
import { Data } from "./data";

declare global {
    const globallyDeclared: Data;
}

declare const locallyDeclared: Data;
```

그러면 index.ts는 import 문 없이 globallyDeclared 변수에 접근할 수 있고, 여전히 Data
를 가져와야 합니다.

```
// index.ts
import { Data } from "./types/data";

function logData(data: Data) { // Ok
    console.log('Data version is: ${data.version}');
}

logData(globallyDeclared); // Ok
```

```
logData(locallyDeclared);
//      ~~~~~~~~~~~~~~~~
// Error: Cannot find name 'locallyDeclared'.
```

전역 선언과 모듈 선언이 함께 잘 작동하도록 랭글링^{wrangling}하는 것은 까다로울 수 있습니다. 타입스크립트의 declare와 global 키워드를 적절히 사용하면 프로젝트에서 전역으로 사용 가능한 타입 정의를 설명할 수 있습니다.

11.3 내장된 선언

지금까지 선언이 어떻게 작동하는지 살펴봤으니 타입스크립트의 숨겨진 용도를 공개할 차례입니다. 타입스크립트는 지금까지 타입 검사를 강화해왔습니다. Array, Function, Map, Set과 같은 전역 객체는 타입 시스템이 알아야 하지만 코드에서 선언되지 않는 구문입니다. 이와 같은 전역 객체는 디노, Node.js, 웹 브라우저 등에서 실행되는 런타임 코드에 의해 제공됩니다.

11.3.1 라이브러리 선언

모든 자바스크립트 런타임에 존재하는 Array, Function 같은 내장된 전역 객체는 lib.[target].d.ts 파일 이름으로 선언됩니다. 여기에서 target은 ES5, ES2020 또는 ESNext와 같이 프로젝트에서 대상으로 하는 자바스크립트의 최소 지원 버전입니다.

내장된 라이브러리 선언 파일 또는 'lib 파일'은 자바스크립트의 내장된 API 전체를 나타내기 때문에 상당히 큽니다. 예를 들어 내장 Array 타입의 멤버는 다음과 같이 시작하는 전역 Array 인터페이스로 구현합니다.

```
// lib.es5.d.ts

interface Array<T> {
    /**
     * 배열의 길이를 가져오거나 설정합니다.
     * 배열의 가장 큰 인덱스보다 1이 더 큰 숫자입니다.
```

```
    */
    length: number;

    // ...
}
```

lib 파일은 타입스크립트 npm 패키지의 일부로 배포되며 node_modules/typescript/lib.
es5.d.ts와 같은 경로의 패키지 내부에서 찾을 수 있습니다. 자체 패키지 타입스크립트 버전
으로 검사 코드를 입력하는 VS Code 같은 IDE에서는 [그림 11-1]처럼 배열의 forEach 내장
메서드에서 오른쪽 마우스를 클릭해 [Go to Definition]을 선택하면 lib 파일을 찾을 수 있습
니다.

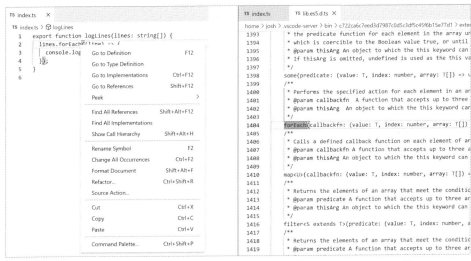

그림 11-1 왼쪽: forEach에서 [Go to Definition] 클릭하기, 오른쪽: 결과로 열린 lib.es5.d.ts 파일

라이브러리 target

타입스크립트는 기본적으로 tsc CLI 또는 프로젝트의 tsconfig.json(기본값은 es5)에서 제
공된 target 설정에 따라 적절한 lib 파일을 포함합니다. 자바스크립트 최신 버전에 대한 연
속적인 lib 파일들은 인터페이스 병합을 사용해 서로 빌드됩니다.

예를 들어 ES2015에 추가된 EPSILON, isFinite와 같은 정적 Number 멤버는 lib.es2015.
d.ts에 나열됩니다.

```typescript
// lib.es2015.d.ts

interface NumberConstructor {
    /**
     * Number.EPSILON의 값은 1과 Number 값으로 나타낼 수 있는
     * 1보다 큰 가장 작은 값의 차이로 대략 다음과 같습니다.
     * 2.220446049250313080847263336181 x 10-16.
     */
    readonly EPSILON: number;

    /**
     * 전달된 값이 유한한 경우 true를 반환합니다.
     * 전역 isFinite와 달리, Number.isFinite는 강제로 매개변수를 숫자로 변환하지
     * 않습니다. number 타입의 유한한(finite) 값만 true가 됩니다.
     * @param number는 숫자형 값입니다.
     */
    isFinite(number: unknown): boolean;

    // ...
}
```

타입스크립트 프로젝트는 target으로 지정한 자바스크립트 버전의 모든 최소 버전 lib 파일을 포함합니다. 예를 들어 target이 es2016인 프로젝트에는 lib.es5.d.ts, lib.es2015.d.ts 그리고 lib.es2016.d.ts까지 포함됩니다.

> **TIP** target보다 최신 버전의 자바스크립트에서만 사용할 수 있는 기능은 타입 시스템에서 사용할 수 없습니다. 예를 들어 target이 es5이면, String.prototype.startsWith와 같은 ES2015 이상의 기능은 인식되지 않습니다.

target과 같은 컴파일러 옵션은 13장 '구성 옵션'에서 더 상세하게 다루겠습니다.

11.3.2 DOM 선언

자바스크립트 언어 자체 외에 가장 일반적으로 참조되는 타입 선언 영역은 웹 브라우저를 위한 것입니다. 'DOM^{Document Object Model}' 타입이라고 하는 웹 브라우저 타입은 localStorage와 같

은 API와 웹 브라우저에서 주로 사용하는 **HTMLElement**와 같은 타입 형태를 다룹니다. DOM 타입은 lib.dom.d.ts 파일과 다른 lib.*.d.ts 선언 파일에도 저장됩니다.

많은 내장 전역 타입처럼 전역 DOM 타입은 종종 전역 인터페이스로 설명됩니다. 예를 들어 **localStorage**와 **sessionStorage**에 사용되는 **Storage** 인터페이스는 대략 다음과 같이 시작합니다.

```ts
// lib.dom.d.ts

interface Storage {
    /**
     * 키/값 쌍의 수를 반환합니다.
     */
    readonly length: number;

    /**
     * 모든 키/값 쌍을 제거합니다.
     */
    clear(): void;

    /**
     * 주어진 키에 연결된 현잿값을 반환하거나
     * 주어진 키가 존재하지 않는 경우 null을 반환합니다.
     */
    getItem(key: string): string | null;

    // ...
}
```

lib 컴파일러 옵션을 재정의하지 않는 타입스크립트 프로젝트는 DOM 타입을 기본으로 포함합니다. Node.js와 같은 브라우저가 아닌 환경에서 실행되는 프로젝트는 타입 시스템이 존재한다고 주장하는 document와 localStorage 같은 전역 API에 접근할 수 없기 때문에 개발자가 혼란스러울 수 있습니다. **lib**과 같은 컴파일러 옵션은 13장 '구성 옵션'에서 더 상세하게 살펴보겠습니다.

11.4 모듈 선언

선언 파일의 또 다른 중요한 기능은 모듈의 상태를 설명하는 기능입니다. 모듈의 문자열 이름 앞에 declare 키워드를 사용하면 모듈의 내용을 타입 시스템에 알릴 수 있습니다.

다음 "my-example-lib" 모듈은 modules.d.ts 선언 스크립트 파일에 존재하도록 선언한 다음, index.ts 파일에서 사용됩니다.

```
// modules.d.ts
declare module "my-example-lib" {
    export const value: string;
}
```

```
// index.ts
import { value } from "my-example-lib";

console.log(value); // Ok
```

코드에서 declare module을 자주 사용해서는 안 됩니다. declare module은 주로 다음 절에 나오는 와일드카드^{wildcard} 모듈 선언과 이 장의 후반부에서 다루는 패키지 타입과 함께 사용됩니다. 또한 타입스크립트가 .json 파일의 가져오기를 기본으로 인식하도록 설정하는 컴파일러 옵션인 resolveJsonModule에 대한 정보는 13장 '구성 옵션'에서 확인할 수 있습니다.

11.4.1 와일드카드 모듈 선언

모듈 선언은 자바스크립트와 타입스크립트 파일 확장자가 아닌 특정 파일의 내용을 코드로 가져올 수 있음을 웹 애플리케이션에 알리기 위해 사용합니다. 모듈 선언으로 하나의 * 와일드카드를 포함해 해당 패턴과 일치하는 모든 모듈을 나타낼 수 있습니다.

예를 들어 create-react-app과 create-next-app 같은 인기 있는 리액트 스타터^{starter}에 미리 구성된 것처럼 많은 웹 프로젝트는 CSS 모듈을 지원하며 CSS 파일에서 런타임에 사용할 수 있는 객체로 스타일을 가져옵니다. 기본적으로 { [i: string]: string } 타입의 객체를 내보내는 "*.module.css"와 같은 패턴으로 모듈을 정의합니다.

```
// styles.d.ts
declare module "*.module.css" {
    const styles: { [i: string]: string };
    export default styles;
}
```

```
// component.ts
import styles from "./styles.module.css";

styles.anyClassName; // 타입: string
```

> **WARNING** 와일드카드 모듈을 사용해 로컬 파일을 나타내는 방식이 타입 안정성을 완벽히 보장하지는 않습니다. 타입스크립트는 가져온 모듈 경로가 로컬 파일과 일치하는지 확인하는 메커니즘을 제공하지 않습니다. 일부 프로젝트는 웹팩^{webpack} 같은 빌드 시스템을 사용하거나 로컬 파일에서 .d.ts 파일을 생성해 가져오기가 가능한지 확인합니다.

11.5 패키지 타입

프로젝트 내에서 declare를 사용하는 방법을 살펴봤으므로 이제 패키지 간에 타입을 사용하는 방법을 다룰 차례입니다. 타입스크립트로 작성된 프로젝트는 여전히 .js로 컴파일된 파일이 포함된 패키지를 배포합니다. 일반적으로 .d.ts 파일을 사용해 이러한 자바스크립트 파일 뒤에 타입스크립트 타입 시스템 형태를 지원하도록 선언합니다.

11.5.1 선언

타입스크립트는 입력된 파일에 대한 .d.ts 출력 파일과 자바스크립트 출력 파일을 함께 생성하는 선언 옵션을 제공합니다.

다음 index.ts 소스 파일이 주어졌다고 가정해봅시다.

```
// index.ts
export const greet = (text: string) => {
    console.log('Hello, ${text}!');
};
```

module은 es2015, target은 es2015인 선언 옵션을 사용해 다음 출력 파일을 생성합니다.

```
// index.d.ts
export declare const greet: (text: string) => void;
```

```
// index.js
export const greet = (text) => {
    console.log('Hello, ${text}!');
};
```

자동으로 생성된 .d.ts 파일은 프로젝트에서 사용자가 사용할 타입 정의를 생성하는 가장 좋은 방법입니다. 일반적으로 .js 파일을 생성하는 타입스크립트로 작성된 대부분의 패키지도 해당 파일과 함께 .d.ts를 번들로 묶는 것이 좋습니다.

선언과 같은 컴파일러 옵션은 13장 '구성 옵션'에서 더 자세히 다루겠습니다.

11.5.2 패키지 타입 의존성

타입스크립트는 프로젝트의 node_modules 의존성^{dependency} 내부에서 번들로 제공되는 .d.ts 파일을 감지하고 활용할 수 있습니다. 이러한 파일은 해당 패키지에서 내보낸 타입 형태에 대해 마치 동일한 프로젝트에서 작성되었거나 선언 모듈 블록으로 선언된 것처럼 타입 시스템에 알립니다.

자체 .d.ts 선언 파일과 함께 제공되는 npm 모듈은 대부분 다음과 같은 파일 구조를 갖습니다.

```
lib/
    index.js
    index.d.ts
package.json
```

예를 들어 꾸준히 인기 있는 테스트 프레임워크인 제스트[Jest]는 타입스크립트로 작성되었으며 jest 패키지 내에 자체 번들 .d.ts 파일을 제공합니다. describe와 it 같은 함수를 제공하는 @jest/globals 패키지에 대한 의존성을 가지며 jest는 전역으로 사용할 수 있습니다.

```
// package.json
{
    "devDependencies": {
        "jest": "^32.1.0"
    }
}
```

```
// using-globals.d.ts
describe("MyAPI", () => {
    it("works", () => { /* ... */  });
});
```

```
// using-imported.d.ts
import { describe, it } from "@jest/globals";

describe("MyAPI", () => {
    it("works", () => { /* ... */ });
});
```

jest 패키지의 매우 제한적인 하위 구성을 처음부터 다시 만들면 다음 파일과 유사합니다. @jext/globals 패키지는 describe와 it을 내보냅니다. 그런 다음 jest 패키지는 해당 함수를 가져오고, 해당 함수 타입의 describe와 it 변수를 가지고 전역 스코프로 확장합니다.

```
// node_modules/@jest/globals/index.d.ts
export function describe(name: string, test: () => void): void;
export function it(name: string, test: () => void): void;
```

```
// node_modules/jest/index.d.ts
import * as globals from "@jest/globals";

declare global {
    const describe: typeof globals.describe;
```

```
    const it: typeof globals.it;
  }
```

이 구조는 제스트를 사용하는 프로젝트가 describe와 it의 전역 버전을 참조할 수 있도록 허용합니다. 프로젝트는 대안으로 @jest/globals 패키지에서 해당 함수를 가져오도록 선택할 수 있습니다.

11.5.3 패키지 타입 노출

프로젝트가 npm에 배포되고 사용자를 위한 타입을 제공하려면 패키지의 package.json 파일에 types 필드를 추가해 루트 선언 파일을 가리킵니다. types 필드는 main 필드와 유사하게 작동하고 종종 동일한 것처럼 보이지만 .js 확장자 대신에 .d.ts 확장자를 사용합니다.

예를 들어 다음 가상의 패키지 파일에서 main 런타임 파일인 ./lib/index.js는 types 파일인 ./lib/index.d.ts와 병렬 처리됩니다.

```
{
    "author": "Pendant Publishing",
    "main": "./lib/index.js",
    "name": "coffeetable",
    "types": "./lib/index.d.ts",
    "version": "0.5.22",
}
```

그런 다음 타입스크립트는 유틸리티 패키지에서 가져온 파일을 사용하기 위해 제공해야 하는 것으로 ./lib/index.d.ts의 내용을 사용합니다.

> NOTE types 필드가 패키지의 package.json에 존재하지 않으면, 타입스크립트는 ./index.d.ts를 기본값으로 가정합니다. 이런 방식은 types 필드가 지정되지 않은 경우 ./index.js 파일을 패키지의 기본 진입점으로 가정하는 npm의 기본 동작을 반영한 것입니다.

대부분의 패키지는 타입스크립트의 선언 컴파일러 옵션을 사용해 소스 파일로부터 .js 파일과 함께 .d.ts 파일을 생성합니다. 컴파일러 옵션은 13장 '구성 옵션'에서 다루겠습니다.

11.6 DefinitelyTyped

안타깝게도 모든 프로젝트가 타입스크립트로 작성된 것은 아닙니다. 일부 불행한 개발자들은 타입 검사기의 도움 없이 여전히 일반 자바스크립트로만 프로젝트를 작성합니다.

타입스크립트 프로젝트는 여전히 해당 패키지에서 모듈의 타입 형태를 알려줘야 합니다. 타입스크립트 팀과 커뮤니티는 커뮤니티에서 작성된 패키지 정의를 수용하기 위해 DefinitelyTyped 라는 거대한 저장소를 만들었습니다. DefinitelyTyped, 짧게 줄여서 DT는 깃허브에서 가장 활발한 저장소 중 하나입니다. 저장소에는 변경 제안 검토 및 업데이트 게시와 관련된 자동화 부분과 수천 개의 .d.ts 정의 패키지가 포함되어 있습니다.

DT 패키지는 타입을 제공하는 패키지와 동일한 이름으로 npm에 @types 범위로 게시됩니다. 예를 들어 2022년 집필 시점 @types/react는 리액트 패키지에 대한 타입 정의를 제공합니다.

> **NOTE** @types는 dependencies 또는 devDependencies로 설치하지만, 최근 몇 년 동안 이 둘의 구분은 모호해졌습니다. 하지만 프로젝트가 npm 패키지로 배포되어야 하는 경우, dependencies를 사용해야만 패키지를 사용하는 곳에서 사용되는 타입 정의를 가져올 수 있습니다. 만약 프로젝트가 서버에서 빌드 및 실행되는 독립 실행형 애플리케이션이라면 devDependencies를 사용해 타입이 단지 개발 시 사용되는 툴임을 전달해야 합니다.

예를 들어 2022년 집필 시점에는 별도의 @types/loadash 패키지가 있고, lodash에 의존하는 유틸리티 패키지는 package.json에 다음과 같은 줄이 포함됩니다.

```json
// package.json
{
    "dependencies": {
        "@types/lodash": "^4.14.182",
        "lodash": "^4.17.21",
    }
}
```

리액트에 구축된 독립 실행형 애플리케이션의 package.json에는 다음과 같은 줄이 포함될 수 있습니다.

```
// package.json
{
    "dependencies": {
        "react": "^18.1.0"
    },
    "devDependencies": {
        "@types/react": "^18.0.9"
    },
}
```

시맨틱 버저닝semantic versioning인 **"semver"** 번호는 @types/ 패키지와 패키지가 나타내는 패키지
가 서로 반드시 일치하지는 않습니다. 초기의 리액트 같은 패치 버전, 초기의 lodash 같은 마
이너 버전, 심지어 메이저 버전에서 일치하지 않는 부분을 종종 발견할 수 있습니다.

> **WARNING** 이러한 파일은 커뮤니티에서 작성되므로 상위 프로젝트보다 뒤쳐지거나 약간 부정확할 수 있
> 습니다. 프로젝트가 성공적으로 컴파일되었지만 라이브러리를 호출할 때 런타임 오류가 발생하면, 접근하고
> 있는 API의 서명이 변경되었는지 확인하세요. 안정적인 API를 가진 성숙한 프로젝트라면 일반적으로 발생하
> 지 않지만 전례가 없는 것은 아닙니다.

11.6.1 타입 사용 가능성

가장 인기 있는 자바스크립트 패키지는 자체 타이핑과 함께 제공되거나 DefinitelyTyped를
통해 타이핑할 수 있습니다.

아직 사용 가능한 타입이 없는 패키지에서 타입을 얻는 일반적인 세 가지 옵션은 다음과 같습
니다.

- @types/ 패키지를 생성하기 위해 DefinitelyTyped에 풀 리퀘스트pull request를 보냅니다.
- 앞서 소개한 declare module 구문을 사용해 프로젝트 내에서 타입을 작성합니다.
- 13장 '구성 옵션'에서 다루게 될 noImplicitAny 옵션을 비활성하고 강력하게 경고합니다.

시간이 있다면 DefinitelyTyped에 타입을 제공하는 것이 좋습니다. 그렇게 하면 해당 패키지
를 사용하려는 다른 타입스크립트 개발자에게도 도움이 됩니다.

11.7 마치며

이 장에서는 선언 파일과 값 선언을 사용해 소스 코드에 선언되지 않은 모듈과 값에 대한 정보를 타입스크립트에 제공했습니다.

- .d.ts로 선언 파일 생성하기
- declare 키워드로 타입과 값 선언하기
- 전역 변수, 전역 인터페이스 병합 및 전역 확장을 사용해서 전역 타입 변경하기
- 타입스크립트의 내장 target, 라이브러리 및 DOM 선언 구성과 사용법
- 와일드카드 모듈을 포함한 모듈 타입 선언하기
- 타입스크립트가 패키지에서 타입을 선택하는 방법
- 타입을 포함하지 않는 패키지에 대해 DefinitelyTyped를 사용해 타입 얻기

> TIP https://learningtypescript.com/declaration-files에서 배운 내용을 연습해보세요.

IDE 기능 사용

IDE에서 하는 첫 프로그래밍은

초능력을 쓰는 것 같았습니다.

인기 있는 프로그래밍 언어는 개발 시 유용한 구문 강조와 다른 IDE 기능 없이 완성되지 않습니다. 타입스크립트의 가장 큰 장점은 언어 서비스가 자바스크립트와 타입스크립트 코드를 위한 강력한 개발 도우미 제품군을 제공한다는 것입니다. 이 장에서는 가장 유용한 몇 가지 항목을 다루겠습니다.

이 책과 함께 빌드한 타입스크립트 프로젝트에서 유용한 IDE 기능을 사용해보기를 적극 권장합니다. 이번 장의 모든 예제와 스크린샷은 필자가 가장 좋아하는 편집기인 VS Code에 대한 내용이지만, 타입스크립트를 지원하는 모든 IDE는 이 장의 대부분 또는 전체를 지원합니다. 집필 시점 아톰Atom, 이맥스Emacs, 빔Vim, 비주얼 스튜디오Visual Studio, 웹스톰WebStorm은 기본으로 지원하거나 타입스크립트 플러그인을 제공합니다.

> **NOTE** 이 장에서는 VS Code 기본 단축키와 일반적으로 유용하게 사용하는 타입스크립트 IDE 기능 몇 가지를 자세히 살펴봅니다. 타입스크립트 코드를 계속 작성하다 보면 더 많은 것을 발견하게 될 것입니다.

코드에서 이름을 마우스 오른쪽으로 클릭하면 사용할 수 있는 다양한 IDE 기능이 나타납니다. VS Code 같은 IDE는 키보드 단축키도 함께 보여줍니다. IDE의 키보드 단축키에 익숙해지면 훨씬 빠르게 코드를 작성하고 리팩터링을 실행할 수 있습니다.

[그림 12-1]은 타입스크립트의 변수에 대한 VS Code의 명령어 목록과 단축키를 보여주는 화면입니다.

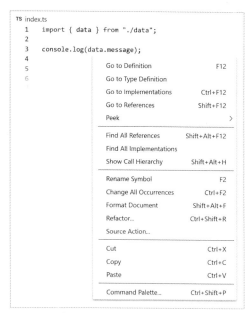

그림 12-1 변수에서 마우스 오른쪽 클릭으로 나타나는 VS Code의 명령어 목록

> **TIP** VS Code도 대부분의 애플리케이션과 마찬가지로 위쪽과 아래쪽 화살표로 드롭다운 옵션을 선택하고, [Enter]를 눌러 선택한 하나를 활성화합니다.

12.1 코드 탐색

대부분의 개발자는 코드를 적극적으로 작성하는 것보다 코드를 읽는 데 훨씬 더 많은 시간을 보냅니다. 따라서 코드 탐색을 지원하는 도구를 이용하면 시간을 상당히 단축할 수 있습니다. 타입스크립트 언어에서 제공하는 많은 기능은 코드의 타입 정의 또는 값과 코드의 사용 위치

사이를 넘나드는 등 코드 학습에 맞춰져 있습니다.

이제부터 VS Code에서 제공하는 단축키와 함께 일반적으로 사용되는 탐색 옵션을 살펴보겠습니다.

12.1.1 정의 찾기

타입스크립트는 타입 정의 또는 값에 대한 참조에서 시작해 코드의 원래 위치로 다시 이동할 수 있습니다. VS Code는 이러한 방식으로 역추적하는 몇 가지 방법을 제공합니다.

- [Go to Definition](F12)은 요청된 이름이 원래 정의된 위치로 즉시 이동합니다.
- [Cmd](맥) / [Ctrl](윈도우) + 이름을 클릭하면 정의된 곳으로 이동합니다.
- [Peek] 〉[Peek Definition](Option(맥) / Alt(윈도우) + F12)은 정의를 보여주는 Peek 상자를 불러옵니다.

[Go to Type Definition]은 [Go to Definition]의 특수 버전으로, 값의 타입을 나타내는 정의로 이동합니다. 클래스 또는 인터페이스의 인스턴스에 이 기능을 실행하는 경우에는 인스턴스가 정의된 위치를 보여주는 대신 클래스 또는 인터페이스 자체를 표시합니다.

[그림 12-2]는 [Go to Definition]을 사용해 파일로 가져온 **data** 변수의 정의를 찾는 화면입니다.

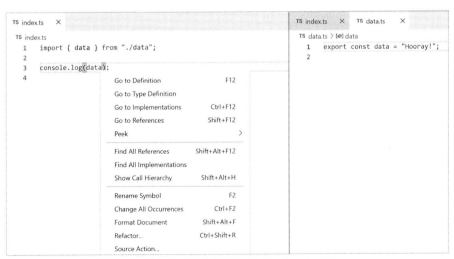

그림 12-2 왼쪽: 변수 이름이 정의된 곳으로 이동, 오른쪽: 결과로 열린 data.ts 파일

정의가 상대적인 파일과 같은 자체 코드로 선언되면 편집기는 해당 파일로 이동할 수 있도록 허락합니다. npm 패키지와 같은 외부 모듈은 일반적으로 .d.ts 선언 파일을 사용합니다.

12.1.2 참조 찾기

타입 정의 또는 값이 제공되면, 타입스크립트는 이에 대한 모든 참조 목록 또는 프로젝트에서 사용된 위치를 보여줄 수 있습니다. VS Code는 해당 목록을 시각화하는 몇 가지 방법을 제공합니다.

[Go to Reference](Shift + F12)를 선택하면 마우스 오른쪽으로 클릭한 이름 바로 아래에 확장 가능한 Peek 상자가 나타나고, 해당 타입 정의 또는 값의 참조 목록을 보여줍니다.

예를 들어 [그림 12-3]은 data.ts 파일에 있는 data 변수 선언의 [Go to Reference] 실행 화면이고, index.ts 파일에서 선언과 사용법을 확인할 수 있습니다.

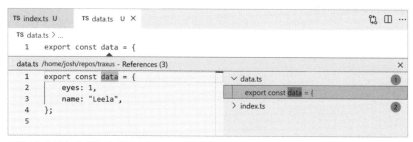

그림 12-3 변수에 대한 참조를 보여주는 Peek 상자

Peek 상자에서 참조 파일을 직접 볼 수 있습니다. 해당 파일을 입력, 편집기 명령 실행 등 마치 정기적으로 여는 파일처럼 사용할 수 있습니다. 파일의 Peek 상자 뷰view를 더블클릭하여 해당 파일을 여는 방법도 있습니다.

Peek 상자의 오른쪽에 있는 파일 이름 목록을 클릭하면 Peek 상자의 파일 뷰가 클릭한 파일로 전환됩니다. 목록에서 파일 줄을 더블클릭하면 파일이 열리고 일치하는 참조가 선택됩니다.

[그림 12-4]와 같이 VS Code는 동일한 data 변수 선언과 사용법을 보여주지만 오른쪽 사이드바sidebar 뷰에서 참조된 부분을 확인할 수 있습니다.

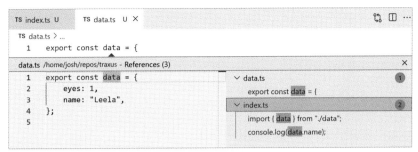

그림 12-4 변수에 대한 참조를 보여주는 Peek 상자

[그림 12-5]와 같이 [Find All References](Option(맥) / Alt(윈도우) + Shift + F12)도 참조 목록을 보여주지만, 코드 탐색 후에도 사이드바 뷰에서 확인 가능합니다. 한 번에 둘 이상의 참조를 열거나 수행하는 데 유용합니다.

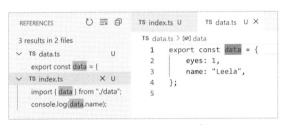

그림 12-5 변수에 대한 [Find All References] 메뉴

12.1.3 구현 찾기

[Go to Implementations](Cmd(맥) / Ctrl(윈도우) + F12)와 [Find All Implementations] 는 인터페이스와 추상 클래스 메서드를 위해 만들어진 [Go To References]와 [Find All References]의 특수 버전입니다. [그림 12-6]과 같이 코드에서 인터페이스 또는 추상 메서드의 모든 구현을 찾습니다.

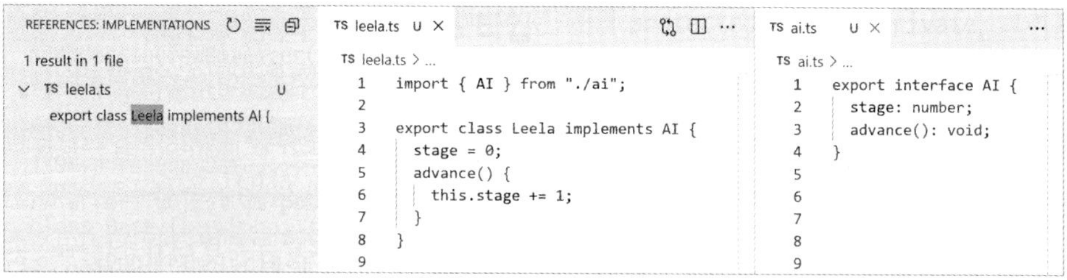

그림 12-6 AI 인터페이스에 대한 [Find All Implementations] 메뉴

이 두 메뉴는 클래스 또는 인터페이스와 같은 타입으로 입력된 값이 어떻게 사용되는지를 구체적으로 검색할 때 특히 유용합니다. [Find All References]는 클래스 또는 인터페이스에 대한 정의 및 기타 타입 참조도 보여주므로 너무 복잡해 보일 수도 있습니다.

12.2 코드 작성

VS Code의 타입스크립트 서비스와 같은 IDE 언어 서비스는 편집기의 백그라운드에서 실행되고 파일에서 수행된 작업에 반응합니다. IDE는 변경 내용을 파일에 저장하기도 전에 사용자가 입력한 파일의 편집 내용을 볼 수 있습니다. 이렇게 하면 타입스크립트 코드를 작성할 때 일반적인 작업을 자동화하는 데 도움이 되는 다양한 기능을 사용할 수 있습니다.

12.2.1 이름 완성하기

타입스크립트의 API를 이용하면 동일한 파일에 존재하는 이름을 자동 완성할 수 있습니다. 함수 인수로 이전에 선언된 변수 이름을 제공하는 것처럼 이름을 입력하기 시작하면 타입스크립트는 일치하는 이름을 가진 변수 목록으로 자동 완성을 제안합니다. [그림 12-7]과 같이 마우스로 목록의 이름을 클릭하거나 [Enter]를 누르면 이름이 완성됩니다.

그림 12-7 왼쪽: dat로 입력된 변수에 대한 자동 완성, 오른쪽: 자동 완성으로 가져온 data

패키지 의존성에 대해서도 자동 가져오기^{automatic import}를 제공합니다. [그림 12-8]은 타입스크립트 코드에서 **"lodash"** 패키지의 **sortBy**를 가져오기 전과 후의 화면입니다.

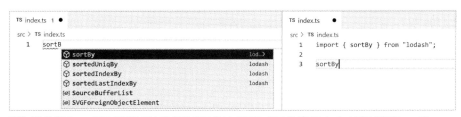

그림 12-8 왼쪽: sortB로 입력한 변수에 대한 자동 완성, 오른쪽: 자동 완성으로 lodash에서 가져온 sortBy

자동 가져오기는 타입스크립트 환경에서 가장 좋아하는 기능 중 하나입니다. 자동 가져오기 기능은 자동 완성을 통해 이것이 어디에서 왔는지 파악할 수 있고, 직접 입력하는 수고로운 과정도 크게 단축시켜줍니다.

마찬가지로 [그림 12-9]와 같이 타입이 지정된 값에서 속성 이름을 입력하기 시작하면 타입스크립트에 따라 편집기는 값의 타입의 알려진 속성을 자동 완성하도록 제안합니다.

그림 12-9 왼쪽: forE로 입력한 속성에 대한 자동 완성, 오른쪽: 자동 완성으로 만들어진 forEach

12.2.2 자동 가져오기 업데이트

파일 이름을 바꾸거나 다른 폴더로 파일을 이동하는 경우 파일에 대해 잠재적으로 많은 import 문을 업데이트해야 합니다. 해당 파일 자체와 이 파일을 가져오는 다른 파일 모두에서 업데이트를 수행해야 합니다.

VS Code 파일 탐색기를 사용해 파일을 드래그 앤 드롭하거나 중첩된 폴더 경로로 이름을 바꾸면, VS Code에서 타입스크립트를 사용해 파일 경로를 업데이트하도록 제안합니다.

[그림 12-10]은 src/logging.ts 파일의 이름이 src/shared/logging.ts 위치로 변경되고, 파일 가져오기가 이에 맞게 업데이트되는 과정을 보여줍니다.

그림 12-10 왼쪽: "./logging"에서 가져오는 src/index.ts 파일, 가운데: src/logging.ts의 파일명을 src/shared/logging.ts로 변경함, 오른쪽: import 경로가 업데이트된 src/index.ts 파일

> **TIP** 여러 파일을 편집하다 보면 변경 사항이 저장되지 않은 상태일 수 있습니다. 파일을 편집하고 난 후에는 변경된 파일을 꼭 저장해야 합니다.

12.2.3 코드 액션

타입스크립트의 많은 IDE 유틸리티는 직접 실행할 수 있는 액션^{action}으로 제공됩니다. 현재 편집 중인 파일만 수정하는 액션도 있고, 한 번에 많은 파일을 수정할 수 있는 액션도 있습니다. 이러한 코드 액션을 사용하면 import 경로를 계산하거나 일반적인 리팩터링 같은 많은 수작업을 타입스크립트가 수행하도록 지시할 수 있습니다.

편집기에서 코드 액션을 사용할 수 있다면 일종의 아이콘이 나타납니다. 예를 들어 VS Code 에서는 [그림 12-11]과 같이 하나 이상의 코드 액션을 사용할 수 있는 경우 텍스트 커서 위에 클릭 가능한 전구 아이콘이 나타납니다.

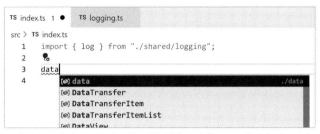

그림 12-11 타입 오류를 일으키는 이름 위에 나타나는 코드 액션인 전구 아이콘

> **TIP** 편집기는 코드 액션 메뉴 또는 이에 상응하는 작업을 수행하는 키보드 단축키를 표시하므로 마우스를
> 사용하지 않고 이 장의 모든 액션을 실행할 수 있습니다. 코드 액션 메뉴를 여는 VS Code의 기본 단축키는
> 맥에서는 [Cmd] + [.]이고 리눅스나 윈도우에서는 [Ctrl] + [.]입니다. 위, 아래 화살표로 드롭다운 옵션을 선
> 택하고 [Enter]를 눌러 옵션을 활성화합니다.

이름 바꾸기나 리팩터링 같은 코드 액션은 타입스크립트의 타입 시스템에서 정보를 제공하므로 특히 강력합니다. 타입에 액션을 적용할 때 타입스크립트는 모든 파일에서 해당 타입의 값을 이해한 다음, 해당 값에 필요한 변경 사항을 적용합니다.

이름 바꾸기

함수, 인터페이스 또는 변수의 이름처럼 이미 존재하는 이름을 수동으로 변경하는 작업은 상당히 번거롭습니다. 타입스크립트는 이름에 대한 모든 참조를 업데이트하는 이름 바꾸기를 수행할 수 있습니다.

메뉴의 [Rename Symbol](F2) 옵션을 선택하면 새 이름을 입력할 수 있는 텍스트 상자가 나타납니다. 예를 들어 [그림 12-12]와 같이 함수 이름에서 이름 바꾸기를 실행하면 해당 함수와 해당 함수를 호출하는 모든 곳의 이름을 바꿀 수 있는 텍스트 상자가 제공됩니다. [Enter]를 누르면 입력된 이름이 적용됩니다.

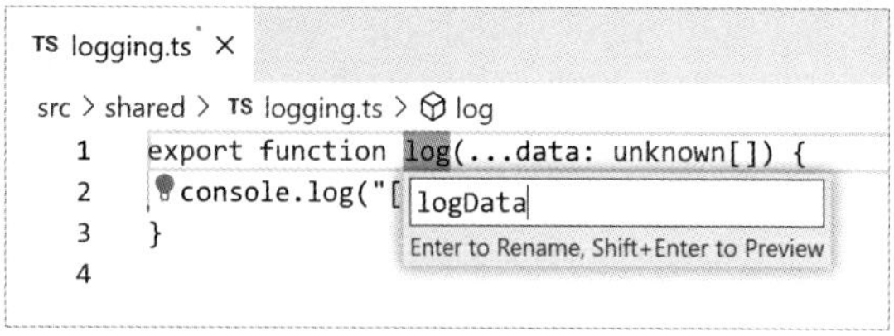

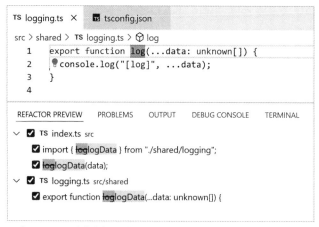

그림 12-12 log 이름을 가진 함수를 logData로 변경하는 텍스트 상자

새 이름을 적용하기 전에 어떤 일이 발생하는지 보려면, [그림 12-13]과 같이 [Shift] + [Enter]를 눌러서 발생할 모든 텍스트 변경 사항을 나열하는 리팩터링 미리보기 창을 엽니다.

그림 12-13 두 파일에서 log 함수 이름을 logData로 바꾸는 리팩터링 미리보기

사용하지 않는 코드 제거

많은 IDE는 참조되지 않는 가져온 값과 변수와 같이 사용되지 않은 코드를 시각적으로 미묘하게 다르게 나타내곤 합니다. 예를 들어 VS Code는 코드의 불투명도를 1/3으로 줄여서 보여줍니다.

타입스크립트는 사용하지 않는 코드를 삭제하는 코드 액션을 제공합니다. [그림 12-14]는 사용하지 않는 import 문을 제거하도록 타입스크립트에 요청한 결과입니다.

그림 12-14 왼쪽: 사용하지 않는 import 문을 선택하고 리팩터링 메뉴 열기, 오른쪽: 타입스크립트가 해당 import 문을 삭제한 파일

기타 빠른 수정

타입스크립트의 오류 메시지 대부분은 키워드 또는 변수 이름 오타처럼 빠르게 수정할 수 있는 사소한 코드에 대한 내용입니다. 그 외 유용한 타입스크립트의 빠른 수정 기능은 다음과 같습니다.

- 클래스 또는 인터페이스에서 누락된 속성 선언하기
- 잘못 입력된 필드 이름 수정하기
- 타입으로 선언된 변수의 누락된 속성 채우기

이전에 보지 못한 오류 메시지를 발견할 때마다 [Quick Fix] 목록을 확인하는 것이 좋습니다. 타입스크립트가 이러한 문제를 해결하기 위해 사용하는 유용한 유틸리티를 모두 알 수는 없습니다.

리팩터링

타입스크립트 언어 서비스는 다양한 코드 구조를 지원하는 여러 편리한 코드 변경 기능을 제공합니다. 일부는 코드 줄을 이용하는 것처럼 간단하지만, 새로운 함수를 생성하는 것처럼 복잡한 기능도 있습니다.

코드 영역을 선택하면 VS Code는 선택된 코드 옆에 전구 아이콘을 보여줍니다. 리팩터링 가능한 목록을 보려면 전구 아이콘을 클릭하면 됩니다.

[그림 12-15]는 인라인 배열 리터럴에서 const 변수를 추출하는 과정입니다.

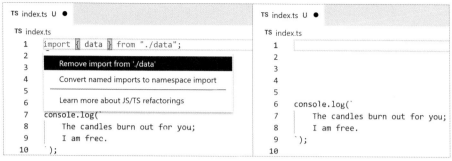

그림 12-15 왼쪽: 배열 리터럴을 선택하고 리팩터링 메뉴 열기, 오른쪽: 상수 변수로 추출

12.3 오류를 효과적으로 처리하기

프로그래밍 언어로 작업할 때 오류 메시지를 읽고 조치를 취하는 과정은 매우 일상적입니다. 타입스크립트 언어 숙련도와는 상관없이 모든 개발자는 타입스크립트 코드를 작성할 때마다 수많은 타입스크립트 컴파일러 오류를 발생시킵니다. IDE 기능을 사용해 타입스크립트 컴파일러 오류를 효과적으로 처리하는 능력을 향상시키면 언어를 훨씬 더 생산적으로 사용할 수 있습니다.

12.3.1 언어 서비스 오류

편집기는 타입스크립트 언어 서비스에서 보고한 모든 오류를 코드 아래 빨간 물결선으로 표시합니다. [그림 12-16]과 같이 물결선이 그어진 문자 위로 마우스를 가져가면 해당 문자 옆에 오류 텍스트를 담은 호버^{hover} 상자가 나타납니다.

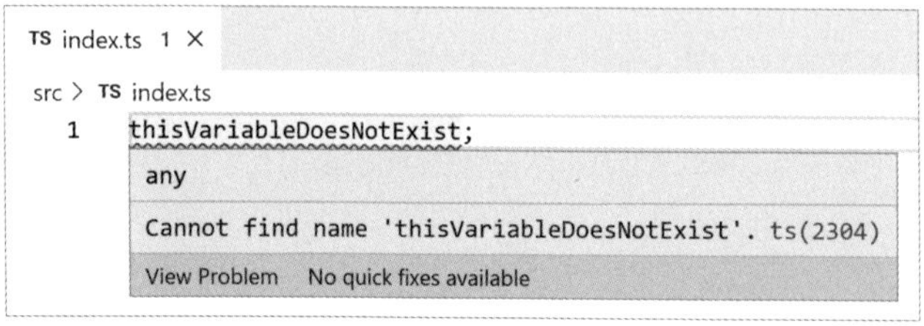

그림 12-16 존재하지 않는 변수에 대한 호버 정보

VS Code는 패널 영역의 [PROBLEMS] 탭에 열려 있는 모든 파일에 대한 오류도 보여줍니다. 오류를 나타내는 마우스 호버 정보의 왼쪽 하단 [View Problem]을 클릭하면 [그림 12-17]과 같이 문제가 되는 행 뒤와 후속 행 앞에 삽입된 메시지의 인라인 디스플레이가 열립니다.

그림 12-17 존재하지 않는 변수에 대한 [View Problem] 인라인 디스플레이

동일한 소스 파일에 여러 문제가 있는 경우에는 [그림 12-18]과 같이 [View Problem] 디스플레이 우측에 있는 위쪽, 아래쪽 화살표로 오류를 전환할 수 있습니다. 오류를 이동하는 단축키로는 [F8]과 [Shift] + [F8]을 사용합니다.

그림 12-18 존재하지 않는 변수에 대한 두 가지 오류 중 하나에 대한 [View Problem] 인라인 디스플레이

PROBLEMS 탭

VS Code의 패널에는 이름에서 알 수 있듯이 작업 공간의 모든 문제를 나타내는 [PROBLEMS] 탭이 있습니다. [PROBLEMS] 탭에는 타입스크립트 언어 서비스에서 보고한 오류도 포함합니다.

[그림 12-19]는 타입스크립트 파일의 두 가지 오류를 보여주는 [PROBLEMS] 탭 화면입니다.

그림 12-19 파일의 두 가지 오류를 보여주는 [PROBLEMS] 탭

[PROBLEMS] 탭에서 오류를 클릭하면 텍스트 커서가 문제가 되는 행과 열로 이동합니다.

VS Code는 현재 열려 있는 파일에 대한 오류만 나열하므로 주의하세요. 모든 타입스크립트 컴파일러 오류를 실시간으로 업데이트하고 싶다면 터미널에서 타입스크립트 컴파일러를 실행해야 합니다.

터미널 컴파일러 실행

타입스크립트 프로젝트에서 작업하는 동안 터미널에서 타입스크립트 컴파일러 watch 모드(13장 '구성 옵션'에서 다룹니다)로 실행하는 것이 좋습니다. 그렇게 하면 파일에 있는 오류뿐만 아니라 모든 오류에 대한 실시간 업데이트 목록이 제공됩니다.

VS Code에서 이 작업을 수행하려면, 터미널 패널을 열고 tsc-w를 실행합니다. 또는 프로젝트 참조를 사용한다면 tsc -b -w를 실행하세요(13장 '구성 옵션'에서 자세히 살펴볼 예정입니다). [그림 12-20]과 같이 프로젝트의 모든 타입스크립트 오류가 터미널 디스플레이에 나타납니다.

그림 12-20 터미널에서 tsc -w를 실행해 파일의 오류 보고하기

[Cmd](맥) / [Ctrl](윈도우)을 누른 상태에서 파일 이름을 클릭하면 텍스트 커서가 해당 파일의 잘못된 행과 열로 이동합니다.

> **TIP** 일부 프로젝트는 VS Code의 **launch.json** 구성을 사용해 **watch** 모드로 타입스크립트 컴파일러를 터미널에서 시작합니다. VS Code 작업에 대해서는 https://code.visualstudio.com/docs/editor/tasks를 참조하세요.

타입 이해

때로는 타입이 명확하지 않은 방식으로 설정된 무언가의 타입을 알아야 하는 경우가 있습니다. 모든 값에 대해 이름 위로 마우스를 가져가면 해당 타입을 보여주는 호버 정보가 나타납니다.

[그림 12-21]은 변수에 대한 호버 정보를 보여줍니다.

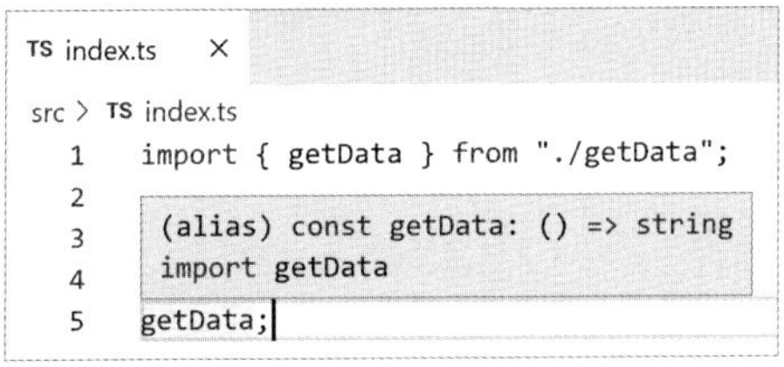

```
TS index.ts    ×
src > TS index.ts
1   import { getData } from "./getData";
2
3   (alias) const getData: () => string
4   import getData
5   getData;
```

그림 12-21 변수에 대한 호버 정보

이름이 선언된 위치를 표시하려면 [Ctrl]을 누른 상태로 마우스를 가져갑니다.

[그림 12-22]는 이전과 동일한 변수에 대한 [Ctrl] 호버 정보를 보여줍니다.

```
TS index.ts    ×

src  >  TS index.ts
    1    import { getData } from "./getData";
    2      (alias) const getData: () => string
    3      import getData
    4
    5    export const getData = () => "Hello, world!";
    6    getData;
```

그림 12-22 변수에 대한 확장된 호버 정보

호버 상자는 타입 별칭 같은 타입에서도 사용할 수 있습니다. [그림 12-23]은 Keyof typeof 타입 위로 마우스를 가져가서 해당 문자열 리터럴 유니언을 확인하는 화면입니다.

```
TS types.ts    ×

src  >  TS types.ts  >  [◎] FruitName
    1    const fruits = {
    2        apple: 1,
    3        broccoli: 2,
    4        cherry: 3,
    5    };
    6        type FruitName = "apple" | "broccoli" | "cherry"
    7    export type FruitName = keyof typeof fruits;
```

그림 12-23 타입에 대한 확장된 호버 정보

복잡한 타입의 구성 요소를 이해할 때 유용한 한 가지 전략은 타입의 한 구성 요소를 나타내는 타입 별칭을 만드는 것입니다. 그런 다음 타입 별칭 위로 마우스를 가져가면 해당 타입 결과가 무엇인지 확인할 수 있습니다.

예를 들어 이전 FruitsType 타입의 경우, typeof fruits 부분을 리팩터링해 별도의 중개 타입을 추출합니다. 그리고 추출된 중개 타입을 가리키면 [그림 12-24]와 같이 타입 정보가 표시됩니다.

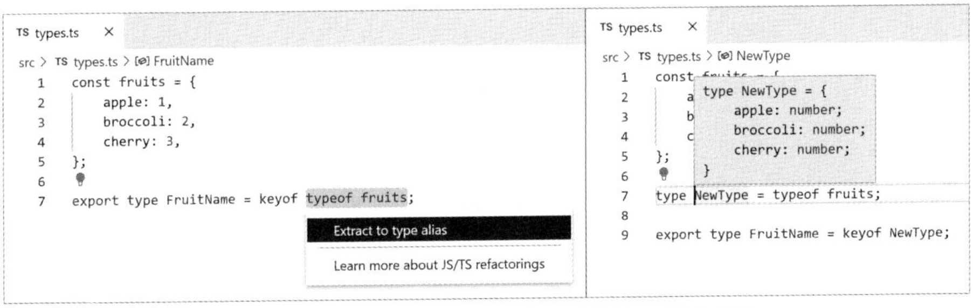

그림 12-24 왼쪽: FruitsType 타입의 일부 추출, 오른쪽: 추출된 타입 위로 마우스 호버

중개 타입 별칭 전략은 15장에서 다루는 타입 운영을 디버깅하는 데 특히 유용합니다.

12.4 마치며

이 장에서는 타입스크립트의 IDE 편집기를 사용해 타입스크립트 코드 작성 능력을 향상하는
방법을 살펴봤습니다.

- 타입과 값에서 사용할 수 있는 다양한 명령어 확인
- 정의, 참조, 구현을 찾아 코드 탐색하기
- 이름 완성 및 자동 가져오기로 코드 작성 자동화하기
- 이름 바꾸기와 리팩터링을 포함한 추가 코드 액션
- 언어 서비스 오류를 확인하고 이해할 때 유용한 전략 소개
- 타입 이해에 유용한 전략 소개

> **TIP** https://learningtypescript.com/using-ide-features에서 배운 내용을 연습해보세요.

구성 옵션

사용 가능한 컴파일러 옵션:

타입과 모듈, 당신만의 tsc 옵션까지!

타입스크립트는 어떤 것이든 구성 가능하며 모든 일반적인 자바스크립트 사용 패턴에 맞출 수 있습니다. 타입스크립트는 레거시 브라우저에서부터 가장 현대적인 서버 환경까지 다양한 프로젝트에서 작동 가능합니다.

타입스크립트의 구성력은 다음을 통해 제공되는 100개 이상의 풍부한 구성 옵션에서부터 비롯됩니다.

- tsc에 전달된 명령줄(CLI) 플래그
- 타입스크립트 구성 파일 TSConfig

이 장은 모든 타입스크립트 구성 옵션과 관련된 내용을 모두 담고 있지는 않습니다. 이 책에서는 여러분이 사용하게 될 가장 일반적인 옵션을 살펴보는 데 중점을 둡니다. 대부분의 타입스크립트 프로젝트를 설정할 때 유용하고 널리 사용되는 옵션 위주로 소개하겠습니다.

13.1 tsc 옵션

1장 '자바스크립트에서 타입스크립트로'에서 index.ts 파일을 컴파일하기 위해 tsc index.ts 를 사용했습니다. tsc 명령은 타입스크립트의 대부분 옵션을 -- 플래그로 사용할 수 있습니다.

예를 들어 index.ts 파일에서 tsc를 실행할 때 index.js 파일 생성을 건너뛰려면(타입 검사 만 실행) --noEmit 플래그를 전달합니다.

```
tsc index.ts --noEmit
```

tsc --help를 실행해 일반적으로 사용하는 CLI 플래그 목록을 가져올 수 있습니다. https:// aka.ms/tsc의 전체 tsc 구성 옵션 목록은 tsc --all으로 확인 가능합니다.

13.1.1 pretty 모드

tsc CLI는 색상과 간격의 스타일을 지정해 가독성을 높이는 **pretty 모드**를 지원합니다. 출 력 터미널이 여러 색상 텍스트를 지원한다는 것을 감지하면 기본적으로 pretty 모드로 설정됩 니다.

[그림 13-1]은 두 가지 타입 오류를 출력하는 tsc의 예입니다.

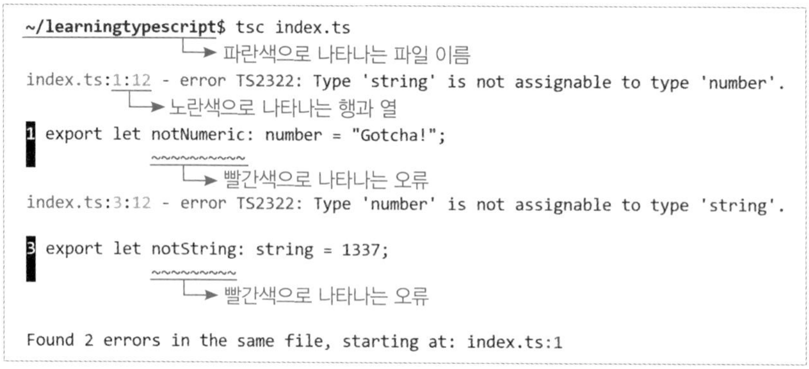

```
~/learningtypescript$ tsc index.ts
                        ┌─▶ 파란색으로 나타나는 파일 이름
index.ts:1:12 - error TS2322: Type 'string' is not assignable to type 'number'.
            └─▶ 노란색으로 나타나는 행과 열
1 export let notNumeric: number = "Gotcha!";
                                  ~~~~~~~~~
                        └─▶ 빨간색으로 나타나는 오류
index.ts:3:12 - error TS2322: Type 'number' is not assignable to type 'string'.

3 export let notString: string = 1337;
                                 ~~~~
                        └─▶ 빨간색으로 나타나는 오류

Found 2 errors in the same file, starting at: index.ts:1
```

그림 13-1 여러 색상으로 출력되는 tsc

여러 가지 색이 없는 더 압축된 CLI 출력을 선호한다면 [그림 13-2]와 같이 tsc 명령에 명시적으로 --pretty false 플래그를 제공해 타입스크립트에 더 간결하고 색상이 없는 형식을 사용하도록 지시합니다.

```
~/learningtypescript$ tsc index.ts --pretty false
                         파란색으로 나타나는 파일 이름
index.ts(1,12): error TS2322: Type 'string' is not assignable to type 'number'.
index.ts(3,12): error TS2322: Type 'number' is not assignable to type 'string'.
```

그림 13-2 평범한 텍스트로 오류를 보고하는 tsc

13.1.2 watch 모드

필자가 tsc CLI에서 가장 좋아하는 방법은 -w나 --watch 모드를 사용하는 것입니다. watch 모드를 사용하면 종료하는 대신 타입스크립트를 무기한 실행 상태로 유지하고 모든 오류의 실시간 목록을 가져와서 터미널을 지속적으로 업데이트합니다.

앞서 두 가지 오류가 있는 파일에 watch 모드를 실행하면 [그림 13-3]과 같이 보여집니다.

```
[8:48:40 AM] Starting compilation in watch mode...

index.ts:1:12 - error TS2322: Type 'string' is not assignable to type 'number'.

1 export let notNumeric: number = "Gotcha!";
                                  ~~~~~~~~~~

index.ts:3:12 - error TS2322: Type 'number' is not assignable to type 'string'.

3 export let notString: string = 1337;
                                 ~~~~

[8:48:41 AM] Found 2 errors. Watching for file changes.
```

그림 13-3 watch 모드에서 두 가지 오류를 보고하는 tsc

[그림 13-4]는 모든 오류를 수정하는 방식으로 파일이 변경되었음을 나타내기 위해 콘솔 출력을 업데이트하는 tsc입니다.

```
[8:49:18 AM] File change detected. Starting incremental compilation...

[8:49:18 AM] Found 0 errors. Watching for file changes.
```

그림 13-4 watch 모드에서 오류가 없음을 보고하는 tsc

watch 모드는 여러 파일에 걸쳐서 리팩터링 같은 대규모 변경 작업을 할 때 특히 유용합니다. 타입스크립트의 타입 오류를 일종의 체크리스트로 사용해 아직 정리해야 할 항목으로 사용할 수 있습니다.

13.2 TSConfig 파일

모든 파일 이름과 구성 옵션을 항상 tsc에 제공하는 대신, 대부분의 구성 옵션을 디렉터리의 tsconfig.json(TSConfig) 파일에 구체적으로 명시할 수 있습니다.

tsconfig.json의 존재는 해당 디렉터리가 타입스크립트 프로젝트의 루트임을 나타냅니다. 디렉터리에서 tsc를 실행하면 해당 tsconfig.json 파일의 모든 구성 옵션을 읽습니다.

tsc 명령에 tsconfig.json 파일이 있는 디렉터리 경로 또는 tsc가 tsconfig.json 대신 사용할 파일 경로를 -p 또는 --project 플래그에 전달합니다.

```
tsc -p path/to/tsconfig.json
```

가능하다면 타입스크립트 프로젝트에서 TSConfig 파일을 사용하기를 권장합니다. VS Code 같은 IDE는 IntelliSense 기능을 제공할 때 TSConfig의 구성을 따릅니다. TSConfig 파일에서 사용 가능한 모든 구성 옵션 목록은 https://aka.ms/tsconfig.json을 참조하세요.

> **TIP** tsconfig.json에 옵션을 설정하지 않은 경우, 타입스크립트의 기본 설정이 변경되어 프로젝트의 컴파일 설정을 방해할 거라는 걱정은 접어두세요. 거의 이런 일은 발생하지 않으며, 발생한다면 타입스크립트에 대한 주요 버전 업데이트가 필요하고 릴리즈 정보에서도 언급될 것입니다.

13.2.1 tsc --init

tsc 명령줄에는 tsconfig.json 파일을 생성하기 위한 --init 명령이 포함되어 있습니다. 새로 생성된 TSConfig 파일에는 구성 문서에 대한 링크와 사용을 간략하게 설명하는 한 줄 주석과 함께 허용되는 대부분의 타입스크립트 구성 옵션에 대한 링크도 포함됩니다.

다음 명령을 실행하세요.

```
tsc --init
```

완전히 주석 처리된 tsconfig.json 파일이 생성됩니다.

```
{
    "compilerOptions": {
        /* Visit https://aka.ms/tsconfig.json to read more about this file */
        // ...
    }
}
```

처음 몇 번의 타입스크립트 프로젝트에서는 구성 파일을 생성하기 위해 tsc --init을 사용하는 것을 권장합니다. 기본값은 대부분의 프로젝트에 적용 가능하고, 문서의 주석은 구성 옵션을 이해하는 데 매우 유용합니다.

13.2.2 CLI vs. 구성

tsc --init에 따라 생성된 TSConfig 파일을 살펴보면 해당 파일의 구성 옵션이 "compiler Options" 객체 내에 있습니다. CLI와 TSConfig 파일에서 사용 가능한 대부분의 옵션은 다음 두 가지 범주 중 하나로 분류됩니다.

- **컴파일러:** 포함된 각 파일이 타입스크립트에 따라 컴파일되거나 타입을 확인하는 방법
- **파일:** 타입스크립트가 실행될 파일과 실행되지 않은 파일

두 가지 범주 이후에 이야기 할 **프로젝트 레퍼런스**project reference와 같은 다른 설정은 TSConfig 파일에서만 사용할 수 있습니다.

> **TIP** CI 또는 프로덕션production 빌드를 위한 일회성 변경과 같은 설정이 tsc CLI에 제공되는 경우, TSConfig 파일에 명시된 모든 값을 재정의합니다. IDE는 일반적으로 타입스크립트 설정 디렉터리의 tsconfig.json에서 읽기 때문에 대부분의 구성 옵션을 tsconfig.json 파일에 넣는 것이 좋습니다.

13.3 파일 포함

기본적으로 tsc는 현재 디렉터리와 하위 디렉터리에 있는 숨겨지지 않은 모든 .ts 파일에서 실행되고, 숨겨진 디렉터리와 node_modules 디렉터리는 무시합니다. 타입스크립트 구성은 실행할 파일 목록을 수정할 수 있습니다.

13.3.1 include

파일을 포함하는 가장 흔한 방법으로 tsconfig.json의 최상위 "include" 속성을 사용합니다. include 속성에 타입스크립트 컴파일에 포함할 디렉터리와 파일을 설명하는 문자열 배열을 명시합니다.

예를 들어 다음 구성 파일은 tsconfig.json과 관련된 src/ 디렉터리 안의 모든 타입스크립트 소스 파일을 재귀적으로 포함합니다.

```
{
    "include": ["src"]
}
```

포함할 파일을 더 세밀하게 제어하기 위해 include 문자열에 글로브[glob] 와일드카드가 허용됩니다.

- *: 0개 이상의 문자와 일치합니다(디렉터리 구분자 제외).
- ?: 하나의 문자와 일치합니다(디렉터리 구분자 제외).
- **/: 모든 레벨에 중첩된 모든 디렉터리와 일치합니다.

다음 구성 파일은 typings/ 하위의 중첩된 디렉터리의 .d.ts 파일과 확장자 앞의 파일명에 적어도 두 개 이상의 문자를 가진 src/ 하위의 파일만 허용합니다.

```
{
    "include": [
        "typings/**/*.d.ts",
        "src/**/*??.*"
    ]
}
```

대부분의 프로젝트에서는 ["src"]와 같은 간단한 include 컴파일러 옵션만으로도 충분합니다.

13.3.2 exclude

프로젝트의 include 파일 목록에 타입스크립트로 컴파일할 수 없는 파일이 포함되는 경우가 있습니다. 타입스크립트는 TSConfig 파일의 최상위 "exclude" 속성에 경로를 지정하고 include에서 경로를 생략합니다. include처럼 타입스크립트 컴파일에서 제외할 디렉터리와 파일을 설명하는 문자열 배열이 허용됩니다.

다음 구성은 중첩된 external/ 디렉터리와 node_modules 디렉터리 내의 모든 파일은 제외하고 src/ 내의 모든 파일을 포함합니다.

```
{
    "exclude": ["**/external", "node_modules"],
    "include": ["src"]
}
```

기본적으로 exclude에는 컴파일된 외부 라이브러리 파일에 대해 타입스크립트 컴파일러가 실행되지 않도록 ["node_modules", "bower_components", "jspm_packages"]가 포함됩니다.

> **TIP** 자신만의 exclude 목록을 작성하는 경우라면 "bower_components"나 "jspm_packages"를 다시 추가할 필요가 없습니다. 프로젝트 내의 폴더에 노드 모듈을 설치하는 대부분 자바스크립트 프로젝트는 "node_modules"에만 설치됩니다.

exclude는 include의 시작 목록에서 파일을 제거하는 작업만 수행합니다. 타입스크립트는 비록 가져온 파일이 exclude 목록에 명시적으로 나열되어 있더라도 포함된 파일에 따라 가져온 모든 파일에서 실행됩니다.

13.4 대체 확장자

타입스크립트는 기본적으로 확장자가 .ts인 모든 파일을 읽을 수 있습니다. 그러나 일부 프로젝트는 JSON 모듈 또는 리액트와 같은 UI 라이브러리를 위한 JSX 구문처럼 확장자가 다른 파일을 읽을 수 있어야 합니다.

13.4.1 JSX 구문

`<Comment />` 같은 JSX 구문은 프리액트[Preact]와 리액트 같은 UI 라이브러리에서 자주 사용합니다. JSX 구문은 기술적으로 자바스크립트가 아닙니다. 타입스크립트의 타입 정의와 마찬가지로 자바스크립트로 컴파일되는 자바스크립트 구문의 확장입니다.

```
const MyComponent = () => {
    // 다음과 같음:
    //   return React.createElement("div", null, "Hello, world!");
    return <div>Hello, world!</div>;
};
```

파일에서 JSX 구문을 사용하기 위해서는 다음 두 가지를 수행해야 합니다.

- 구성 옵션에서 "jsx" 컴파일러 옵션을 활성화합니다.
- .tsx 확장자로 파일의 이름을 지정합니다.

jsx

타입스크립트가 .tsx 파일에 대한 자바스크립트 코드를 내보내는 방법은 "jsx" 컴파일러 옵션에 사용되는 값으로 결정됩니다. 프로젝트는 [표 13-1]에 있는 세 가지 값 중 하나를 사용합니다.

표 13-1 JSX 컴파일러 옵션 입력과 출력

값	입력 코드	출력 코드	출력 파일 확장자
"preserve"	`<div />`	`<div />`	.jsx
"react"	`<div />`	`React.createElement("div")`	.js
"react-native"	`<div />`	`<div />`	.js

jsx에 대한 값은 tsc CLI 또는 TSConfig 파일에 제공합니다.

```
tsc --jsx preserve
```

```
{
    "compilerOptions": {
        "jsx": "preserve"
    }
}
```

바벨과 같은 별도의 도구로 코드를 변환하는 것처럼 타입스크립트의 내장된 트랜스파일러를 직접적으로 사용하지 않는 경우에는 "jsx"에 대해 허용된 값을 사용할 수 있습니다. Next.js 또는 리믹스^Remix와 같은 최신 프레임워크로 구축된 대부분의 웹 앱은 리액트 구성 및 컴파일 구문을 처리합니다. 이러한 프레임워크 중 하나를 사용하면 타입스크립트의 내장 트랜스파일러를 직접 구성할 필요가 없습니다.

.tsx 파일의 제네릭 화살표 함수

10장 '제네릭'에서 제네릭 화살표 함수의 구문이 JSX 구문과 충돌한다고 언급했습니다. .tsx 파일에서 화살표 함수에 대한 타입 인수 <T>를 작성하려고 하면 T 요소의 시작 태그에 대한 종료 태그가 없기 때문에 구문 오류가 발생합니다.

```
const identity = <T>(input: T) => input;
//                ~~~
// Error: JSX element 'T' has no corresponding closing tag.
```

이런 구문 모호성^ambiguity을 해결하기 위해 타입 인수에 = unknown 제약 조건을 추가할 수 있습니다. 타입 인수 기본값은 unknown 타입이므로 코드 동작이 전혀 변경되지 않습니다. 단지 JSX 요소가 아닌 타입 인수를 읽도록 타입스크립트에 지시합니다.

```
const identity = <T = unknown>(input: T) => input; // Ok
```

13.4.2 resolveJsonModule

타입스크립트는 resolveJsonModule 컴파일러 옵션을 true로 설정하면 .json 파일을 읽을 수 있습니다. 이렇게 하면 .json 파일을 마치 객체를 내보내는 .ts 파일인 것처럼 가져오고 해당 객체의 타입을 const 변수인 것처럼 유추합니다.

객체가 포함된 JSON 파일이라면 구조 분해 가져오기를 사용합니다. activist.json 파일에 "activist" 문자열을 정의하고 usesActivist.ts 파일에서 구조 분해 가져오기를 사용해 "activist"를 가져옵니다.

```
// activist.json
{
    "activist": "Mary Astell"
}
```

```
// usesActivist.ts
import { activist } from "./activist.json";

// Logs: "Mary Astell"
console.log(activist);
```

이번 장 뒷부분에서 다루는 esModuleInterop 컴파일러 옵션이 활성화된 경우에도 기본 가져오기를 사용할 수 있습니다.

```
// useActivist.ts
import data from "./activist.json";
```

array 또는 number 같은 다른 리터럴 타입을 포함한 JSON 파일이라면 import 구문으로 *을 사용합니다. activists.json 파일에 문자열 배열을 정의한 다음 useActivists.ts 파일에 서부터 가져옵니다.

```
// activists.json
[
    "Ida B. Wells",
    "Sojourner Truth",
```

```
    "Tawakkul Karmān"
]
```

```
// useActivists.ts
import * as activists from "./activists.json";

// Logs: "3 activists"
console.log('${activists.length} activists');
```

13.5 자바스크립트로 내보내기

바벨 같은 전용 컴파일러 도구의 등장으로 일부 프로젝트에서는 타입스크립트의 역할이 타입 검사만으로 축소되었지만, 타입스크립트 구문을 자바스크립트로 컴파일하기 위해 여전히 타입 스크립트에 의존하고 있는 프로젝트도 많습니다. 프로젝트가 타입스크립트에 단일 의존성을 갖고, tsc 명령을 사용해 자바스크립트를 출력하는 작업은 매우 유용합니다.

13.5.1 outDir

기본적으로 타입스크립트는 출력 파일을 해당 소스 파일과 동일한 위치에 생성합니다. 예를 들어 fruits/apple.ts와 vegetables/zucchini.ts가 포함된 디렉터리에서 tsc를 실행하면 출력 파일 fruits/apple.js와 vegetables/zucchini.js가 생성됩니다.

```
fruits/
    apple.js
    apple.ts
vegetables/
    zucchini.js
    zucchini.ts
```

경우에 따라 출력 파일을 다른 폴더에 생성하는 것이 더 나을 수 있습니다. 예를 들어 노드 프로젝트는 변환된 출력 파일을 dist 또는 lib 디렉터리에 생성합니다.

타입스크립트의 outDir 컴파일러 옵션을 사용하면 출력 파일의 루트 디렉터리를 다르게 지정할 수 있습니다. 출력 파일은 입력 파일과 동일한 디렉터리 구조를 유지합니다.

이전 디렉터리에서 tsc --outDir dist를 실행하면 다음과 같이 dist/ 폴더 내에 출력 파일을 생성합니다.

```
dist/
    fruits/
        apple.js
    vegetables/
        zucchini.js
fruits/
    apple.ts
vegetables/
    zucchini.ts
```

타입스크립트는 모든 입력 파일에서 가장 긴 공통 하위 경로를 찾아 출력 파일을 저장할 루트 디렉터리를 계산합니다. 즉, 모든 입력 소스 파일을 단일 디렉터리에 배치하는 프로젝트는 해당 디렉터리를 루트로 처리합니다.

이전 예제에서 모든 입력 파일을 src/ 디렉터리에 넣고 --outDir lib로 컴파일하면 lib/src/fruits/apple.js 대신 lib/fruits/apple.js가 생성됩니다.

```
lib/
    fruits/
        apple.js
    vegetables/
        zucchini.js
src/
    fruits/
        apple.ts
    vegetables/
    zucchini.ts
```

rootDir 컴파일러 옵션은 해당 루트 디렉터리를 명시적으로 지정하기 위해 존재하지만 . 또는 src 이외의 값을 사용할 일은 거의 없습니다.

13.5.2 target

타입스크립트는 ES3(1999년경)과 같은 오래된 환경에서 실행할 수 있는 자바스크립트 출력 파일을 생성할 수 있습니다. 또한 대부분의 환경은 자바스크립트의 최신 구문 기능을 지원합니다.

타입스크립트는 자바스크립트 코드 구문을 지원하기 위해 어느 버전까지 변환해야 하는지를 지정하는 target 컴파일러 옵션을 제공합니다. target을 지정하지 않으면 이전 버전과의 호환성을 위해 기본적으로 "es3"이 지정됩니다. tsc --init은 기본으로 "es2016"을 지정하도록 설정되어 있지만 대상 플랫폼에 따라 가능한 한 최신 자바스크립트 구문을 사용하는 것이 좋습니다. 오래된 환경에서 최신 자바스크립트 기능을 지원하려면 더 많은 자바스크립트 코드를 생성해야 하므로, 파일 크기가 조금 더 커지고 런타임 성능이 조금 저하됩니다.

> **TIP** 집필 시점인 2022년에는 전 세계 사용자의 0.1% 이상을 서비스하는 브라우저의 모든 배포 버전은 최소한 모든 ECMA스크립트 2019와 거의 모든 ECMA스크립트 2020~2021을 지원합니다. 또한 LTS 지원 버전의 Node.js는 모든 ECMA스크립트 2021을 지원합니다. 그러므로 target을 적어도 "es2019" 이상으로 지정하지 않을 이유가 없습니다.

다음 타입스크립트 소스는 ES2015의 const와 ES2020의 nullish 병합 연산자인 ??를 포함합니다.

```
function defaultNameAndLog(nameMaybe: string | undefined) {
    const name = nameMaybe ?? "anonymous";
    console.log("From", nameMaybe, "to", name);
    return name;
}
```

tsc --target es2020 이상을 사용하면 const와 ??는 지원되는 구문 기능이므로 타입스크립트는 코드에서 : string | undefined만 제거하면 됩니다.

```
function defaultNameAndLog(nameMaybe) {
    const name = nameMaybe ?? "anonymous";
    console.log("From", nameMaybe, "to", name);
    return name;
}
```

`tsc --target es2015`에서 es2019를 사용하면, `??` 구문은 이전 버전의 자바스크립트에서 상응되는 코드로 컴파일됩니다.

```
function defaultNameAndLog(nameMaybe) {
    const name = nameMaybe !== null && nameMaybe !== void 0
        ? nameMaybe
        : "anonymous";
    console.log("From", nameMaybe, "to", name);
    return name;
}
```

`tsc --target es3` 또는 es5를 사용하면, `const`는 추가적으로 `const`에 상응하는 `var`로 변환해야 합니다.

```
function defaultNameAndLog(nameMaybe) {
    var name = nameMaybe !== null && nameMaybe !== void 0
        ? nameMaybe
        : "anonymous";
    console.log("From", nameMaybe, "to", name);
    return name;
}
```

`target` 컴파일러 옵션을 코드가 실행될 수 있는 가장 오래된 환경의 값으로 지정하면 코드가 구문 오류 없이 여전히 실행 가능한 현대적이고 간결한 구문으로 내보내집니다.

13.5.3 내보내기 선언

11장 '선언 파일'에서 `.d.ts` 선언 파일을 패키지로 배포해 사용하는 곳에서 코드 타입을 표시하는 방법을 설명했습니다. 대부분의 패키지는 타입스크립트의 `declaration` 컴파일러 옵션을 사용해 소스 파일에서 `.d.ts` 출력 파일을 내보냅니다.

```
tsc --declaration
```

```
{
    "compilerOptions": {
        "declaration": true
    }
}
```

.d.ts 출력 파일은 outDir 옵션에 따라 .js 파일과 동일한 출력 규칙에 따라 내보내집니다.

예를 들어 fruits/apple.ts와 vegetables/zucchini.ts가 있는 디렉터리에서 tsc —decla ration을 실행하면 출력 .js 파일과 함께 fruits/apple.d.ts와 vegetables/zucchini. d.ts 출력 선언 파일이 생성됩니다.

```
fruits/
    apple.d.ts
    apple.js
    apple.ts
vegetables/
    zucchini.d.ts
    zucchini.js
    zucchini.ts
```

emitDeclarationOnly

declaration 컴파일러 옵션에 대한 특별한 추가로 타입스크립트가 .js와 .jsx 파일 없이 선 언 파일만 내보내도록 지시하는 emitDeclarationOnly 컴파일러 옵션이 존재합니다. 이는 외 부 도구를 사용해 출력 자바스크립트를 생성하지만 여전히 타입스크립트를 사용해 출력 선언 파일을 생성하려는 프로젝트에 유용합니다.

```
tsc --emitDeclarationOnly
```

```
{
    "compilerOptions": {
        "emitDeclarationOnly": true
    }
}
```

emitDeclarationOnly가 활성화된 경우 이번 장의 후반부에서 살펴볼 declaration 또는 composite 컴파일러 옵션을 활성화해야 합니다.

예를 들어 fruits/apple.ts와 vegetables/zucchini.ts가 있는 디렉터리에서 tsc --declaration –emitDeclarationOnly를 실행하면 출력 .js 파일 없이 fruits/apple.d.ts와 vegetables/zucchini.d.ts 출력 선언 파일이 생성됩니다.

```
fruits/
    apple.d.ts
    apple.ts
vegetables/
    zucchini.d.ts
    zucchini.ts
```

13.5.4 소스 맵

소스 맵source map은 출력 파일의 내용이 원본 소스 파일과 어떻게 일치하는지에 대한 설명입니다. 소스 맵은 출력 파일을 탐색할 때 디버거 같은 개발자 도구에서 원본 소스 코드를 표시하도록 설정합니다. 브라우저 개발자 도구와 IDE에서 디버깅하는 동안 원본 소스 파일 내용을 볼 수 있도록 하는 시각적인 디버거에 특히 소스 맵이 유용합니다. 타입스크립트는 출력 파일과 함께 소스 맵을 출력하는 기능도 제공합니다.

sourceMap

타입스크립트의 sourceMap 컴파일러 옵션을 사용하면 .js 또는 .jsx 출력 파일과 함께 .js.map 또는 .jsx.map 소스 맵을 출력할 수 있습니다. 그렇지 않으면 소스 맵 파일에 해당 출력 자바스크립트 파일과 동일한 이름으로 동일한 디렉터리에 생성됩니다.

fruits/apple.ts와 vegetables/zucchini.ts가 있는 디렉터리에서 tsc --sourceMap을 실행하면 출력 .js 파일과 함께 fruits/apple.js.map과 vegetables/zucchini.js.map 출력 소스 맵 파일이 생성됩니다.

```
fruits/
    apple.js
    apple.js.map
    apple.ts
vegetables/
    zucchini.js
    zucchini.js.map
    zucchini.ts
```

declarationMap

타입스크립트는 .d.ts 선언 파일에 대한 소스 맵을 생성할 수도 있습니다. declarationMap 컴파일러 옵션은 원본 소스 파일에 해당하는 각 .d.ts에 대한 .d.ts.map 소스 맵을 생성하도록 지시합니다. declarationMap을 활성화하면 VS Code 같은 IDE에서 [Go to Definition] 기능으로 원본 소스 파일로 이동할 수 있습니다.

> **TIP** declarationMap은 이 장의 마지막에서 살펴볼 프로젝트 레퍼런스를 작업할 때 특히 유용합니다.

fruits/apple.ts와 vegetables/zucchini.ts가 있는 디렉터리에서 tsc --declaration --declarationMap을 실행하면 출력 .d.ts와 .js 파일과 함께 fruits/apple.d.ts.map과 vegetables/zucchini.d.ts.map 출력 선언 소스 맵 파일이 생성됩니다.

```
fruits/
    apple.d.ts
    apple.d.ts.map
    apple.js
    apple.ts
vegetables/
    zucchini.d.ts
    zucchini.d.ts.map
    zucchini.js
    zucchini.ts
```

13.5.5 noEmit

다른 도구를 이용해 소스 파일을 컴파일하고, 자바스크립트를 출력하는 프로젝트에서 타입스크립트는 파일 생성을 모두 건너뛰도록 지시할 수 있습니다. noEmit 컴파일러 옵션을 활성화하면 타입스크립트가 온전히 타입 검사기로만 작동합니다.

이전 예제 모두에서 tsc --noEmit을 실행하면 어떠한 파일도 생성되지 않습니다. 타입스크립트는 발견한 구문 또는 타입 오류만을 보고합니다.

13.6 타입 검사

대부분의 타입스크립트 구성 옵션은 타입 검사기를 제어합니다. 구성 옵션을 느슨하게 구성해 오류가 완전히 확실할 때만 타입 검사 오류를 보고하도록 하거나, 구성 옵션을 엄격하게 구성해 거의 모든 코드를 올바르게 잘 입력하도록 요구할 수 있습니다.

13.6.1 lib

먼저 타입스크립트가 런타임 환경에 있다고 가정하는 전역 API는 lib 컴파일러 옵션으로 구성할 수 있습니다. lib 컴파일러 옵션은 브라우저 타입 포함을 나타내는 dom과 target 컴파일러 옵션을 기본값으로 하는 문자열 배열을 사용합니다.

lib 설정을 변경하는 유일한 이유는 브라우저에서 실행되지 않는 프로젝트에서 기본으로 포함된 dom을 제거하기 위함입니다.

```
tsc --lib es2020
```

```
{
    "compilerOptions": {
        "lib": ["es2020"]
    }
}
```

또는 최신 자바스크립트 API를 지원하기 위해 폴리필^{polyfill}을 사용하는 프로젝트에서 lib 컴파일러 옵션을 사용해 dom과 ECMA스크립트 특정 버전을 포함할 수 있습니다.

```
tsc --lib dom,es2021
```

```
{
    "compilerOptions": {
        "lib": ["dom", "es2021"]
    }
}
```

올바른 런타임 폴리필을 모두 제공하지 않는 상태에서는 lib을 수정하지 않도록 주의하세요. ES2020까지만 지원하는 플랫폼에서 실행되는 lib이 "es2021"로 설정된 프로젝트에서는 타입 검사 오류가 없을 수 있지만 String.replaceAll과 같이 ES2021 이상에 정의된 API를 사용하려고 하면 여전히 런타임 오류가 발생할 수 있습니다.

```
const value = "a b c";

value.replaceAll(" ", ", ");
// Uncaught TypeError: value.replaceAll is not a function
```

> **TIP** lib 컴파일러 옵션은 내장된 언어 API를 나타내는 데 사용하고, target 컴파일러 옵션은 존재하는 구문 기능을 나타내는 데 사용한다고 생각하세요.

13.6.2 skipLibCheck

타입스크립트는 소스 코드에 명시적으로 포함되지 않은 선언 파일에서 타입 검사를 건너뛰도록 하는 skipLibCheck 컴파일러 옵션을 제공합니다. skipLibCheck 옵션은 공유된 라이브러리의 정의가 서로 다르고 충돌할 수 있는 패키지 의존성을 많이 사용하는 애플리케이션에 유용합니다.

```
tsc --skipLibCheck
```

```
{
    "compilerOptions": {
        "skipLibCheck": true
    }
}
```

skipLibCheck는 타입 검사 일부를 건너뛰는 작업으로 타입스크립트 성능을 개선합니다. 따라서 대부분의 프로젝트에서 skipLibCheck 옵션을 활성화하는 것이 좋습니다.

13.6.3 엄격 모드

타입스크립트의 타입 검사 컴파일러 옵션 대부분은 타입스크립트의 **엄격 모드**strict mode로 그룹화됩니다. 엄격한 컴파일러 옵션은 기본적으로 false이고, 활성화되면 타입 검사기에 일부 추가적인 검사를 켜도록 지시합니다.

이 장의 후반부에서 가장 일반적으로 사용하는 엄격 옵션을 알파벳 순서대로 살펴봅니다. 엄격 옵션 중에 noImplicitAny와 stringNullChecks는 타입 안전 코드를 적용하는 데 특히 유용하고 영향력이 있습니다.

strict 컴파일러 옵션을 활성화하면 모든 엄격 모드 검사가 활성화됩니다.

```
tsc --strict
```

```
{
    "compilerOptions": {
        "strict": true
    }
}
```

특정 검사를 제외한 모든 엄격 모드 검사를 활성화하고 싶다면 strict를 활성화하고 특정 검사를 명시적으로 비활성화할 수 있습니다. 다음 구성은 noImplicitAny를 제외한 모든 엄격 모드를 활성화합니다.

```
tsc --strict --noImplicitAny false
```

```
{
    "compilerOptions": {
        "noImplicitAny": false,
        "strict": true
    }
}
```

> **WARNING** 타입스크립트의 향후 버전에서는 strict 아래에 새로운 엄격 타입 검사 컴파일러 옵션을 도입할 수도 있습니다. 그러므로 strict를 사용하면 타입스크립트 버전을 업데이트할 때 새로운 타입 검사 오류가 발생할 수 있습니다. 여러분은 TSConfig에서 언제든지 특정 설정을 선택 해제할 수 있습니다.

noImplicitAny

타입스크립트가 매개변수 또는 속성의 타입을 유추할 수 없는 경우라면 any 타입으로 가정합니다. any 타입은 타입스크립트의 타입 검사를 대부분 우회할 수 있으므로 코드에서 이러한 암시적 타입을 허용하지 않는 것이 좋습니다.

noImplicitAny 컴파일러 옵션은 암시적 any로 대체될 때 타입스크립트에 타입 검사 오류가 발생하도록 지시합니다.

타입 선언이 없는 다음 함수 매개변수는 noImplicitAny에서는 타입 오류를 발생시킵니다.

```
const logMessage = (message) => {
    //              ~~~~~~~
    // Error: Parameter 'message' implicitly has an 'any' type.
    console.log('Message: ${message}!');
};
```

noImplicitAny 오류는 오류가 발생한 위치에 타입 애너테이션을 추가하면 대부분 해결됩니다.

```
const logMessage = (message: string) => { // Ok
    console.log('Message: ${message}!');
}
```

또는 함수 매개변수의 경우, 함수의 타입을 나타내는 위치에 부모 함수를 배치합니다.

```
type LogsMessage = (message: string) => void;

const logMessage: LogsMessage = (message) => { // Ok
    console.log('Message: ${message}!');
}
```

> **TIP** noImplicitAny는 프로젝트 전체에서 타입 안정성을 보장하는 훌륭한 플래그입니다. 완전히 타입스크립트로만 작성된 프로젝트에서는 이 기능을 사용하는 것이 매우 좋습니다. 그러나 프로젝트가 여전히 자바스크립트에서 타입스크립트로 전환 중인 경우라면 먼저 모든 파일을 타입스크립트로 변환하는 것이 더 쉬울 수 있습니다.

strictBindCallApply

타입스크립트가 처음 출시되었을 때 내장된 Function.apply, Function.bind, Function.call 함수 유틸리티를 나타낼 수 있을 만큼 충분한 타입 시스템 기능이 없었습니다. 기본적으로 이런 함수는 함수의 인수 목록에 대해 any를 사용해야 했고 타입 안정성과는 매우 거리가 먼 상태였습니다.

예를 들어 strictBindCallApply가 없으면 다음 getLength 함수의 변형은 모두 해당 타입에 any를 포함합니다.

```
function getLength(text: string, trim?: boolean) {
    return trim ? text.trim().length : text.length;
}

// 함수 타입: (thisArg: Function, argArray?: any) => any
getLength.apply;
```

```
// 반환 타입: any
getLength.bind(undefined, "abc123");

// 반환 타입: any
getLength.call(undefined, "abc123", true);
```

이제 타입스크립트의 타입 시스템 기능은 이러한 함수의 제네릭 나머지 인수를 나타내기에 충분히 강력하고 함수에 더 제한적인 타입 사용을 허용합니다.

strictBindCallApply를 활성화하면 getLength 함수 변형에 대해 훨씬 더 정확한 타입을 사용할 수 있습니다.

```
function getLength(text: string, trim?: boolean) {
    return trim ? text.trim().length : text;
}

// 함수 타입:
// (thisArg: typeof getLength, args: [text: string, trim?: boolean]) => number;
getLength.apply;

// 반환 타입: (trim?: boolean) => number
getLength.bind(undefined, "abc123");

// 반환 타입: number
getLength.call(undefined, "abc123", true);
```

타입스크립트의 모범 사례는 strictBindCallApply를 활성화하는 것입니다. 내장된 함수 유틸리티에 대한 개선된 타입 검사는 이를 활용하는 프로젝트의 타입 안정성을 개선하는 데 도움이 됩니다.

strictFunctionTypes

strictFunctionTypes 컴파일러 옵션은 함수 매개변수 타입을 약간 더 엄격하게 검사합니다. 매개변수가 다른 타입의 매개변수 하위 타입인 경우 함수 타입은 더 이상 다른 함수 타입에 할당 가능한 것으로 간주되지 않습니다.

다음 checkOnNumber 함수는 number | string을 받는 함수를 사용해야 하지만, 오직 타입이 string인 매개변수만 받을 것으로 예상하는 stringContainsA 함수가 제공됩니다. 타입스크

립트의 기본 타입 검사는 stringContainsA 함수가 제공되는 것을 허용하고, 프로그램은 매개변수가 number인 경우 .match()를 호출하려고 하면 문제가 발생합니다.

```
function checkOnNumber(containsA: (input: number | string) => boolean) {
    return containsA(1337);
}

function stringContainsA(input: string) {
    return !!input.match(/a/i);
}

checkOnNumber(stringContainsA);
```

strictFunctionTypes가 적용된 상태에서 checkOnNumber(stringContainsA)는 타입 검사 오류를 발생시킵니다.

```
checkOnNumber(stringContainsA);
//            ~~~~~~~~~~~~~~~
// Error: Argument of type '(input: string) => boolean' is not assignable
// to parameter of type '(input: string | number) => boolean'.
//    Types of parameters 'input' and 'input' are incompatible.
//      Type 'string | number' is not assignable to type 'string'.
//        Type 'number' is not assignable to type 'string'.
```

> **NOTE** 기술적인 측면에서 함수 매개변수는 **bivariant**에서 **contravariant**로 전환됩니다. 이 차이점에 대해서는 타입스크립트 2.6 릴리스 노트[1]에서 자세히 확인할 수 있습니다.

strictNullChecks

3장 '유니언과 리터럴'에서 null과 undefined 같은 비어 있는 타입을 비어 있지 않은 타입에 할당하도록 허용하는 언어의 '십억 달러의 실수'에 대해 얘기했습니다. 타입스크립트의 strictNullChecks 플래그를 비활성화하면 코드의 모든 타입에 null | undefined가 추가되고, 모든 변수가 null 또는 undefined를 받을 수 있도록 허용합니다.

----

1 https://www.typescriptlang.org/docs/handbook/release-notes/typescript-2-6.html

다음 코드 스니펫은 strictNullChecks를 활성화한 경우, string 타입인 value에 null을 할당하면 타입 오류가 발생합니다.

```
let value: string;

value = "abc123"; // 당연히 ok

value = null;
// strictNullChecks가 활성화된 경우 발생하는 오류
//~~~
// Error: Type 'null' is not assignable to type 'string'.
```

타입스크립트의 모범 사례는 strictNullChecks를 활성화하는 것입니다. 이렇게 하면 충돌을 방지하고 십억 달러의 실수를 제거하는 데 매우 유용합니다.

자세한 내용은 3장 '유니언과 리터럴'을 참조하세요.

strictPropertyInitialization

8장 '클래스'에서 클래스의 각 속성이 클래스 생성자에 확실하게 할당되었는지를 확인하는 클래스의 엄격한 초기화 검사에 대해 얘기했습니다. 타입스크립트의 strictProperty Initialization 플래그는 초기화가 없고, 생성자에 확실하게 할당되지 않은 클래스 속성에서 타입 오류를 발생시킵니다.

타입스크립트의 모범 사례는 strictPropertyInitialization을 활성화하는 것입니다. 이렇게 하면 클래스 초기화 로직 실수로 인한 충돌을 방지할 수 있습니다.

자세한 내용은 8장 '클래스'를 참조하세요.

useUnknownInCatchVariables

모든 언어에서 오류 처리는 본질적으로 안전하지 않은 개념입니다. 이론적으로 모든 함수는 사용자가 작성한 throw 문이나 undefined에서 속성을 읽는 것과 같은 극단적인 경우에 여러 오류를 발생시킵니다. 사실 발생한 오류가 Error 클래스의 인스턴스라는 보장은 없습니다. 코드는 항상 '다른 무언가'를 throw할 수 있습니다.

오류는 그 어떤 것도 될 수 있으므로 타입스크립트는 오류의 기본 동작으로 **any** 타입을 제공합니다. 기본적으로 타입이 안전하지 않은 **any**에 의존하는 비용으로 오류 처리에 대한 유연성을 허용합니다.

다음 스니펫의 error는 타입스크립트가 someExternalFunction()에서 발생 가능한 모든 오류를 알 수 있는 방법이 없기 때문에 타입이 **any**가 됩니다.

```
try {
    someExternalFunction();
} catch (error) {
    error; // 기본 타입: any
}
```

대부분의 **any** 사용과 마찬가지로 오류를 억지로 명시적 타입 어서션 또는 내로잉하는 비용보다 unknown으로 처리하는 것이 기술적으로 더 타당합니다. catch 절의 오류는 any 또는 unknown 타입으로 애너테이션을 추가할 수 있습니다.

다음 스니펫은 error에 명시적으로 : unknown을 추가해 error를 unknown 타입으로 전환합니다.

```
try {
    someExternalFunction();
} catch (error: unknown) {
    error; // 타입: unknown
}
```

엄격한 영역 플래그인 useUnknownInCatchVariables는 타입스크립트의 기본 catch 절 error 타입을 unknown으로 변경합니다. useUnknownInCatchVariables를 활성화하면 앞서 살펴본 두 개의 스니펫에서 error 타입은 unknown으로 설정됩니다.

타입스크립트의 모범 사례는 useUnknownInCatchVariables를 활성화하는 것입니다. 왜냐하면 오류가 특정 타입이 될 수 있는 것으로 가정하는 것이 언제나 안전하지는 않기 때문입니다.

13.7 모듈

AMD, CommonJS, ECMA스크립트 등 모듈 내용을 내보내고 가져오기 위한 자바스크립트의 다양한 시스템은 최신 프로그래밍 언어에서 가장 복잡한 모듈 시스템입니다. 자바스크립트는 파일이 서로의 콘텐츠를 가져오는 방식이 웹팩과 같은 사용자 작성 프레임워크에 따라 구동되는 경우가 많다는 점에서 상대적으로 특이합니다. 타입스크립트는 가장 합리적인 사용자 영역 모듈 구성을 나타내는 구성 옵션을 제공하기 위해 최선을 다합니다.

새로운 타입스크립트 프로젝트 대부분은 표준화된 ECMA스크립트 모듈 구문으로 작성됩니다. 요약하자면 ECMA스크립트 모듈이 다른 모듈("my-example-lib")에서 값(value)을 가져오고, 자체 값(logValue)을 내보내는 방법은 다음과 같습니다.

```
import { value } from "my-example-lib";

export const logValue = () => console.log(value);
```

13.7.1 module

타입스크립트는 어떤 모듈 시스템으로 변환된 코드를 사용할지 결정하기 위해 module 컴파일러 옵션을 제공합니다. ECMA스크립트 모듈로 소스 코드를 작성할 때 타입스크립트는 module 값에 따라 export와 import 문을 다른 모듈 시스템으로 변환할 수 있습니다.

예를 들어 ECMA스크립트로 작성된 프로젝트는 다음 명령줄을 사용해서 CommonJS 모듈로 출력되도록 지시합니다.

```
tsc --module commonjs
```

또는 TSConfig에 다음과 같이 module 컴파일러 옵션을 추가해서 CommonJS 모듈로 출력되도록 합니다.

```
{
    "compilerOptions": {
        "module": "commonjs"
```

```
    }
}
```

이전 코드 스니펫은 대략 다음과 같이 출력됩니다.

```
const my_example_lib = require("my-example-lib");
exports.logValue = () => console.log(my_example_lib.value);
```

target 컴파일러 옵션이 "es3" 또는 "es5"인 경우 module 컴파일러 옵션의 기본값은 "comm onjs"가 됩니다. 그렇지 않으면 ECMA스크립트 모듈로 출력하도록 지정하기 위해 module 컴파일러 옵션은 "es2015"로 기본 설정됩니다.

13.7.2 moduleResolution

모듈 해석^{module resolution}은 import에서 가져온 경로가 module에 매핑되는 과정입니다. 타입스크립트는 해당 과정에 로직을 지정하는 데 사용할 수 있는 moduleResolution 옵션을 제공합니다. 일반적으로 다음 두 가지 로직 전략 중 하나를 제공하는 것을 선호합니다.

- **node**: 기존 Node.js와 같은 CommonJS 리졸버^{resolver}에서 사용하는 동작
- **nodenext**: ECMA스크립트 모듈에 대해 지정된 동작에 맞게 조정

두 전략은 유사합니다. 대부분의 프로젝트는 둘 중 하나를 사용할 수 있으며 차이를 느끼지 못합니다. https://www.typescriptlang.org/ko/docs/handbook/module-resolution.html에서 모듈 해석 이면에 있는 복잡성에 대해 자세히 알아볼 수 있습니다.

> **NOTE** moduleResolution은 타입스크립트가 코드를 내보내는 방법을 전혀 변경하지 않습니다. 따라서 코드가 실행되는 런타임 환경을 설명하기 위해서만 사용됩니다.

다음 CLI 스니펫과 JSON 파일 스니펫 모두 moduleResolution 컴파일러 옵션을 지정합니다.

```
tsc --moduleResolution nodenext
```

```
{
    "compilerOptions": {
        "moduleResolution": "nodenext"
    }
}
```

> **TIP** 이전 버전과의 호환성을 위해 타입스크립트는 기본 **moduleResolution** 값을 수년 전의 프로젝트에 사용된 클래식classic 값으로 유지합니다. 여러분은 틀림없이 어떠한 최신 프로젝트에서도 클래식한 전략을 원하지 않을 것입니다.

13.7.3 CommonJS와의 상호 운용성

자바스크립트 모듈로 작업할 때 모듈의 **기본**default 내보내기와 **네임스페이스**namespace 출력 간에는 차이점이 있습니다. 모듈의 기본 내보내기는 내보낸 객체의 **.default 속성**입니다. 모듈의 네임스페이스 내보내기는 내보낸 **객체 자체**입니다.

기본과 네임스페이스 내보내기와 가져오기 간의 차이점을 [표 13-2]에 요약했습니다.

표 13-2 CommonJS와 ECMA스크립트 모듈 내보내기 및 가져오기 형식

구문 영역	CommonJS	ECMA스크립트 모듈
기본 내보내기	module.exports.default = value;	export default value;
기본 가져오기	const { default: value } = require("...")	import value from "...";
네임스페이스 내보내기	module.exports = value;	지원 안 함
네임스페이스 가져오기	const value = require("...")	import * as value from "...";

타입스크립트의 타입 시스템은 ECMA스크립트 모듈 측면에서 파일 가져오기와 내보내기에 대한 합의를 만듭니다. 그러나 대부분의 프로젝트처럼 npm 패키지에 의존하는 경우 의존성 중 일부는 여전히 CommonJS 모듈로 배포됩니다. 또한 ECMA스크립트 모듈 규칙을 준수하는 일부 패키지는 비록 기본 내보내기를 포함하지 않지만, 많은 개발자는 네임스페이스 가져

오기보다 간결한 기본 가져오기를 선호합니다. 타입스크립트에는 모듈 형식 간의 상호 운용성interoperability을 개선하는 몇 가지 컴파일러 옵션을 제공합니다.

esModuleInterop

esModuleInterop 구성 옵션은 module이 "es2015" 또는 "esnext"와 같은 ECMA스크립트 모듈 형식이 아닌 경우 타입스크립트에서 내보낸 자바스크립트 코드에 소량의 로직을 추가합니다. 해당 로직은 ECMA스크립트 모듈이 기본 또는 네임스페이스 가져오기에 대한 ECMA스크립트 모듈의 규칙을 준수하지 않는 경우에도 모듈에서 가져올 수 있도록 합니다.

esModuleInterop을 활성화하는 이유 중 하나는 기본 내보내기를 제공하지 않는 "react" 같은 패키지를 위해서입니다. 모듈이 "react" 패키지에서 기본 가져오기를 사용하려고 하면 타입스크립트는 esModuleInterop이 활성화되지 않은 것에 대한 타입 오류를 보고합니다.

```
import React from "react";
//      ~~~~~
// Error: Module '"file:///node_modules/@types/react/index"' can
// only be default-imported using the 'esModuleInterop' flag.
```

esModuleInterop은 내보낸 자바스크립트 코드가 가져오기로 작동하는 방식에 대해서만 직접 변경합니다. 다음 allowSyntheticDefaultImports 구성 옵션은 타입 시스템에 가져오기 상호 운용성을 알리는 옵션입니다.

allowSyntheticDefaultImports

allowSyntheticDefaultImports 컴파일러 옵션은 ECMA스크립트 모듈이 호환되지 않는 CommonJS 네임스페이스 내보내기 파일에서 기본 가져오기를 할 수 있음을 타입 시스템에 알립니다.

allowSyntheticDefaultImports 컴파일러 옵션은 다음 중 하나가 true인 경우에만 true로 기본적으로 설정됩니다.

- module이 "system"인 경우(이 책에서 다루지 않는 오래되고 거의 사용하지 않는 모듈 형식)
- esModuleInterop이 true이고 module이 "es2015" 또는 "esnext"와 같은 ECMA스크립트 모듈 형식이 아닌 경우

즉, esModuleInterop이 true이지만 module이 "esnext"인 경우 타입스크립트는 컴파일된
출력 자바스크립트 코드가 가져오기 상호 운용성 지원을 사용하지 않는다고 가정합니다.

```
import React from "react";
//        ~~~~~
// Error: Module '"file:///node_modules/@types/react/index"' can only be
// default-imported using the 'allowSyntheticDefaultImports' flag'.
```

13.7.4 isolatedModules

한 번에 하나의 파일에서만 작동하는 바벨과 같은 외부 트랜스파일러는 타입 시스템 정보를 사
용해 자바스크립트를 내보낼 수 없습니다. 결과적으로 타입 정보에 의존하며 자바스크립트를
내보내는 타입스크립트 구문 기능은 바벨 같은 트랜스파일러에서는 지원되지 않습니다.

- 14장 '구문 확장'에서 다룰 const 열거형
- 스크립트(모듈이 아닌) 파일
- 14장 '구문 확장'에서 다룰 독립 실행형 타입 내보내기

프로젝트에서 타입스크립트가 아닌 다른 도구를 사용해 자바스크립트로 변환하는 경우에는
isolationModules를 활성화하는 것이 좋습니다.

13.8 자바스크립트

타입스크립트는 사랑스럽고 필자는 여러분이 항상 타입스크립트로 코드를 작성했으면 하지만
모든 소스 파일을 타입스크립트로 작성할 필요는 없습니다. 타입스크립트는 기본적으로 .js
또는 .jsx 확장자를 가진 파일을 무시하지만, allowJs와 checkJs 컴파일러 옵션을 사용하면
자바스크립트 파일을 읽고, 컴파일하고, 제한된 기능이지만 타입 검사도 할 수 있습니다.

> **TIP** 기존 자바스크립트 프로젝트를 타입스크립트로 변환하는 일반적인 전략은 처음에 타입스크립트로 변
> 환된 몇 개의 파일만으로 시작하는 것입니다. 시간이 지남에 따라 자바스크립트 파일이 더 이상 남지 않을 때
> 까지 더 많은 파일이 추가될 수 있습니다. 준비가 될 때까지 타입스크립트에 올인할 필요는 없습니다!

13.8.1 allowJs

allowJs 컴파일러 옵션은 자바스크립트 파일에 선언된 구문을 타입스크립트 파일에서 타입 검사를 하도록 허용합니다. jsx 컴파일러 옵션과 결합하면 .jsx 파일도 검사할 수 있습니다.

다음 index.ts는 values.js 파일에 선언된 value를 가져옵니다.

```
// index.ts
import { value } from "./values";

console.log('Quote: '${value.toUpperCase()}'');
```

```
// values.js
export const value = "We cannot succeed when half of us are held back.";
```

allowJs가 활성화되지 않으면 import 문은 알려진 타입을 갖지 못합니다. 기본적으로 암시적 any가 되거나 "Could not find a declaration file for module './values'."와 같은 타입 오류가 발생합니다.

또한 allowJs는 ECMA스크립트 target에 맞게 컴파일되고 자바스크립트로 내보내진 파일 목록에 자바스크립트 파일을 추가합니다. allowJs 옵션이 활성화된 경우 소스 맵과 선언 파일 도 생성됩니다.

```
tsc --allowJs
```

```
{
    "compilerOptions": {
        "allowJs": true
    }
}
```

allowJs가 활성화되면 가져온 value는 string 타입이 됩니다. 그리고 아무런 오류도 발생하지 않습니다.

13.8.2 checkJs

타입스크립트는 단순히 자바스크립트 파일을 타입 검사할 수 있도록 타입스크립트 파일로 변환하는 것 이상을 수행할 수 있습니다. 자바스크립트 파일도 타입 검사가 가능합니다. checkJs 컴파일러 옵션은 다음 두 가지 용도로 사용됩니다.

- allowJs 옵션이 아직 true가 아니라면 기본값을 true로 설정하기
- .js와 .jsx 파일에서 타입 검사기 활성화하기

checkJs를 활성화하면 타입스크립트가 자바스크립트 파일을 타입스크립트 관련 구문이 없는 타입스크립트 파일인 것처럼 처리합니다. 타입 불일치, 철자가 틀린 변수명 등 타입스크립트 파일에서 일반적으로 발생하는 모든 오류를 발생시킬 수 있습니다.

```
tsc --checkJs
```

```
{
    "compilerOptions": {
        "checkJs": true
    }
}
```

checkJs가 활성화되면 다음 자바스크립트 파일은 잘못된 변수명에 대한 타입 오류가 발생합니다.

```
// index.js
let myQuote = "Each person must live their life as a model for others.";

console.log(quote);
//          ~~~~~
// Error: Cannot find name 'quote'. Did you mean 'myQuote'?
```

checkJs가 활성화되지 않았다면 타입스크립트는 해당 버그에 대한 오류를 보고하지 않습니다.

@ts-check

파일 상단에 // @ts-check 주석을 사용해 파일별로 checkJs를 활성화합니다. 이 작업으로

해당 자바스크립트 파일에 대해서만 checkJs 옵션이 활성화됩니다.

```
// index.js
// @ts-check
let myQuote = "Each person must live their life as a model for others.";

console.log(quote);
//          ~~~~~
// Frror: Cannot find name 'quote'. Did you mean 'myQuote'?
```

13.8.3 JSDoc 지원

자바스크립트에는 타입스크립트의 풍부한 타입 구문이 없기 때문에 자바스크립트 파일에 선언된 값의 타입은 종종 타입스크립트 파일에 선언된 값만큼 명확하지 않습니다. 예를 들어 타입스크립트는 자바스크립트 파일에서 변수로 선언된 객체의 값을 유추할 수 있지만, 해당 파일에서 그 값이 특정 인터페이스에 적용된다고 선언하는 고유한 자바스크립트 방법은 없습니다.

1장 '자바스크립트에서 타입스크립트로'에서 JSDoc 커뮤니티 표준이 타입을 설명할 때 주석을 사용하는 몇 가지 방법을 제공한다고 언급했습니다. allowJs와 checkJs가 활성화되면 타입스크립트는 코드의 모든 JSDoc 정의를 인식합니다.

다음 스니펫은 string 타입을 받는 sentenceCase 함수에 대한 JSDoc을 선언합니다. 그러면 타입스크립트는 해당 함수가 string을 반환하다고 유추합니다. checkJs가 활성화되면 타입스크립트는 string[]을 전달하는 것에 대해서는 타입 오류가 보고되어야 한다는 것을 알게 됩니다.

```
// index.js

/**
 * @param {string} text
 */
function sentenceCase(text) {
    return '${text[0].toUpperCase()} ${text.slice(1)}.';
}

sentenceCase("hello world"); // Ok
```

```
sentenceCase(["hello", "world"]);
//           ~~~~~~~~~~~~~~~~~~
// Error: Argument of type 'string[]' is not assignable to parameter of type 'string'.
```

타입스크립트의 JSDoc 지원은 시간이 충분하지 않은 프로젝트나 타입스크립트로 변환하는 데 익숙하지 않은 개발자를 위해 타입 검사를 점진적으로 추가하는 데 유용합니다.

> **TIP** 지원되는 JSDoc 구문 전체 목록은 https://www.typescriptlang.org/ko/docs/handbook/jsdoc-supported-types.html에서 확인할 수 있습니다.

13.9 구성 확장

점점 더 많은 타입스크립트 프로젝트를 진행하게 되면서 반복적으로 동일한 프로젝트 설정을 작성하는 자신을 발견하게 될 것입니다. 비록 타입스크립트는 구성 파일을 자바스크립트로 작성하거나 import 또는 require 사용을 허용하지 않지만, TSConfig 파일이 다른 구성 파일에서 구성 값을 확장extend하거나 복사하도록 선택하는 메커니즘을 제공합니다.

13.9.1 extends

TSConfig는 extends 구성 옵션을 사용해 다른 TSConfig에서 확장할 수 있습니다. extends는 다른 TSConfig 파일에 대한 경로를 가져오고 해당 파일의 모든 설정을 복사해야 함을 나타냅니다. extends 구성 옵션은 클래스의 extends 키워드와 유사하게 작동합니다. 파생 또는 자식 구성에서 선언된 모든 옵션은 기본 또는 부모 구성에서 동일한 이름의 모든 옵션을 다시 정의합니다.

예를 들어 여러 개의 packages/* 디렉터리를 포함하는 모노레포monorepo처럼 여러 개의 TSConfig가 있는 많은 저장소는 규칙에 따라 확장할 tsconfig.json 파일에 대한 tsconfig.base.json 파일을 생성합니다.

```
// tsconfig.base.json
{
    "compilerOptions": {
        "strict": true
    }
}
```

```
// packages/core/tsconfig.json
{
    "extends": "../../tsconfig.base.json",
    "includes": ["src"]
}
```

compilerOptions는 재귀적으로 고려됩니다. 파생된 TSConfig에서 특정 옵션을 재정의하지 않는 한 기본 TSConfig의 각 컴파일러 옵션은 파생된 TSConfig로 그대로 복사됩니다.

이전 예제가 allowJs 옵션을 추가하는 TSConfig를 추가하는 것이라면 새로 파생된 TSConfig는 여전히 compilerOptions.strict가 true로 설정됩니다.

```
// packages/js/tsconfig.json
{
    "extends": "../../tsconfig.base.json",
    "compilerOptions": {
        "allowJs": true
    },
    "includes": ["src"]
}
```

확장 모듈

extends 속성은 다음 자바스크립트 가져오기 중 하나를 사용합니다.

- **절대**absolute **경로:** @ 또는 알파벳 문자로 시작
- **상대**relative **경로:** 마침표(.)로 시작하는 로컬 파일 경로

extends 값이 절대 경로라면 npm 모듈에서 TSConfig를 확장함을 나타냅니다. 타입스크립트는 이름과 일치하는 패키지를 찾기 위해 일반 노드 모듈 확인 시스템을 사용합니다. 해당 패

키지의 **package.json**은 상대 경로 문자열이 있는 **"tsconfig"** 필드를 포함하고, 해당 경로의 TSConfig 파일이 사용됩니다. 그렇지 않으면 패키지의 **tsconfig.json** 파일이 사용됩니다.

많은 조직에서 npm 패키지를 사용해 여러 저장소 또는 모노레포[2] 내에서 타입스크립트 컴파일러 옵션을 표준화합니다. 다음 TSConfig 파일은 **@my-org** 조직의 모노레포에 대해 설정하는 파일입니다. **packages/js**는 **allowJs** 컴파일러 옵션을 지정해야 하지만 **packages/ts**는 어떠한 컴파일러 옵션도 변경하지 않습니다.

```
// packages/tsconfig.json
{
    "compilerOptions": {
        "strict": true
    }
}
```

```
// packages/js/tsconfig.json
{
    "extends": "@my-org/tsconfig",
    "compilerOptions": {
        "allowJs": true
    },
    "includes": ["src"]
}
```

```
// packages/ts/tsconfig.json
{
    "extends": "@my-org/tsconfig",
    "includes": ["src"]
}
```

13.9.2 구성 베이스

처음부터 고유한 구성을 생성하거나 **--init** 제안을 하는 대신, 특정 런타임 환경에 맞게 미

----

2 옮긴이_ 여러 개의 프로젝트를 하나의 저장소에서 관리하는 개발 전략

리 만들어진 **베이스**base TSConfig 파일로 시작할 수 있습니다. 미리 만들어진 구성 베이스는 @tsconfig/recommended 또는 @tsconfig/node16과 같은 @tsconfig/ 아래의 npm 패키지 레지스트리registry에서 사용할 수 있습니다.

예를 들어 디노에 권장되는 TSConfig 베이스를 설치하려면 다음과 같이 진행합니다.

```
npm install --save-dev @tsconfig/deno
# or
yarn add --dev @tsconfig/deno
```

구성 베이스 패키지가 설치되고 나면 다른 npm 패키지 구성 확장처럼 참조할 수 있습니다.

```
{
    "extends": "@tsconfig/deno/tsconfig.json"
}
```

TSConfig 베이스의 전체 목록은 https://github.com/tsconfig/bases에 문서화되어 있습니다.

> **TIP** 사용자가 구성 옵션을 직접 변경하지 않더라도 파일에서 사용하는 타입스크립트 구성 옵션을 알고 있는 것이 좋습니다.

13.10 프로젝트 레퍼런스

지금까지 보여드린 타입스크립트 구성 파일은 프로젝트의 모든 소스 파일을 관리한다고 가정했습니다. 대규모 프로젝트에서는 프로젝트의 서로 다른 영역에 서로 다른 구성 파일을 사용하는 것이 유용할 수 있습니다. 타입스크립트에서는 여러 개의 프로젝트를 함께 빌드하는 **프로젝트 레퍼런스**project reference 시스템을 정의할 수 있습니다. 프로젝트 레퍼런스 설정 작업은 단일 TSConfig 파일을 사용하는 것보다 조금 더 작업이 많지만 몇 가지 핵심 이점이 있습니다.

- 특정 코드 영역에 대해 다른 컴파일러 옵션을 지정할 수 있습니다.
- 타입스크립트는 개별 프로젝트에 대한 빌드 출력을 캐시할 수 있으므로 종종 대규모 프로젝트의 빌드 시간이 훨씬 빨라집니다.
- 프로젝트 레퍼런스는 코드의 개별 영역을 구조화하는 데 유용한 의존성 트리^{dependency tree}(특정 프로젝트 가 특정 다른 프로젝트에서 파일을 가져오는 것만 허용)를 실행합니다.

> **TIP** 프로젝트 레퍼런스는 일반적으로 모노레포와 모듈식 컴포넌트 시스템처럼 별개의 코드 영역 여러 개로 구성된 대규모 프로젝트에서 사용합니다. 파일이 수십 개가 안 되는 소규모 프로젝트에서는 사용하고 싶지 않을 것입니다.

다음으로 프로젝트 레퍼런스를 활성화하기 위해 프로젝트 설정을 구축하는 방법을 소개합니다. 살펴볼 내용은 다음과 같습니다.

- TSConfig의 composite 모드는 다중 TSConfig 빌드 모드에 적합한 방식으로 작동하도록 강제합니다.
- TSConfig의 references는 TSConfig가 의존하는 복합 TSConfig를 나타냅니다.
- 빌드 모드는 복합 TSConfig 레퍼런스를 사용해 파일 빌드를 조정합니다.

13.10.1 composite

타입스크립트는 프로젝트에서 composite 구성 옵션을 선택해 파일 시스템 입력과 출력이 제약 조건을 준수함을 나타냅니다. 이 과정을 통해 빌드 도구가 빌드 입력과 비교해 빌드 출력이 최신 상태인지 여부를 쉽게 확인할 수 있습니다.

composite이 true일 때는 다음과 같습니다.

- rootDir 설정이 아직 명시적으로 설정되지 않았다면 기본적으로 TSConfig 파일이 포함된 디렉터리로 설정됩니다.
- 모든 구현 파일은 포함된 패턴과 일치하거나 파일 배열에 나열되어야 합니다.
- declaration 컴파일러 옵션은 반드시 true여야 합니다.

다음 구성 스니펫은 core/ 디렉터리에서 composite 모드를 활성화하기 위한 모든 조건과 일치합니다.

```
// core/tsconfig.json
{
    "compilerOptions": {
        "declaration": true
    },
    "composite": true
}
```

이러한 변경은 타입스크립트가 프로젝트에 대한 모든 입력 파일과 일치하는 .d.ts 파일을 생성하도록 강제할 때 유용합니다. composite 옵션은 다음 references 구성 옵션과 함께 사용할 때 가장 유용합니다.

13.10.2 references

타입스크립트 프로젝트는 TSConfig에 references 설정이 있는 복합 타입스크립트 프로젝트에서 생성된 출력에 의존함을 나타낼 수 있습니다. 참조된 프로젝트에서 모듈을 가져오는 것은 출력 .d.ts 선언 파일에서 가져오는 것으로 타입 시스템에 표시됩니다.

다음 구성 스니펫은 core/ 디렉터리를 입력으로 참조하도록 shell/ 디렉터리를 설정합니다.

```
// shell/tsconfig.json
{
    "references": [
        { "path": "../core" }
    ]
}
```

> **NOTE** references 구성 옵션은 기본 TSConfig에서 extends를 통해 파생된 TSConfig로 복사되지 않습니다.

references 옵션은 다음 빌드 모드와 함께 사용할 때 가장 유용합니다.

13.10.3 빌드 모드

코드 영역이 프로젝트 레퍼런스를 사용하도록 한번 설정되면 **빌드**[build] 모드에서 -b 또는 --b CLI 플래그를 통해 tsc를 사용할 수 있습니다. 빌드 모드는 tsc를 프로젝트 빌드 코디네이터[coordinator] 같은 것으로 향상시킵니다. 이를 통해 tsc는 내용과 파일 출력이 마지막으로 생성된 시간을 기준으로 마지막 빌드 이후 변경된 프로젝트만 다시 빌드합니다.

더 정확히 말하면 타입스크립트의 빌드 모드는 TSConfig가 제공될 때 다음 내용을 수행합니다.

1. TSConfig의 참조된 프로젝트를 찾습니다.
2. 최신 상태인지 감지합니다.
3. 오래된 프로젝트를 올바른 순서로 빌드합니다.
4. 제공된 TSConfig 또는 TSConfig의 의존성이 변경된 경우 빌드합니다.

타입스크립트 빌드 모드 기능은 최신 프로젝트를 다시 빌드하는 것을 건너뛰도록 해 빌드 성능을 크게 향상시킵니다.

코디네이터 구성

저장소에서 타입스크립트 프로젝트 레퍼런스를 설정하는 편리한 방법은 빈 파일 배열과 저장소의 모든 프로젝트 레퍼런스에 대한 레퍼런스를 사용해 최상위 레벨의 tsconfig.json을 설정하는 것입니다. 최상위 TSConfig는 타입스크립트가 파일 자체를 빌드하도록 지시하지 않습니다. 대신 필요에 따라 참조된 프로젝트를 빌드하도록 타입스크립트에 알려리는 역할만 합니다.

다음 tsconfig.json은 저장소의 packages/core와 packages/shell 프로젝트를 빌드하는 것을 나타냅니다.

```
// tsconfig.json
{
    "files": [],
    "references": [
        { "path": "./packages/core" },
        { "path": "./packages/shell" }
    ]
}
```

개인적으로 `package.json` 안에 `tsc -b`를 바로 호출하는 `build` 또는 `compile`이라는 이름의 스크립트를 표준화하는 것을 좋아합니다.

```json
// package.json
{
    "scripts": {
        "build": "tsc -b"
    }
}
```

빌드 모드 옵션

빌드 모드는 몇 가지 빌드에 특화된 CLI 옵션을 지원합니다.

- `--clean`: 지정된 프로젝트의 출력을 삭제합니다(`--dry`와 함께 사용할 수 있습니다).
- `--dry`: 수행할 작업을 보여주지만 실제로는 아무것도 빌드하지 않습니다.
- `--force`: 모든 프로젝트가 오래된 것처럼 작동합니다.
- `-w 또는 --watch`: 일반적인 타입스크립트 watch 모드와 유사합니다.

빌드 모드는 watch 모드를 지원하기 때문에 `tsc b -w` 같은 명령을 실행하면 대규모 프로젝트에서 모든 컴파일러 오류에 대한 최신 목록을 빠르게 확인할 수 있습니다.

13.11 마치며

이 장에서는 타입스크립트에서 제공하는 중요한 구성 옵션을 살펴봤습니다.

- pretty 모드와 watch 모드를 포함한 tsc 사용법
- tsc --init을 사용해서 생성한 것을 포함한 TSConfig 파일 사용법
- 타입스크립트 컴파일러에서 포함될 파일의 변경
- .tsx 파일의 JSX 구문과 .json 파일의 JSON 구문 허용하기

- 디렉터리, ECMA스크립트 버전 target, 선언 파일, 파일의 소스 맵 출력 변경하기
- 컴파일에 사용되는 내장 라이브러리 타입 변경하기
- 엄격 모드와 noImplicitAny, strictNullChecks와 같은 유용한 엄격 플래그
- 다양한 모듈 시스템 지원 및 모듈 해석 변경하기
- 자바스크립트 파일 포함 허용과 해당 파일에 대한 타입 검사 선택하기
- 파일 간의 구성 옵션 공유를 위한 extends 사용법
- 여러 개의 TSConfig 빌드 조정을 위한 프로젝트 레퍼런스 및 빌드 모드 사용법

> **TIP** https://www.learningtypescript.com/configuration-options에서 배운 내용을 연습해 보세요.

한 걸음 더

자바스크립트는 수십 년 동안 사용해왔고, 일반적이지 않은 작업을 자바스크립트로 처리해왔습니다. 자바스크립트 개발자가 타입스크립트로 작업할 수 있도록 일반적이지 않은 모든 작업을 타입스크립트 구문과 타입 시스템으로 나타낼 수 있어야 합니다. 따라서 일상적인 코드에서 볼 수 없는 타입스크립트의 세부 기능 몇 가지는 일부 프로젝트 작업에서 필요하기도 합니다.

4부에서 살펴볼 내용을 모두 이해하지 못하더라도 여러분은 생산적인 타입스크립트 개발자가 될 수 있습니다. 지금부터 설명하는 타입스크립트의 세부 기능은 여러분을 위한 '한 걸음 더', 즉, 보너스 선물일 뿐입니다. 마지막에 소개할 논리적 타입을 자주 사용할 필요가 없길 바랍니다.

Part 4

한 걸음 더

구문 확장

"타입스크립트는 자바스크립트 런타임에 추가되지 않습니다."

잠깐, 다 거짓말이었어?!

타입스크립트가 2012년에 처음 출시되었을 때 웹 애플리케이션은 고유의 자바스크립트가 깊은 복잡성을 지원하는 기능을 추가하는 것보다 훨씬 빠르게 복잡해지고 있었습니다. 당시 가장 인기 있었던 자바스크립트 언어인 커피스크립트CoffeeScript는 자바스크립트와는 다르게 새롭고 흥미로운 구문 구조를 도입하기도 했습니다.

오늘날, 타입스크립트와 같은 상위 집합 언어에 특정 새로운 런타임 기능으로 자바스크립트 구문을 확장하는 방식은 다음과 같은 이유로 인해 나쁜 사례로 간주합니다.

- 런타임 구문 확장이 최신 버전 자바스크립트의 새로운 구문과 충돌할 수 있다는 점이 가장 중요합니다.
- 언어를 처음 접하는 프로그래머가 자바스크립트가 끝나는 곳과 다른 언어가 시작하는 곳을 이해하기 어렵게 만듭니다.
- 상위 집합 언어 코드를 사용하고 자바스크립트를 내보내는 트랜스파일러의 복잡성을 증가시킵니다.

따라서 초기 타입스크립트 설계자들이 타입스크립트 언어로 자바스크립트의 세 가지 구문 확장을 도입했다는 것에 대해서 무거운 마음과 깊은 유감을 갖고 알려드립니다.

- **클래스**: 사양이 승인됨에 따라 자바스크립트 클래스에 맞춘 클래스

- **열거형**enum: 키와 값의 일반 객체와 유사한 간단한 구문
- **네임스페이스**: 코드를 구조화하고 배열하는 최신 모듈보다 앞선 해결책

> **NOTE** 타입스크립트의 자바스크립트에 대한 런타임 구문 확장과 관련된 '원죄'는 다행히도 언어 초기에서부터 내린 설계 결정이 아닙니다. 타입스크립트는 자바스크립트 자체에 추가되는 승인 절차를 통해 상당한 진전을 이룰 때까지 새로운 런타임 구문 구조를 추가하지 않았습니다.

useDefineForClasssFields 동작(책에서 다루지 않은 구성 옵션)과 매개변수 속성을 제외하고 타입스크립트 클래스는 자바스크립트 클래스와 거의 동일하게 보이고 작동합니다. 열거형은 유용한 경우가 종종 있어 일부 프로젝트에서 여전히 사용됩니다. 사실상 새로운 프로젝트는 더 이상 네임스페이스를 사용하지 않습니다.

타입스크립트는 책에서 다룰 자바스크립트의 **데코레이터**decorator에 대한 실험적 제안experimental proposal을 채택했습니다.

14.1 클래스 매개변수 속성

> **TIP** 클래스를 많이 사용하는 프로젝트나 클래스 이점을 갖는 프레임워크가 아니라면 클래스 매개변수 속성을 사용하지 않는 것이 좋습니다.

자바스크립트 클래스에서는 생성자에서 매개변수를 받고 즉시 클래스 속성에 할당하는 것이 일반적입니다.

다음 Engineer 클래스는 타입이 string인 하나의 area 매개변수를 받고, 타입이 string인 area 클래스 변수에 할당합니다.

```
class Engineer {
    readonly area: string;

    constructor(area: string) {
```

```
        this.area = area;
        console.log('I work in the ${area} area.');
    }
}

// 타입: string
new Engineer("mechanical").area;
```

타입스크립트는 이러한 종류의 **매개변수 속성**^{parameter property}을 선언하기 위한 단축 구문을 제공합니다. 속성은 클래스 생성자의 시작 부분에 동일한 타입의 멤버 속성으로 할당됩니다. 생성자의 매개변수 앞에 readonly 또는 public, protected, private 제한자 중 하나를 배치하면 타입스크립트가 동일한 이름과 타입의 속성도 선언하도록 지시합니다.

이전 Engineer 예제는 area에 대한 매개변수 속성을 사용해서 타입스크립트로 재작성할 수 있습니다.

```
class Engineer {
    constructor(readonly area: string) {
        console.log('I work in the ${area} area.');
    }
}

// 타입: string
new Engineer("mechanical").area;
```

매개변수 속성은 클래스 생성자의 맨 처음에 할당됩니다(또는 기본 클래스로부터 파생된 클래스인 경우는 super()를 호출한 이후 할당됩니다). 매개변수 속성은 다른 매개변수 또는 클래스 속성과 혼합될 수 있습니다.

다음 NamedEngineer 클래스는 일반 속성 fullName, 일반 매개변수 name, 매개변수 속성 area를 선언합니다.

```
class NamedEngineer {
    fullName: string;

    constructor(
        name: string,
        public area: string,
```

```
    ) {
        this.fullName = '${name}, ${area} engineer';
    }
}
```

매개변수 속성이 없는 이와 동등한 타입스크립트 코드는 비슷해 보이지만 **area**를 명시적으로
할당하기 위한 코드가 몇 줄 더 있습니다.

```
class NamedEngineer {
    fullName: string;
    area: string;

    constructor(
        name: string,
        area: string,
    ) {
        this.area = area;
        this.fullName = '${name}, ${area} engineer';
    }
}
```

매개변수 속성은 타입스크립트 커뮤니티에서 가끔 논의되는 주제입니다. 대부분의 프로젝트는
런타임 구문 확장이므로 앞에서 언급했던 단점으로 인해 어려움을 겪기 때문에 매개변수를 완
전히 사용하지 않는 것을 선호합니다. 또한 매개변수 속성은 새로운 # 클래스 **private** 필드 구
문과 함께 사용할 수 없습니다.

반면에 클래스 생성을 매우 선호하는 프로젝트에서는 매개변수 속성을 사용하면 정말 좋습니
다. 매개변수 속성은 매개변수 속성 이름과 타입을 두 번 선언해야 하는 편의 문제를 해결하는
데, 이 선언은 자바스크립트가 아닌 타입스크립트 고유의 것입니다.

14.2 실험적인 데코레이터

> **TIP** ECMA스크립트 버전이 데코레이터 구문으로 승인될 때까지 가능하면 데코레이터를 사용하지 않는 것이 좋습니다. 타입스크립트 데코레이터 사용을 권장하는 앵귤러나 Nest.JS와 같은 프레임워크 버전에서 작업하는 경우 프레임워크 설명서에서 데코레이터를 사용하는 방법을 알려줍니다.

클래스를 포함하는 많은 다른 언어에서는 클래스와 클래스의 멤버를 수정하기 위한 일종의 런타임 로직으로 주석을 달거나 데코레이팅할 수 있습니다. 데코레이터 함수는 @와 함수 이름을 먼저 배치해 클래스와 멤버에 주석을 달 수 있도록 하는 자바스크립트를 위한 제안입니다.

다음 코드 스니펫은 `MyClass` 클래스에 데코레이터를 사용하기 위한 구문만 보여줍니다.

```
@myDecorator
class MyClass { /* ... */ }
```

ECMA스크립트에서는 아직 데코레이터를 승인하지 않았으므로 타입스크립트 버전 4.7.2에서는 기본적으로 데코레이터를 지원하지 않습니다. 그러나 타입스크립트는 데코레이터의 오래된 실험적인 버전을 코드에서 사용할 수 있도록 제공하는 experimentalDecorators 컴파일러 옵션을 제공합니다. experimentalDecorators 컴파일러 옵션은 tsc CLI 또는 책에서 다룬 다른 컴파일러 옵션과 마찬가지로 TSConfig 파일을 통해 활성화할 수 있습니다.

```
{
    "compilerOptions": {
        "experimentalDecorators": true
    }
}
```

데코레이터의 각 사용법은 데코레이팅하는 엔티티가 생성되자마자 한 번 실행됩니다. 각 종류의 데코레이터(접근자, 클래스, 메서드, 매개변수, 속성)는 데코레이팅하는 엔티티를 설명하는 서로 다른 인수 집합을 받습니다.

다음 `Greeter` 클래스 메서드에서 사용된 `logOnCall` 데코레이터는 `Greeter` 클래스 자체와 속성(`log`)의 키, 그리고 속성을 설명하는 `descriptor` 객체를 받습니다. `Greeter` 클래스에서 원래의 greet 메서드를 호출하기 전에 descriptor.value를 수정해 greet 메서드를 데코레이팅합니다.

```typescript
function logOnCall(target: any, key: string, descriptor: PropertyDescriptor) {
    const original = descriptor.value;
    console.log("[logOnCall] I am decorating", target.constructor.name);

    descriptor.value = function (...args: unknown[]) {
        console.log('[descriptor.value] Calling '${key}' with:', ...args);
        return original.call(this, ...args);
    }
}

class Greeter {
    @logOnCall
    greet(message: string) {
        console.log('[greet] Hello, ${message}!');
    }
}

new Greeter().greet("you");
// Output log:
// "[logOnCall] I am decorating", "Greeter"
// "[descriptor.value] Calling 'greet' with:", "you"
// "[greet] Hello, you!"
```

가능한 각 데코레이터 타입에 대해 이전 **experimentalDecorators**가 어떻게 작동하는지와 관련된 뉘앙스와 세부 사항에 대해서는 자세히 설명하지 않겠습니다. 타입스크립트의 데코레이터 지원은 실험적이고 ECMA스크립트가 제안하는 최신 초안과 일치하지 않습니다. 특히 자신만의 데코레이터를 작성하는 것은 어떠한 타입스크립트 프로젝트에서도 정당화되지 않습니다.

14.3 열거형

> **TIP** 자주 반복되는 리터럴 집합이 있고, 그 리터럴 집합을 공통 이름으로 설명할 수 있으며, 열거형으로 전환했을 때 훨씬 더 읽기 쉽지 않은 경우라면 열거형을 사용해서는 안 됩니다.

대부분의 프로그래밍 언어는 연관된 값 집합을 나타내는 **enum** 또는 열거형[enum] 타입의 개념을 포함합니다. 열거형은 각 값에 대해 친숙한 이름을 사용한 객체에 저장된 리터럴 값 집합으로 생각할 수 있습니다.

자바스크립트는 열거형 구문을 포함하지 않으므로 열거형을 배치해야 하는 곳에 일반적인 객체를 사용합니다. 예를 들어 HTTP 상태 코드를 숫자로 저장하고 사용할 수 있지만, 개발자들은 친숙한 이름으로 키를 지정해 객체에 저장하는 방식인 더 읽기 쉬운 방법을 찾아냈습니다.

```
const StatusCodes = {
    InternalServerError: 500,
    NotFound: 404,
    Ok: 200,
    // ...
} as const;

StatusCodes.InternalServerError; // 500
```

타입스크립트에서 열거형 같은 객체를 사용할 때 까다로운 점은 값이 해당 객체의 값 중 하나여야 함을 나타내는 훌륭한 타입 시스템 방법이 없다는 것입니다. 한 가지 일반적인 방법은 9장 '타입 제한자'의 **keyof**와 **typeof** 타입 제한자를 함께 사용해 하나의 값을 해킹하는 것이지만, 이렇게 하려면 상당한 양의 구문을 입력해야 합니다.

다음 **StatusCodeValue** 타입은 가능한 상태 코드 번호 값에 대한 타입 유니언을 생성하기 위해 이전 **StatusCodes** 값을 사용합니다.

```
// 타입: 200 | 404 | 500
type StatusCodeValue = (typeof StatusCodes)[keyof typeof StatusCodes];

let statusCodeValue: StatusCodeValue;

statusCodeValue = 200; // Ok

statusCodeValue = -1;
//~~~~~~~~~~~~~~~
// Error: Type '-1' is not assignable to type 'StatusCodeValue'.
```

타입스크립트는 타입이 **number** 또는 **string**인 리터럴 값들을 갖는 객체를 생성하기 위한

enum 구문을 제공합니다. 열거형은 enum 키워드로 시작해 객체 이름(일반적으로 파스칼 케이스), 그다음 쉼표로 구분된 키를 포함한 {} 객체입니다. 각 키는 초깃값 앞에 선택적으로 =를 사용할 수 있습니다.

이전 StatusCodes 객체는 다음 StatusCode 열거형과 같습니다.

```
enum StatusCode {
    InternalServerError = 500,
    NotFound = 404,
    Ok = 200,
}

StatusCode.InternalServerError; // 500
```

클래스 이름처럼 StatusCode 같은 열거형 이름은 타입 애너테이션에서 타입 이름으로 사용할 수 있습니다. 다음 StatusCode 타입의 statusCode 변수에는 StatusCode.Ok 또는 숫잣값을 제공할 수 있습니다.

```
let statusCode: StatusCode;

statusCode = StatusCode.Ok; // Ok
statusCode = 200; // Ok
```

> **WARNING** 타입스크립트는 약간의 타입 안정성을 희생하여 편의상 숫자 열거형값에 임의의 숫자를 할당할 수 있습니다. statusCode = -1은 이전 코드 스니펫에서도 허용됩니다.

컴파일된 자바스크립트에서 열거형은 이에 상응하는 객체로 컴파일됩니다. 열거형의 각 멤버는 해당 값을 갖는 객체 멤버 키가 되고 그 반대의 경우도 마찬가지입니다.

이전 enum StatusCode는 대략 다음과 같은 자바스크립트 코드를 생성합니다.

```
var StatusCode;
(function (StatusCode) {
    StatusCode[StatusCode["InternalServerError"] = 500] = "InternalServerError";
```

```
        StatusCode[StatusCode["NotFound"] = 404] = "NotFound";
        StatusCode[StatusCode["Ok"] = 200] = "Ok";
    })(StatusCode || (StatusCode = {}));
```

열거형은 타입스크립트 커뮤니티에서 다소 논쟁의 여지가 있는 주제입니다. 한편으로는 '자바스크립트에 새로운 런타임 구문 구조를 절대 추가하지 않는다'는 타입스크립트의 일반적인 만트라mantra를 위반합니다. 열거형은 개발자가 학습해야 하는 자바스크립트가 아닌 새로운 구문을 제시하며, 이 장 후반부에서 다룰 preserveConstEnums와 같은 옵션에 대한 몇 가지 결함을 갖습니다.

다른 한편으로는 알려진 값 집합을 명시적으로 선언하는 데 열거형이 매우 유용합니다. 열거형은 타입스크립트와 VS Code 소스 저장소에서 모두 광범위하게 사용됩니다!

14.3.1 자동 숫잣값

열거형의 멤버는 명시적인 초깃값을 가질 필요가 없습니다. 값이 생략되면 타입스크립트는 첫번째 값을 0으로 시작하고 각 후속 값을 1씩 증가시킵니다. 열거형 멤버의 값이 고유하고 키 이름과 연결되는 것 외에는 중요하지 않다면 타입스크립트에서 열거형 멤버의 값을 선택하도록 하는 것은 좋은 옵션입니다.

다음 VisualTheme 열거형은 타입스크립트에서 값을 완전히 선택할 수 있으므로 그 결과 세 개의 정수가 생성됩니다.

```
enum VisualTheme {
    Dark, // 0
    Light, // 1
    System, // 2
}
```

내보낸 자바스크립트는 값이 명시적으로 설정된 것처럼 보입니다.

```
var VisualTheme;
(function (VisualTheme) {
    VisualTheme[VisualTheme["Dark"] = 0] = "Dark";
    VisualTheme[VisualTheme["Light"] = 1] = "Light";
```

```
    VisualTheme[VisualTheme["System"] = 2] = "System";
})(VisualTheme ¦¦ (VisualTheme = {}));
```

숫잣값이 있는 열거형에서 명시적 값을 갖지 않는 모든 멤버는 이전 값보다 1 더 큰 값을 갖습니다.

예를 들어 Direction 열거형은 Top 멤버의 값이 1이고 나머지 값은 양의 정수라는 것만 고려합니다.

```
enum Direction {
    Top = 1,
    Right,
    Bottom,
    Left,
}
```

출력된 자바스크립트에서는 나머지 멤버가 명시적 값 2, 3, 4를 가진 것처럼 보입니다.

```
var Direction;
(function (Direction) {
    Direction[Direction["Top"] = 1] = "Top";
    Direction[Direction["Right"] = 2] = "Right";
    Direction[Direction["Bottom"] = 3] = "Bottom";
    Direction[Direction["Left"] = 4] = "Left";
})(Direction ¦¦ (Direction = {}));
```

> **WARNING** 열거형의 순서를 수정하면 기본 번호가 변경됩니다. 만약에 데이터베이스 같은 곳에 열거형 값을 저장하고 있다면 열거형 순서를 변경하거나 항목을 제거할 때 주의해야 합니다. 저장된 번호가 더 이상 코드가 예상하는 것과 같지 않기 때문에 데이터가 갑자기 손상될 수 있습니다.

14.3.2 문자열값을 갖는 열거형

열거형은 멤버로 숫자 대신 문자열값을 사용할 수 있습니다.

다음 LoadStyle 열거형은 멤버로 문자열값을 사용합니다.

```
enum LoadStyle {
    AsNeeded = "as-needed",
    Eager = "eager",
}
```

문자열값을 멤버로 갖는 열거형의 출력 자바스크립트는 숫잣값을 멤버로 갖는 열거형과 구조적으로 동일합니다.

```
var LoadStyle;
(function (LoadStyle) {
    LoadStyle["AsNeeded"] = "as-needed";
    LoadStyle["Eager"] = "eager";
})(LoadStyle || (LoadStyle = {}));
```

문자열값을 갖는 열거형은 읽기 쉬운 이름으로 공유 상수의 별칭을 지정하는 데 유용합니다. 문자열 리터럴 유니언 타입을 사용하는 대신 문자열값을 갖는 열거형을 사용하면 12장 'IDE 기능 사용'에서 다룬 더 강력한 편집기 자동 완성과 해당 속성의 이름 변경이 가능해집니다.

문자열값의 한 가지 단점은 타입스크립트에 따라 자동으로 계산할 수 없다는 것입니다. 숫잣값이 있는 멤버 뒤에 오는 열거형 멤버만 자동으로 계산할 수 있습니다.

타입스크립트는 다음 열거형의 ImplicitNumber의 이전 멤버 값이 숫자 9000이기 때문에 ImplicitNumber 값에 9001을 제공할 수 있습니다. 하지만 NotAllowed 멤버는 문자열값을 갖는 멤버 뒤에 오기 때문에 오류를 발생시킵니다.

```
enum Wat {
    FirstString = "first",
    SomeNumber = 9000,
    ImplicitNumber, // Ok (value 9001)
    AnotherString = "another",

    NotAllowed,
    //~~~~~~~~~
    // Error: Enum member must have initializer.
}
```

14.3.3 const 열거형

열거형은 런타임 객체를 생성하므로 리터럴 값 유니언을 사용하는 일반적인 전략보다 더 많은 코드를 생성합니다. 타입스크립트는 const 제한자로 열거형을 선언해 컴파일된 자바스크립트 코드에서 객체 정의와 속성 조회를 생략하도록 지시합니다.

다음 DisplayHint 열거형은 displayHint 변수의 값으로 사용됩니다.

```
const enum DisplayHint {
    Opaque = 0,
    Semitransparent,
    Transparent,
}

let displayHint = DisplayHint.Transparent;
```

컴파일된 자바스크립트 코드에는 열거형 선언이 모두 누락되고 열거형의 값에 대한 주석을 사용합니다.

```
let displayHint = 2 /* DisplayHint.Transparent */;
```

열거형 객체 정의를 생성하는 것이 여전히 바람직한 프로젝트라면 열거형 정의 자체가 존재하도록 만드는 preserveConstEnums 컴파일러 옵션을 사용합니다. 여전히 값은 열거형 객체에 접근하는 대신에 리터럴을 직접 사용합니다.

이전 코드 스니펫은 컴파일된 자바스크립트 출력에서 속성 조회를 생략합니다.

```
var DisplayHint;
(function (DisplayHint) {
    DisplayHint[DisplayHint["Opaque"] = 0] = "Opaque";
    DisplayHint[DisplayHint["Semitransparent"] = 1] = "Semitransparent";
```

```
    DisplayHint[DisplayHint["Transparent"] = 2] = "Transparent";
})(DisplayHint || (DisplayHint = {}));

let displayHint = 2 /* Transparent */;
```

preserveConstEnums는 생성된 자바스크립트 코드의 크기를 줄이는 데 유용하지만 타입스크립트 코드를 변환하는 모든 방법이 이를 지원하는 것은 아닙니다. isolatedModules 컴파일러 옵션과 const 열거형을 지원하지 않는 경우와 관련된 자세한 내용은 13장 '구성 옵션'을 참조하세요.

14.4 네임스페이스

> **WARNING** 기존 패키지에 대한 **DefinitelyTyped** 타입 정의를 작성하지 않는 한 네임스페이스를 사용하지 마세요. 네임스페이스는 최신 자바스크립트 모듈 의미 체계와 일치하지 않습니다. 자동 멤버 할당은 코드를 읽는 것을 혼란스럽게 만들 수 있습니다. .d.ts 파일에서 네임스페이스를 접할 수 있기 때문에 이번 절에서 언급할 뿐입니다.

ECMA스크립트 모듈이 승인되기 전에는 웹 애플리케이션이 출력 코드 대부분을 브라우저에 따라 로드되는 하나의 파일로 묶는 것이 일반적이었습니다. 이러한 거대한 하나의 파일은 종종 프로젝트의 서로 다른 영역에 걸쳐서 중요한 값에 대한 참조를 위해 전역 변수를 생성했습니다. RequireJS와 같은 오래된 모듈 로더를 설정하는 것보다 페이지에 하나의 파일을 포함하는 것이 더 간단하고, 아직 HTTP/2 다운로드 스트리밍을 지원하지 않는 서버가 많았기에 로드 성능이 더 좋은 경우가 많았습니다. 하나의 파일 출력을 위해 만들어진 프로젝트에는 코드 영역과 전역 변수를 구성하는 방법이 필요했습니다.

타입스크립트 언어는 지금은 네임스페이스라 부르는 **내부 모듈**internal module 개념을 가진 하나의 해결책을 제공했습니다. 네임스페이스는 객체의 멤버로 호출할 수 있는 내보낸exported 콘텐츠가 있는, 전역으로 사용 가능한 객체입니다. 네임스페이스는 namespace 키워드와 {} 코드 블록으로 정의합니다. 네임스페이스 블록의 모든 코드는 함수 클로저 내에서 평가됩니다.

다음 Randomized 네임스페이스는 value 변수를 생성하고 내부적으로 사용합니다.

```
namespace Randomized {
    const value = Math.random();
    console.log('My value is ${value}');
}
```

출력된 자바스크립트는 Randomized 객체를 생성하고 함수 내부의 블록 내용을 확인하기 때문에 value 변수는 네임스페이스 외부에서는 사용할 수 없습니다.

```
var Randomized;
(function (Randomized) {
    const value = Math.random();
    console.log('My value is ${value}');
})(Randomized || (Randomized = {}));
```

WARNING 네임스페이스와 namespace 키워드는 원래 타입스크립트에서 module로 불렸습니다. 최신 모듈 로더와 ECMA스크립트 모듈의 등장을 감안할 때, 돌이켜보면 module 키워드 사용은 유감스러운 선택이었습니다. module 키워드는 여전히 아주 오래된 프로젝트에서 가끔 발견되지만 namespace로 안전하게 대체할 수 있고 대체해야만 합니다.

14.4.1 네임스페이스 내보내기

네임스페이스를 유용하게 만드는 핵심 기능은 콘텐츠를 네임스페이스 객체의 멤버로 만들어 내보내는 기능입니다. 이 작업 덕분에 코드의 다른 영역에서 네임스페이스 이름으로 해당 멤버를 참조할 수 있습니다.

다음 Settings 네임스페이스는 내부와 외부에서 사용되는 describe, name, version 값을 네임스페이스로 내보냅니다.

```
namespace Settings {
    export const name = "My Application";
    export const version = "1.2.3";
```

```
    export function describe() {
        return '${Settings.name} at version ${Settings.version}';
    }
    console.log("Initializing", describe());
  }
console.log("Initialized", Settings.describe());
```

출력된 자바스크립트는 이런 값을 사용할 때 내부와 외부 모두에서 Settings의 멤버로 항상 참조됨을 보여줍니다(예를 들면 Settings.name).

```
var Settings;
(function (Settings) {
    Settings.name = "My Application";
    Settings.version = "1.2.3";
    function describe() {
        return '${Settings.name} at version ${Settings.version}';
    }
    Settings.describe = describe;
    console.log("Initializing", describe());
})(Settings || (Settings = {}));
console.log("Initialized", Settings.describe());
```

출력 객체에 var를 사용하고 내보낸 콘텐츠를 해당 객체의 멤버로 참조하도록 하면, 네임스페이스가 여러 파일에 걸쳐 분할되어 작성되었더라도 아주 잘 작동합니다. 이전 Settings 네임스페이스는 여러 파일에 걸쳐 다시 작성할 수 있습니다.

```
// settings/constants.ts
namespace Settings {
    export const name = "My Application";
    export const version = "1.2.3";
}
```

```
// settings/describe.ts
namespace Settings {
    export function describe() {
        return '${Settings.name} at version ${Settings.version}';
    }
}
```

```
        console.log("Initializing", describe());
    }
```

```
// index.ts
console.log("Initialized", Settings.describe());
```

함께 연결된 출력 자바스크립트는 대략 다음과 같습니다.

```
// settings/constants.ts
var Settings;
(function (Settings) {
    Settings.name = "My Application";
    Settings.version = "1.2.3";
})(Settings || (Settings = {}));

// settings/describe.ts
(function (Settings) {
    function describe() {
        return '${Settings.name} at version ${Settings.version}';
    }
    Settings.describe = describe;
    console.log("Initialized", describe());
})(Settings || (Settings = {}));
console.log("Initialized", Settings.describe());
```

단일 파일과 다중 파일 선언 형식 모두 런타임에서 출력된 객체는 3개의 키가 있는 객체입니다. 대략 다음과 같습니다.

```
const Settings = {
    describe: function describe() {
        return '${Settings.name} at version ${Settings.version}';
    },
    name: "My Application",
    version: "1.2.3",
};
```

네임스페이스를 사용할 때의 주요 차이점은 서로 다른 파일로 분할될 수 있고 멤버가 네임스페이스의 이름으로 여전히 참조할 수 있다는 점입니다.

14.4.2 중첩된 네임스페이스

네임스페이스는 다른 네임스페이스 내에서 네임스페이스를 내보내거나 하나 이상의 마침표 (.)를 사용해서 무한으로 **중첩**nested할 수 있습니다.

다음 두 개의 네임스페이스 선언은 동일하게 작동합니다.

```
namespace Root.Nested {
    export const value1 = true;
}

namespace Root {
    export namespace Nested {
        export const value2 = true;
    }
}
```

둘 다 구조적으로 동일한 코드로 컴파일됩니다.

```
(function (Root) {
    let Nested;
    (function (Nested) {
        Nested.value2 = true;
    })(Nested || (Nested = {}));
})(Root || (Root = {}));
```

중첩된 네임스페이스는 네임스페이스로 구성된 더 큰 프로젝트의 구역들 사이에 더 자세한 설명을 적용할 수 있는 편리한 방법입니다. 많은 개발자가 (아마도 회사 또는 조직의 네임스페이스 내에서) 그들의 프로젝트 이름을 최상위 네임스페이스로 사용하고, 프로젝트의 각 주요 영역을 자식 네임스페이스로 사용합니다.

14.4.3 타입 정의에서 네임스페이스

오늘날 네임스페이스를 사용하는 것에 대한 유일한 보상과 이 책에서 네임스페이스를 다루기로 선택한 유일한 이유는 네임스페이스가 DefinitelyTyped 타입 정의에 유용하기 때문입니다. 많은 자바스크립트 라이브러리, 특히 제이쿼리jQuery와 같은 오래된 웹 애플리케이션에서 고정적으로 사용하는 라이브러리는 전통적인 `<script>` 태그를 사용해 웹 브라우저에 포함되도록 설정합니다. 네임스페이스를 타이핑할 때는 모든 코드에 사용 가능한 전역 변수, 즉, 네임스페이스로 완벽하게 감싼 구조를 생성한다는 것을 나타내야 합니다.

또한 많은 브라우저 지원 자바스크립트 라이브러리는 더 현대적인 모듈 시스템에 삽입되고 전역 네임스페이스를 생성하기 위해 설정됩니다. 타입스크립트는 모듈 타입 정의에 `export as namespace`와 그 뒤에 전역 이름을 포함하고, 해당 이름을 사용해서 모듈을 전역으로 사용할 수 있음을 나타냅니다.

예를 들어 모듈에 대한 다음 선언 파일은 value를 내보내고 전역으로 사용할 수 있습니다.

```
// node_modules/@types/my-example-lib/index.d.ts
export const value: number;
export as namespace libExample;
```

타입 시스템은 `import("my-example-lib")`와 `window.libExample` 모두 `number` 타입의 `value` 속성과 함께 모듈을 반환한다는 것을 알고 있습니다.

```
// src/index.ts
import * as libExample from "my-example-lib"; // Ok
const value = window.libExample.value; // Ok
```

14.4.4 네임스페이스보다 모듈을 선호함

네임스페이스를 사용하는 대신 ECMA스크립트 모듈을 사용해 최신 표준에 맞게 이전 예제의 `settings/constants.ts` 파일과 `settings/describe.ts` 파일을 재작성할 수 있습니다.

```
// settings/constants.ts
export const name = "My Application";
export const version = "1.2.3";
```

```
// settings/describe.ts
import { name, version } from "./constants";
```

```
export function describe() {
    return '${Settings.name} at version ${Settings.version}';
}

console.log("Initializing", describe());
```

```
// index.ts
import { describe } from "./settings/describe";

console.log("Initialized", describe());
```

네임스페이스로 구조화된 타입스크립트 코드는 웹팩과 같은 최신 빌더에서 사용하지 않는 파일을 제거하는 것이 쉽지 않습니다. 네임스페이스는 ECMA스크립트 모듈처럼 파일 간에 명시적으로 선언되는 게 아니라 암시적으로 연결을 생성하기 때문입니다. 따라서 타입스크립트 네임스페이스가 아닌 ECMA스크립트 모듈을 사용해 런타임 코드를 작성하는 것이 훨씬 더 좋습니다.

> **NOTE** 집필 시점인 2022년 기준으로 타입스크립트 자체는 네임스페이스로 작성되지만 타입스크립트 팀은 모듈로 마이그레이션하는 작업을 진행하고 있습니다. 아마 여러분이 이 책을 읽고 있을 즈음에는 전환이 끝났을 수도 있습니다.[1]

14.5 타입 전용 가져오기와 내보내기

긍정적으로 이번 장을 마무리하고 싶습니다. 마지막 구문 확장인 타입 전용 가져오기와 내보내기는 매우 유용하며 내보내진 자바스크립트 출력에 어떠한 복잡성도 추가하지 않습니다.

타입스크립트의 트랜스파일러는 자바스크립트 런타임에서 사용되지 않으므로 파일의 가져오기와 내보내기에서 타입 시스템에서만 사용되는 값을 제거합니다.

---

1 옮긴이_ 번역 시점인 2022년 11월에는 모듈로 마이그레이션 작업이 완료되었습니다. 컴파일러는 10~15% 빨라졌고, tsc는 30% 더 빠르게 시작할 수 있고, npm 패키지는 43% 더 작아졌습니다.

예를 들어 다음 index.ts 파일은 action 변수와 ActivistArea 타입을 생성한 다음, 나중에 독립형 내보내기 선언을 사용해서 두 개를 모두 내보냅니다. index.js로 컴파일할 때 타입스크립트의 트랜스파일러는 독립형 내보내기 선언에서 ActivistArea를 제거해야 함을 알고 있습니다.

```ts
// index.ts
const action = { area: "people", name: "Bella Abzug", role: "politician" };

type ActivistArea = "nature" | "people";

export { action, ActivistArea };
```

```js
// index.js
const action = { area: "people", name: "Bella Abzug", role: "politician" };

export { action };
```

ActivistArea와 같이 다시 내보낸 타입을 제거하려면 타입스크립트 타입 시스템에 대한 지식이 필요합니다. 한 번에 하나의 파일에서 작동하는 바벨 같은 트랜스파일러는 각 이름이 타입 시스템에서만 사용되는지 여부를 알 수 있는 타입스크립트 타입 시스템에 접근할 수 없습니다. 13장 '구성 옵션'에서 다룬 타입스크립트의 isolatedModules 컴파일러 옵션은 코드가 타입스크립트가 아닌 다른 도구에서 변환되는지 확인할 때 매우 유용합니다.

타입스크립트는 export와 import 선언에서 개별적으로 가져온 이름 또는 전체 { ... } 객체 앞에 type 제한자를 추가할 수 있습니다. 이렇게 하면 타입 시스템에서만 사용된다는 것을 나타냅니다. 패키지의 기본 가져오기를 type으로 표시할 수도 있습니다.

다음 스니펫에서 index.ts가 출력 index.js로 변환될 때 value 가져오기와 내보내기만 유지됩니다.

```ts
// index.ts
import { type TypeOne, value } from "my-example-types";
import type { TypeTwo } from "my-example-types";
import type DefaultType from "my-example-types";
```

```
export { type TypeOne, value };
export type { DefaultType, TypeTwo };
```

```
// index.js
import { value } from "my-example-types";

export { value };
```

일부 타입스크립트 개발자는 타입으로만 사용되는 가져오기를 더 명확하게 하기 위해 타입 전용 가져오기 사용을 선호합니다. 가져오기가 타입 전용으로 표시된 경우, 이를 런타임 값으로 사용하려고 하면 타입스크립트 오류가 발생합니다.

다음 ClassOne은 정상적으로 가져오고 런타임에 사용할 수 있지만 ClassTwo는 타입으로 가져오기 때문에 사용할 수 없습니다.

```
import { ClassOne, type ClassTwo } from "my-example-types";

new ClassOne(); // Ok

new ClassTwo();
//  ~~~~~~~~
// Error: 'ClassTwo' cannot be used as a value because it was imported using
// 'import type'.
```

내보내진 자바스크립트에 복잡성을 더하는 대신, 타입 전용 가져오기와 내보내기는 코드 일부를 제거할 수 있을 때 타입스크립트 외부의 트랜스파일러에 명확하게 알립니다. 따라서 대부분의 타입스크립트 개발자는 이번 장에서 다룬 구문 확장에 대한 거부감으로 인해 타입 전용 가져오기와 내보내기를 잘 사용하지 않습니다.

14.6 마치며

이 장에서는 타입스크립트에 포함된 일부 자바스크립트 구문 확장에 대해 살펴봤습니다.

- 클래스 생성자에서 클래스 매개변수 속성 선언하기
- 인수 클래스와 필드에 데코레이터 사용하기
- 열거형으로 값 그룹 나타내기
- 파일 또는 타입 정의에 그룹화 생성을 위해 네임스페이스 사용하기
- 타입 전용 가져오기와 내보내기

> **TIP** https://www.learningtypescript.com/syntax-extensions에서 배운 내용을 연습해보세요

CHAPTER 15

타입 운영

조건부, 매핑 같은 타입의 강력한 힘에는

큰 혼란이 따릅니다.

타입스크립트는 타입 시스템에서 타입을 정의할 수 있는 놀라운 기능을 제공합니다. 10장 '제네릭'의 논리적인 제한자도 이 장의 타입 운영 기능에 비하면 별것 아닙니다. 이 장을 마치고 나면 다른 타입을 기준으로 타입을 혼합, 일치, 수정할 수 있습니다. 즉, 타입 시스템에서 타입을 나타내는 강력한 방법을 갖게 됩니다.

> **WARNING** 이번 장에서 소개할 멋진 타입들은 사실 자주 사용하고 싶지 않은 기술입니다. 유용하게 사용 가능한 경우를 이해하고 싶겠지만 주의해야 합니다. 과도하게 사용하면 읽기 어려울 수 있으니 유념하세요. 그럼 이제부터 즐거운 시간 보내기 바랍니다.

15.1 매핑된 타입

타입스크립트는 다른 타입의 속성을 기반으로 새로운 타입을 생성하는 구문을 제공합니다. 즉, 하나의 타입에서 다른 타입으로 **매핑**mapping합니다. 타입스크립트의 **매핑된 타입**mapped type은 다른 타입을 가져와서 해당 타입의 각 속성에 대해 일부 작업을 수행하는 타입입니다.

매핑된 타입은 키 집합의 각 키에 대한 새로운 속성을 만들어 새로운 타입을 생성합니다. 매핑된 타입은 인덱스 시그니처와 유사한 구문을 사용하지만 `[i: string]`과 같이 `:`를 사용한 정적 키 타입을 사용하는 대신 `[K in OriginalType]`과 같이 `in`을 사용해 다른 타입으로부터 계산된 타입을 사용합니다.

```
type NewType = {
    [K in OriginalType]: NewProperty;
};
```

매핑된 타입에 대한 일반적인 사용 사례는 유니언 타입에 존재하는 각 문자열 리터럴 키를 가진 객체를 생성하는 것입니다. 다음 `AnimalCounts` 타입은 키가 `Animals` 유니언 타입의 각 값이고, 각 값의 타입이 `number`인 새로운 객체 타입을 생성합니다.

```
type Animals = "alligator" | "baboon" | "cat";

type AnimalCounts = {
    [K in Animals]: number;
};
// 다음과 같음:
// {
//     alligator: number;
//     baboon: number;
//     cat: number;
// }
```

존재하는 유니언 리터럴을 기반으로 하는 매핑된 타입은 큰 인터페이스를 선언하는 공간을 절약하는 편리한 방법입니다. 하지만 매핑된 타입은 다른 타입에 대해 작동하고 멤버에서 제한자를 추가하거나 제거할 수 있을 때 정말로 유용해집니다.

15.1.1 타입에서 매핑된 타입

일반적으로 매핑된 타입은 존재하는 타입에 keyof 연산자를 사용해 키를 가져오는 방식으로 작동합니다. 존재하는 타입의 키를 매핑하도록 타입에 지시하면 새로운 타입으로 **매핑**합니다.

다음 AnimalCounts 타입은 AnimalVariants 타입에서 이와 동등한 새로운 타입으로 매핑되고, 결국 이전의 AnimalCounts 타입과 동일해집니다.

```
interface AnimalVariants {
    alligator: boolean;
    baboon: number;
    cat: string;
}

type AnimalCounts = {
    [K in keyof AnimalVariants]: number;
};
// 다음과 같음:
// {
//      alligator: number;
//      baboon: number;
//      cat: number;
// }
```

이전 스니펫에서 K로 명명된 keyof에 매핑된 새로운 타입 키는 원래 타입의 키로 알려져 있습니다. 즉, 각 매핑된 타입 멤버 값은 동일한 키 아래에서 원래 타입의 해당 멤버 값을 참조할 수 있습니다.

원본 객체가 SomeName이고 매핑이 [K in keyof SomeName]인 경우라면 매핑된 타입의 각 멤버는 SomeName 멤버의 값을 SomeName[K]로 참조할 수 있습니다.

다음 NullableBirdVariants 타입은 원본 BirdVariants 타입을 사용해 각 멤버에 | null을 추가합니다.

```
interface BirdVariants {
    dove: string;
    eagle: boolean;
}

type NullableBirdVariants = {
    [K in keyof BirdVariants]: BirdVariants[K] | null,
};
// 다음과 같음:
// {
//      dove: string | null;
```

```
//      eagle: boolean | null;
// }
```

각 필드를 원본 타입에서 임의의 수의 다른 타입으로 어렵게 복사하는 대신, 매핑된 타입은 멤버 집합을 한 번 정의하고 필요한 만큼 여러 번 새로운 버전을 다시 생성할 수 있습니다.

매핑된 타입과 시그니처

7장 '인터페이스'에서 타입스크립트가 인터페이스 멤버를 함수로 선언하는 두 가지 방법을 제공한다고 소개했습니다.

- **member(): void 같은 메서드 구문**: 인터페이스의 멤버가 객체의 멤버로 호출되도록 의도된 함수임을 선언
- **member: () => void 같은 속성 구문**: 인터페이스의 멤버가 독립 실행형 함수와 같다고 선언

매핑된 타입은 객체 타입의 메서드와 속성 구문을 구분하지 않습니다. 매핑된 타입은 메서드를 원래 타입의 속성으로 취급합니다.

다음 ResearcherProperties 타입은 Researcher의 researchProperty와 researchMethod 멤버를 모두 포함합니다.

```
interface Researcher {
    researchMethod(): void;
    researchProperty: () => string;
}

type JustProperties<T> = {
    [K in keyof T]: T[K];
};

type ResearcherProperties = JustProperties<Researcher>;
// 다음과 같음:
// {
//      researchMethod: () => void;
//      researchProperty: () => string;
// }
```

대부분의 실용적인 타입스크립트 코드에서 메서드와 속성의 차이는 잘 나타나지 않습니다. 클래스 타입을 갖는 매핑된 타입을 실제로 사용하는 경우는 매우 드문 일입니다.

15.1.2 제한자 변경

매핑된 타입은 원래 타입의 멤버에 대해 접근 제어 제한자인 readonly와 ?도 변경 가능합니다. 전형적인 인터페이스와 동일한 구문을 사용해 매핑된 타입의 멤버에 readonly와 ?를 배치할 수 있습니다.

다음 ReadonlyEnvironmentalist 타입은 모든 멤버가 readonly로 제공된 Environmentalist 인터페이스 버전을 만드는 반면, OptionalReadonlyEnvironmentalist는 한 단계 더 나아가 모든 ReadonlyEnvironmentalist 멤버에 ?를 추가한 다른 버전을 만듭니다.

```
interface Environmentalist {
    area: string;
    name: string;
}

type ReadonlyEnvironmentalist = {
    readonly [K in keyof Environmentalist]: Environmentalist[K];
};
// 다음과 같음:
// {
//     readonly area: string;
//     readonly name: string;
// }

type OptionalReadonlyEnvironmentalist = {
    [K in keyof ReadonlyEnvironmentalist]?: ReadonlyEnvironmentalist[K];
};
// 다음과 같음:
// {
//     readonly area?: string;
//     readonly name?: string;
// }
```

> NOTE OptionalReadonlyEnvironmentalist 타입은 readonly [K in keyof Environmnetalist]?: Environmentalist[K]로 대체할 수 있습니다.

새로운 타입의 제한자 앞에 –를 추가해 제한자를 제거합니다. readonly나 ?:을 작성하는 대신

-readonly 또는 -?:을 사용합니다.

다음 Conservationist 타입은 WritableConservationist에서 작성 가능하게 만든 다음 RequiredWritableConservationist에서도 필요한 선택적 ?와 readonly 멤버를 포함합니다.

```
interface Conservationist {
    name: string;
    catchphrase?: string;
    readonly born: number;
    readonly died?: number;
}

type WritableConservationist = {
    -readonly [K in keyof Conservationist]: Conservationist[K];
};
// 다음과 같음:
// {
//      name: string;
//      catchphrase?: string;
//      born: number;
//      died?: number;
// }

type RequiredWritableConservationist = {
    [K in keyof WritableConservationist]-?: WritableConservationist[K];
};
// 다음과 같음:
// {
//      name: string;
//      catchphrase: string;
//      born: number;
//      died: number;
// }
```

NOTE RequiredWritableConservationist 타입은 -readonly [K in keyof Conservationist]-? : Conservationist[K]로 대체할 수 있습니다.

15.1.3 제네릭 매핑된 타입

매핑된 타입의 완전한 힘은 제네릭과 결합해 단일 타입의 매핑을 다른 타입에서 재사용할 수 있도록 하는 것에서 나옵니다. 매핑된 타입은 매핑된 타입 자체의 타입 매개변수를 포함해 keyof로 해당 스코프에 있는 모든 타입 이름에 접근할 수 있습니다.

제네릭 매핑된 타입은 데이터가 애플리케이션을 통해 흐를 때 데이터가 어떻게 변형되는지 나타낼 때 아주 유용합니다. 예를 들어 애플리케이션 영역이 기존 타입의 값을 가져올 수는 있지만 데이터를 수정하는 것은 허용하지 않는 것이 좋습니다.

다음 MakeReadonly 제네릭 타입은 모든 타입을 사용할 수 있고, 모든 멤버에 readonly 제한자가 추가된 새로운 버전을 생성합니다.

```
type MakeReadonly<T> = {
    readonly [K in keyof T]: T[K];
}

interface Species {
    genus: string;
    name: string;
}

type ReadonlySpecies = MakeReadonly<Species>;
// 다음과 같음:
// {
//     readonly genus: string;
//     readonly name: string;
// }
```

개발자들이 일반적으로 표현해야 하는 또 다른 변환은 임의의 수의 인터페이스를 받고, 그 인터페이스의 완전히 채워진 인스턴스를 반환하는 함수입니다.

다음 MakeOptional 타입과 createGenusData 함수는 GenusData 인터페이스를 얼마든지 제공하고 기본값이 채워진 객체를 다시 가져올 수 있습니다.

```
interface GenusData {
    family: string;
    name: string;
}
```

```typescript
type MakeOptional<T> = {
    [K in keyof T]?: T[K];
}
// 다음과 같음:
// {
//     family?: string;
//     name?: string;
// }

/**
 * GenusData의 기본값 위에 모든 {overrides}를 구조 분해 할당합니다.
 */
function createGenusData(overrides?: MakeOptional<GenusData>): GenusData {
    return {
        family: 'unknown',
        name: 'unknown',
        ...overrides,
    }
}
```

제네릭 매핑된 타입으로 수행되는 일부 작업은 매우 유용하므로 타입스크립트는 제네릭 매핑된 타입을 즉시 사용할 수 있는 유틸리티 타입을 제공합니다. 예를 들어 내장된 Partial<T> 타입을 사용해 모든 속성을 선택 사항으로 만들 수 있습니다. 내장된 유틸리티 타입을 https://www.typescriptlang.org/ko/docs/handbook/utility-types.html에서 확인해보세요.

15.2 조건부 타입

기존 타입을 다른 타입에 매핑하는 것은 훌륭하지만 아직 타입 시스템에 논리적 조건이 추가되지 않았습니다. 지금부터 해보겠습니다.

타입스크립트의 타입 시스템은 **논리 프로그래밍 언어**^{logic programming language}의 한 예입니다. 타입스크립트의 타입 시스템은 이전 타입에 대한 논리적인 검사를 바탕으로 새로운 구성(타입)을 생성합니다. **조건부 타입**^{conditional type}의 개념은 기존 타입을 바탕으로 두 가지 가능한 타입 중 하나로 확인되는 타입입니다.

조건부 타입 구문은 삼항 연산자 조건문처럼 보입니다.

```
LeftType extends RightType ? IfTrue : IfFalse
```

조건부 타입에서 논리적 검사는 항상 extends의 왼쪽 타입이 오른쪽 타입이 되는지 또는 할당 가능한지 여부에 있습니다.

다음 CheckStringAgainstNumber 조건부 타입은 string이 number가 되는지 여부를 검사합니다. 즉, string 타입을 number 타입에 할당할 수 있는지 여부입니다. 할당할 수 없다면 그 결과 타입은 false가 됩니다.

```
// 타입: false
type CheckStringAgainstNumber = string extends number ? true : false;
```

이 장의 나머지 부분에서는 다른 타입 시스템 기능과 조건부 타입을 결합하는 내용을 살펴봅니다. 코드 스니펫이 더 복잡해질수록 각 조건부 타입은 순전히 boolean 로직의 일부라는 것을 기억하세요. 각각은 어떤 타입을 취하고, 두 가지 가능한 결과 중 하나를 얻습니다.

15.2.1 제네릭 조건부 타입

조건부 타입은 조건부 타입 자체의 타입 매개변수를 포함한 해당 스코프에서 모든 타입 이름을 확인할 수 있습니다. 즉, 모든 다른 타입을 기반으로 새로운 타입을 생성하기 위해 재사용 가능한 제네릭 타입을 작성할 수 있습니다.

이전 CheckStringAgainstNumber 타입을 제네릭 CheckAgainstNumber로 바꾸면 이전 타입이 number에 할당 가능한지 여부에 따라 true 또는 false인 타입이 제공됩니다. number와 0 ¦ 1은 둘 다 true인 반면 string은 여전히 true가 아닙니다.

```
type CheckAgainstNumber<T> = T extends number ? true : false;

// 타입: false
type CheckString = CheckAgainstNumber<'parakeet'>;
```

```
// 타입: true
type CheckString = CheckAgainstNumber<1891>;

// 타입: true
type CheckString = CheckAgainstNumber<number>;
```

다음 CallableSetting 타입이 조금 더 유용합니다. 제네릭 T를 받고 T가 함수인지 아닌지 확인합니다. T가 () => number[]인 GetNumbersSetting처럼 T가 함수인 경우 결과 다입은 T가 됩니다. 그렇지 않으면 T가 string인 StringSetting처럼 결과 타입은 T를 반환하는 함수이므로 그 결과 타입은 () => string입니다.

```
type CallableSetting<T> =
    T extends () => any
        ? T
        : () => T

// 타입: () => number[]
type GetNumbersSetting = CallableSetting<() => number[]>;

// 타입: () => string
type StringSetting = CallableSetting<string>;
```

조건부 타입은 객체 멤버 검색 구문을 사용해서 제공된 타입의 멤버에 접근할 수 있고, extends 절과 결과 타입에서 그 정보를 사용할 수 있습니다.

자바스크립트 라이브러리에서 사용하는 패턴 중 조건부 제네릭 타입에도 적합한 한 가지 패턴은 함수에 제공된 옵션 객체를 기반으로 함수의 반환 타입을 변경하는 것입니다.

예를 들어 대부분의 데이터베이스 함수나 이와 동등한 함수는 값을 찾을 수 없는 경우 undefined를 반환하는 대신 throwIfNotFound와 같은 속성을 사용해 함수가 오류를 발생시키도록 변경할 수 있습니다. 다음 QueryResult 타입은 Options["throwIfNotFound"]가 true인 것으로 명확하게 알려지면 string | undefined 대신 더 좁은 string이 되도록 모델링합니다.

```
interface QueryOptions {
  throwIfNotFound: boolean;
}
```

```
type QueryResult<Options extends QueryOptions> =
  Options["throwIfNotFound"] extends true ? string : string | undefined;

declare function retrieve<Options extends QueryOptions>(
    key: string,
    options?: Options,
): Promise<QueryResult<Options>>;

// 반환된 타입: string | undefined
await retrieve("Biruté Galdikas");

// 반환된 타입: string | undefined
await retrieve("Jane Goodall", { throwIfNotFound: Math.random() > 0.5 });

// 반환된 타입: string
await retrieve("Dian Fossey", { throwIfNotFound: true });
```

조건부 타입을 제네릭 타입 매개변수와 결합하면 retrieve 함수는 프로그램의 제어 흐름을 어떻게 변경할 것인지를 타입 시스템에 더 정확히 알릴 수 있습니다.

15.2.2 타입 분산

조건부 타입은 유니언에 **분산**distribute됩니다. 결과 타입은 각 구성 요소(유니언 타입 안의 타입들)에 조건부 타입을 적용하는 유니언이 됨을 의미합니다. 즉, ConditionalType<T | U>는 Conditional<T> | Conditional<U>와 같습니다.

타입 분산을 설명하기는 쉽지만 조건부 타입이 유니언과 함께 어떻게 작동하는지가 중요합니다.

다음 ArrayifyUnlessString 타입은 타입 매개변수 T가 T extends string이 아니라면 배열로 변환됩니다. ArrayifyUnlessString<string | number>가 ArrayifyUnlessString <string> | ArrayifyUnlessString<number>와 동일하므로 HalfArrayified는 string | number[]와 동일합니다.

```
type ArrayifyUnlessString<T> = T extends string ? T : T[];

// 타입: string | number[]
type HalfArrayified = ArrayifyUnlessString<string | number>;
```

타입스크립트의 조건부 타입이 유니언에 분산되지 않는다면 string | number는 string에 할당할 수 없기 때문에 HalfArrayified는 (string | number)[]가 됩니다. 즉, 조건부 타입은 전체 유니언 타입이 아니라 유니언 타입의 각 구성 요소에 로직을 적용합니다.

15.2.3 유추된 타입

제공된 타입의 멤버에 접근하는 것은 타입의 멤버로 저장된 정보에 대해서는 잘 작동하지만 함수 매개변수 또는 반환 타입과 같은 다른 정보에 대해서는 알 수 없습니다. 조건부 타입은 extends 절에 infer 키워드를 사용해 조건의 임의의 부분에 접근합니다. extends 절에 타입에 대한 infer 키워드와 새 이름을 배치하면 조건부 타입이 true인 경우 새로운 타입을 사용할 수 있음을 의미합니다.

다음 ArrayItems 타입은 타입 매개변수 T를 받고 T가 새로운 Item 타입의 배열인지 확인합니다. 새로운 Item 타입의 배열인 경우 결과 타입은 Item이 되고, 그렇지 않으면 T가 됩니다.

```
type ArrayItems<T> =
    T extends (infer Item)[]
        ? Item
        : T;

// 타입: string
type StringItem = ArrayItems<string>;

// 타입: string
type StringArrayItem = ArrayItems<string[]>;

// 타입: string[]
type String2DItem = ArrayItems<string[][]>;
```

유추된 타입은 재귀적 조건부 타입을 생성하는 데에도 사용할 수 있습니다. 다음 코드는 이전에 본 ArrayItems 타입이 모든 차원 배열의 item 타입을 재귀적으로 검색하도록 확장했습니다.

```
type ArrayItemsRecursive<T> =
    T extends (infer Item)[]
        ? ArrayItemsRecursive<Item>
        : T;
```

```
// 타입: string
type StringItem = ArrayItemsRecursive<string>;

// 타입: string
type StringArrayItem = ArrayItemsRecursive<string[]>;

// 타입: string
type String2DItem = ArrayItemsRecursive<string[][]>;
```

ArrayItems<string[][]>은 string[]이 되지만 ArrayItemsRecursive<string[][]>은 string이 됩니다. 제네릭 타입이 재귀적일 수 있는 기능을 통해 여기에서 배열의 요소 타입을 검색하는 것과 같은 변경 사항을 계속 적용할 수 있도록 합니다.

15.2.4 매핑된 조건부 타입

매핑된 타입은 기존 타입의 모든 멤버에 변경 사항을 적용하고 조건부 타입은 하나의 기존 타입에 변경 사항을 적용합니다. 이 둘을 함께 사용하면 제네릭 템플릿 타입의 각 멤버에 조건부 로직을 적용할 수 있습니다.

다음 MakeAllMembersFunctions 타입은 타입의 함수가 아닌 각 멤버를 함수로 바꿉니다.

```
type MakeAllMembersFunctions<T> = {
    [K in keyof T]: T[K] extends (...args: any[]) => any
        ? T[K]
        : () => T[K]
};

type MemberFunctions = MakeAllMembersFunctions<{
    alreadyFunction: () => string,
    notYetFunction: number,
}>;
// 타입:
// {
//     alreadyFunction: () => string,
//     notYetFunction: () => number,
// }
```

매핑된 조건부 타입은 일부 논리적 검사를 사용해 기존 타입의 모든 속성을 수정하는 편리한 방법입니다.

15.3 never

4장 '객체'에서 never와 bottom 타입을 소개했습니다. 이들은 가능한 값을 가질 수 없고 접근할 수 없음을 의미합니다. 올바른 위치에 never 타입 애너테이션을 추가하면 타입스크립트가 이전 런타임 예제 코드뿐만 아니라 타입 시스템에서 맞지 않는 코드 경로를 더 공격적으로 탐지합니다.

15.3.1 never와 교차, 유니언 타입

bottom 타입인 never는 존재할 수 없는 타입이라는 의미를 가지고 있습니다. never가 교차 타입(&)과 유니언 타입(|)을 함께 사용하면 다음과 같이 흥미롭게 작동합니다.

- 교차 타입(&)에 있는 never는 교차 타입을 never로 만듭니다.
- 유니언 타입(|)에 있는 never는 무시됩니다.

다음 NeverIntersection과 NeverUnion 타입은 다음과 같이 작동합니다.

```
type NeverIntersection = never & string; // 타입: never
type NeverUnion = never | string; // 타입: string
```

특히 유니언 타입에서 never가 무시되는 동작은 조건부 타입과 매핑된 타입에서 값을 필터링하는 데 유용합니다.

15.3.2 never와 조건부 타입

제네릭 조건부 타입은 일반적으로 유니언에서 타입을 필터링하기 위해 never를 사용합니다. never는 유니언에서 무시되기 때문에 유니언 타입에서 제네릭 조건부의 결과는 never가 아닌 것이 됩니다.

다음 OnlyStrings 제네릭 조건부 타입은 문자열이 아닌 타입을 필터링하므로 RedOrBlue 타입은 유니언에서 0과 false를 필터링합니다.

```
type OnlyStrings<T> = T extends string ? T : never;

type RedOrBlue = OnlyStrings<"red" | "blue" | 0 | false>;
// 다음과 같음: "red" | "blue"
```

never는 또한 제네릭 타입에 대한 타입 유틸리티를 만들 때 유추된 조건부 타입과 결합됩니다. infer가 있는 타입 추론은 조건부 타입이 true가 되어야 하므로 false인 경우를 절대 사용하지 않아야 합니다. 바로 이때 never를 사용하면 적합합니다.

다음 FirstParameter 타입은 함수 타입 T를 받고, arg: infer Arg가 함수인지 확인하고, 함수가 맞다면 Arg를 반환합니다.

```
type FirstParameter<T extends (...args: any[]) => any> =
    T extends (arg: infer Arg) => any
        ? Arg
        : never;

type GetsString = FirstParameter<
    (arg0: string) => void
>; // 타입: string
```

조건부 타입의 false에 never를 사용하면 FirstParameter가 함수의 첫 번째 매개변수의 타입을 추출할 수 있습니다.

15.3.3 never와 매핑된 타입

유니언에서 never의 동작은 매핑된 타입에서 멤버를 필터링할 때도 유용합니다. 다음 세 가지 타입 시스템 기능을 사용해 객체의 키를 필터링합니다.

- 유니언에서 never는 무시됩니다.
- 매핑된 타입은 타입의 멤버를 매핑할 수 있습니다.

- 조건부 타입은 조건이 충족되는 경우 타입을 never로 변환하는 데 사용할 수 있습니다.

세 가지 기능을 함께 사용하면 원래 타입의 각 멤버를 원래 키 또는 never로 변경하는 매핑된 타입을 만들 수 있습니다. [keyof T]로 해당 타입의 멤버를 요청하면 모든 매핑된 타입의 결과 유니언이 생성되고 never는 필터링됩니다.

다음 OnlyStringProperties 타입은 각 T[K] 멤버가 string인 경우 K 키로 변경하고, string이 아닌 경우 never로 변경합니다.

```
type OnlyStringProperties<T> = {
    [K in keyof T]: T[K] extends string ? K : never;
}[keyof T];

interface AllEventData {
    participants: string[];
    location: string;
    name: string;
    year: number;
}

type OnlyStringEventData = OnlyStringProperties<AllEventData>;
// 다음과 같음: "location" | "name"
```

OnlyStringProperties<T> 타입을 읽는 또 다른 방법은 string이 아닌 모든 속성을 필터링한 다음 나머지 모든 키([keyof T])를 반환하는 것입니다.

15.4 템플릿 리터럴 타입

지금까지 조건부 타입과 매핑된 타입에 대해 자세히 살펴봤습니다. 이제부터는 덜 논리 집약적인 타입으로 전환하고 잠시 문자열에 집중해보겠습니다. 지금까지 문자열값을 입력하기 위한 두 가지 전략을 제시했습니다.

- **원시 string 타입**: 값이 세상의 모든 문자열이 될 수 있는 경우
- **""와 "abc" 같은 리터럴 타입**: 값이 오직 한 가지 타입만 될 수 있는 경우

그러나 경우에 따라 문자열이 일부 문자열 패턴과 일치함을 나타내고 싶을 수 있습니다. 문자열의 일부는 알려져 있지만 일부는 알려져 있지 않습니다.

문자열 타입이 패턴에 맞는지를 나타내는 타입스크립트 구문인 **템플릿 리터럴 타입**^{template literal}을 입력해보세요. 템플릿 리터럴 타입은 템플릿 리터럴 문자열처럼 보이지만 추정할 수 있는 원시 타입 또는 원시 타입 유니언이 있습니다.

다음 템플릿 리터럴 타입은 문자열이 Hello로 시작해야 하지만 그 이후에 나오는 나머지 문자열에는 모든 문자열(string)을 사용할 수 있습니다. "Hello, world!"와 같이 Hello로 시작하는 이름은 일치하지만, "World! Hello!" 또는 "hi"는 일치하지 않습니다.

```typescript
type Greeting = 'Hello${string}';

let matches: Greeting = "Hello, world!"; // Ok

let outOfOrder: Greeting = "World! Hello!";
//  ~~~~~~~~~~
// Error: Type '"World! Hello!"' is not assignable to type ''Hello ${string}''.

let missingAltogether: Greeting = "hi";
//  ~~~~~~~~~~~~~~~~~~
// Error: Type '"hi"' is not assignable to type ''Hello ${string}''.
```

템플릿 리터럴 타입을 더 좁은 문자열 패턴으로 제한하기 위해 포괄적인 string 원시 타입 대신 문자열 리터럴 타입과 그 유니언을 타입 보간법^{type interpolation}에 사용할 수 있습니다. 템플릿 리터럴 타입은 제한된 허용 문자열 집합과 일치해야 하는 문자열을 설명하는 데 매우 유용합니다.

다음 BrightnessAndColor는 Brightness로 시작하고 Color로 끝나며 그 사이에 하이픈(-)이 있는 문자열만 일치합니다.

```typescript
type Brightness = "dark" | "light";
type Color =  "blue" | "red";

type BrightnessAndColor = '${Brightness}-${Color}';
// 다음과 같음: "dark-red" | "light-red" | "dark-blue" | "light-blue"

let colorOk: BrightnessAndColor = "dark-blue"; // Ok
```

```
let colorWrongStart: BrightnessAndColor = "medium-blue";
//  ~~~~~~~~~~~~~~~~~
// Error: Type '"medium-blue"' is not assignable to type
// '"dark-blue" | "dark-red" | "light-blue" | "light-red"'.

let colorWrongEnd: BrightnessAndColor = "light-green";
//  ~~~~~~~~~~~~~~
// Error: Type '"light-green"' is not assignable to type
// '"dark-blue" | "dark-red" | "light-blue" | "light-red"'.
```

템플릿 리터럴 타입이 없었다면 Brightness와 Color의 네 가지 조합을 모두 힘들게 작성해야 했을 것입니다. Birghtness와 Color 중 하나에 더 많은 문자열 리터럴을 추가하면 작성하는 데 매우 번거로울 것입니다.

타입스크립트는 템플릿 리터럴 타입이 string, number, bigint, boolean, null, undefined 와 같은 모든 원시 타입(symbol 제외) 또는 그 조합을 포함하도록 허용합니다.

다음 ExtolNumber 타입은 much로 시작해서 숫자 형태(number)의 문자열을 포함하고 wow로 끝나는 모든 문자열을 허용합니다.

```
type ExtolNumber = 'much ${number} wow';

function extol(extolee: ExtolNumber) { /* ... */ }

extol('much 0 wow'); // Ok
extol('much -7 wow'); // Ok
extol('much 9.001 wow'); // Ok

extol('much false wow');
//    ~~~~~~~~~~~~~~~~~
// Error: Argument of type '"much false wow"' is not
// assignable to parameter of type ''much ${number} wow''.
```

15.4.1 고유 문자열 조작 타입

문자열 타입 작업을 지원하기 위해 타입스크립트는 문자열을 가져와 문자열에 일부 조작을 적용하는 고유(타입스크립트에 내장된) 제네릭 유틸리티 타입을 제공합니다. 타입스크립트 4.7.2에는 다음 네 가지가 있습니다.

- **Uppercase**: 문자열 리터럴 타입을 대문자로 변환합니다.
- **Lowercase**: 문자열 리터럴 타입을 소문자로 변환합니다.
- **Capitalize**: 문자열 리터럴 타입의 첫 번째 문자를 대문자로 변환합니다.
- **Uncapitalize**: 문자열 리터럴 타입의 첫 번째 문자를 소문자로 변환합니다.

각각은 문자열을 갖는 제네릭 타입으로 사용할 수 있습니다. 예를 들어 **Capitalize**를 사용해 문자열의 첫 번째 문자를 대문자로 표시합니다.

```
type FormalGreeting = Capitalize<"hello.">; // 타입: "Hello."
```

이러한 고유 문자열 조작 타입은 객체 타입의 속성 키를 조작하는 데 매우 유용합니다.

15.4.2 템플릿 리터럴 키

템플릿 리터럴 타입은 원시 문자열 타입과 문자열 리터럴 사이의 중간 지점이므로 여전히 문자열입니다. 템플릿 리터럴 타입은 문자열 리터럴을 사용할 수 있는 모든 위치에서 사용 가능합니다.

예를 들어 매핑된 타입의 인덱스 시그니처로 사용할 수 있습니다. 다음 ExistenceChecks 타입에는 check${Capitalize<DataKey>}로 매핑된 DataKey에 있는 모든 문자열에 대한 키가 있습니다.

```
type DataKey = "location" | "name" | "year";

type ExistenceChecks = {
    [K in 'check${Capitalize<DataKey>}']: () => boolean;
};
// 다음과 같음:
// {
//     checkLocation: () => boolean;
//     checkName: () => boolean;
//     checkYear: () => boolean;
// }
```

```
function checkExistence(checks: ExistenceChecks) {
    checks.checkLocation(); // 타입: boolean
    checks.checkName(); // 타입: boolean

    checks.checkWrong();
    //     ~~~~~~~~~~
    // Error: Property 'checkWrong' does not exist on type 'ExistenceChecks'.
}
```

15.4.3 매핑된 타입 키 다시 매핑하기

타입스크립트는 템플릿 리터럴 타입을 사용해 원래 멤버를 기반으로 매핑된 타입의 멤버에 대한 새로운 키를 생성할 수 있습니다. 매핑된 타입에서 인덱스 시그니처에 대한 템플릿 리터럴 타입 다음에 as 키워드를 배치하면 결과 타입의 키는 템플릿 리터럴 타입과 일치하도록 변경됩니다. 이렇게 하면 매핑된 타입은 원래 값을 계속 참조하면서 각 매핑된 타입 속성에 대한 다른 키를 가질 수 있습니다.

다음 DataEntryGetters는 키가 getLocation, getName, getYear인 매핑된 타입입니다. 각 키는 템플릿 리터럴 타입을 사용해 새로운 키로 매핑됩니다. 매핑된 각 값은 원래의 K 키를 타입 인수로 사용하는 DataEntry를 반환 타입으로 갖는 함수입니다.

```
interface DataEntry<T> {
    key: T;
    value: string;
}

type DataKey = "location" | "name" | "year";

type DataEntryGetters = {
    [K in DataKey as `get${Capitalize<K>}`]: () => DataEntry<K>;
};
// 다음과 같음:
// {
//     getLocation: () => DataEntry<"location">;
//     getName: () => DataEntry<"name">;
//     getYear: () => DataEntry<"year">;
// }
```

키를 다시 매핑하는 작업과 다른 타입 운영을 결합해 기존 타입 형태를 기반으로 하는 매핑된 타입을 생성할 수 있습니다. 한 가지 재미있는 조합은 기존 객체에 keyof typeof를 사용해 해당 객체의 타입에서 매핑된 타입을 만드는 것입니다.

다음 configGetter 타입은 config 타입을 기반으로 하지만 각 필드는 원래 config를 반환하는 함수이고 키는 원래 키에서 수정됩니다.

```
const config = {
    location: "unknown",
    name: "anonymous",
    year: 0,
};

type LazyValues = {
    [K in keyof typeof config as '${K}Lazy']: () => Promise<typeof config[K]>;
};
// 다음과 같음:
// {
//      location: Promise<string>;
//      name: Promise<string>;
//      year: Promise<number>;
// }

async function withLazyValues(configGetter: LazyValues) {
    await configGetter.locationLazy; // 결과 타입: string

    await configGetter.missingLazy();
    //                 ~~~~~~~~~~~~
    // Error: Property 'missingLazy' does not exist on type 'LazyValues'.
};
```

자바스크립트에서 객체 키는 string 또는 Symbol이 될 수 있고, Symbol 키는 원시 타입이 아니므로 템플릿 리터럴 타입으로 사용할 수 없습니다. 제네릭 타입에서 다시 매핑된 템플릿 리터럴 타입 키를 사용하려고 하면 타입스크립트는 템플릿 리터럴 타입에서 symbol을 사용할 수 없다는 오류를 발생시킵니다.

```
type TurnIntoGettersDirect<T> = {
    [K in keyof T as 'get${K}']: () => T[K]
    //                   ~
```

```
    // Error: Type 'keyof T' is not assignable to type
    // 'string | number | bigint | boolean | null | undefined'.
    //   Type 'string | number | symbol' is not assignable to type
    //    'string | number | bigint | boolean | null | undefined'.
    //     Type 'symbol' is not assignable to type
    //      'string | number | bigint | boolean | null | undefined'.
};
```

이러한 제한 사항을 피하기 위해 string과 교차 타입(&)을 사용하여 문자열이 될 수 있는 타입만 사용하도록 강제합니다. string & symbol은 never가 되므로 전체 템플릿 문자열은 never가 되고 타입스크립트는 이를 무시하게 됩니다.

```
const someSymbol = Symbol("");

interface HasStringAndSymbol {
    StringKey: string;
    [someSymbol]: number;
}

type TurnIntoGetters<T> = {
    [K in keyof T as 'get${string & K}']: () => T[K]
};

type GettersJustString = TurnIntoGetters<HasStringAndSymbol>;
// 다음과 같음:
// {
//     getStringKey: () => string;
// }
```

유니언에서 never 타입을 필터링하는 타입스크립트의 동작이 유용하다는 것을 다시 한번 입증했습니다!

15.5 타입 운영과 복잡성

> 애초에 디버깅은 코드를 작성하는 것보다 두 배나 더 어렵습니다. 따라서 코드를 가능한 한 영리하
> 게 작성하는 사람일지라도, 디버그할 정도로 똑똑하지는 않습니다.
>
> — 브라이언 커니핸[Brian Kernighan]

이 장에서는 설명하는 타입 운영은 오늘날 모든 프로그래밍 언어에서 가장 강력한 최첨단 타입
시스템 기능입니다. 상당히 복잡한 타입 운영을 사용하는 대부분의 개발자는 오류를 디버그할
수 있을 만큼 아직 익숙하지 않습니다. 12장 'IDE 기능 사용'에서 다룬 IDE 기능과 같은 업계
표준 개발 도구는 일반적으로 서로 사용되는 다층 타입 운영을 시각화하기 위해 만들어지지 않
았습니다.

타입 운영을 사용해야 하는 경우에는 향후 코드를 읽어야 하는 모든 개발자를 위해 가능한 한
최소한으로 사용하도록 노력하세요. 코드를 읽는 사람이 이해하기 쉬운 이름을 사용하고, 미래
에 코드를 읽을 때 어려움을 겪을 수 있다고 생각되는 모든 부분에 설명을 남겨주세요.

15.6 마치며

이 장에서는 타입 시스템에서 타입을 조작해 타입스크립트의 진정한 힘을 사용할 수 있게 되었
습니다.

- 기존 타입을 새로운 타입으로 변환하기 위해 매핑된 타입 사용하기
- 조건부 타입을 사용해서 타입 운영에 로직 도입하기
- 교차, 유니언, 조건부 타입, 매핑된 타입과 never가 상호작용하는 방법 배우기
- 템플릿 리터럴 타입을 사용해서 문자열 타입의 패턴 나타내기
- 타입 키를 수정하기 위해 템플릿 리터럴 타입과 매핑된 타입 결합하기

TIP https://www.learningtypescript.com/type-operations에서 배운 내용을 연습해보세요.

가시성(visibility)

클래스 멤버가 클래스 외부의 코드에서 접근 가능한지 여부를 지정합니다. `public`, `protected`, `private` 키워드를 사용해 멤버 선언 앞에 나타냅니다. 가시성과 해당 키워드는 자바스크립트의 진정한 # 멤버 프라이버시보다 먼저 만들어졌고 오직 타입스크립트 타입 시스템에만 존재합니다.

- 관련 용어: 프라이버시

교차 타입(intersection type)

& 연산자를 사용해 두 구성의 모든 속성을 가짐을 나타내는 타입입니다.

구성 타입(constituent type)

교차 또는 유니언 타입의 타입 중 하나입니다.

구조적 타이핑

타입을 만족하는 모든 값을 해당 타입의 인스턴스로 사용할 수 있는 타입 시스템입니다.

- 관련 용어: 덕 타이핑

구현 시그니처(implementation signature)

오버로드된 함수에 선언된 최종 시그니처로 구현의 매개변수에 사용됩니다.

- 관련 용어: 함수 오버로드

내보내다(emit), 내보내진 코드

`tsc`를 실행해 생성되는 `.js` 파일과 같은 컴파일러의 출력입니다. 타입스크립트 컴파일러의 자바스크립트와 선언 파일 내보내기는 컴파일러 옵션으로 제어 가능합니다.

네임스페이스(namespace)

객체의 멤버로 호출할 수 있는 내보낸exported 콘텐츠를 사용해 전역으로 사용 가능한 객체를 생성하는 타입스크립트의 오래된 구문입니다. 네임스페이스는 바닐라 자바스크립트에 대한 타입스크립트 관련 구문 확장의 드문 예입니다. 요즘에는 `.d.ts` 선언 파일에서 주로 사용합니다.

덕 타이핑(duck typing)

자바스크립트의 타입 시스템이 작동하는 방식에 대한 일반적인 구문입니다. 덕 타이핑은 '오리처럼 보이고 오리처럼 꽥꽥거리면, 오리일 것이다'라는 문구에서 유래했습니다. 즉, 자바스크립트가 모든 값을 어디든 전달할 수 있음을 의미합니다. 객체가 존재하지 않는 멤버를 요청받으면 결과는 undefined가 됩니다.

- 관련 용어: 구조적 타이핑

데코레이터(decorator)

@로 표시되는 함수로 클래스 또는 클래스 멤버에 주석을 달 수 있는 실험적인 자바스크립트 제안입니다. 이렇게 하면 생성 시에 클래스 또는 클래스 멤버에서 함수가 실행됩니다.

동적(dynamic) 타입, 동적 타이핑

기본적으로 타입 검사기를 포함하지 않는 프로그래밍 언어의 분류입니다. 동적으로 타입이 지정된 프로그래밍 언어로는 자바스크립트와 루비^{Ruby}가 있습니다.

리터럴(literal)

원시 타입의 고유한 인스턴스로 알려진 값입니다.

리팩터링(refactoring)

대부분 또는 모든 동작을 동일하게 유지하는 코드 변경입니다. 타입스크립트 언어 서비스는 요청 시 소스 코드에 대한 복잡한 코드 라인을 const 변수로 이동하는 것과 같은 일부 리팩터링을 수행할 수 있습니다.

매개변수(parameter)

일반적으로 함수가 선언하는 내용을 참조하는 수신된 입력입니다. 함수의 경우 **인수**는 함수 호출에 전달되는 값이고, **매개변수**는 함수 내부의 값입니다.

- 관련 용어: 인수

매개변수 속성

클래스 생성자의 시작 부분에서 동일한 타입의 멤버 속성에 할당되는 속성을 선언하기 위한 타입스크립트 구문 확장입니다.

매핑된 타입(mapped type)

다른 타입을 받고 해당 타입의 각 멤버에 일부 작업을 수행하는 타입입니다. 즉, 하나의 타입의 멤버에서 새로운 멤버 집합으로 **매핑**^{mapping}됩니다.

모듈(module)

최상위 export와 import가 있는 파일입니다. 일반적으로 소스 코드 안의 파일이거나 node_module/ 패키지의 파일입니다.

• 관련 용어: 스크립트

모듈 해석(module resolution)

모듈 가져오기가 해석되는 파일을 결정하는 데 사용되는 일련의 단계입니다. 타입스크립트 컴파일러는 moduleResolution 컴파일러 옵션으로 모듈 해석을 지정합니다.

반환 타입(return type)

함수에서 반환되어야 하는 타입입니다. 함수에 타입이 다른 여러 개의 반환문이 있는 경우 가능한 모든 타입의 유니언이 됩니다. 함수가 반환할 수 없는 경우 반환 타입은 never가 됩니다.

분산(distribute)

유니언 템플릿 타입이 세공될 때 타입스크립트의 조건부 타입의 속성입니다. 즉, 결과 타입은 각 구성(유니언 타입 안에 타입)에 해당 조건부 타입을 적용하는 유니언입니다. ConditionalType<T | U>는 Conditional<T> | Conditional<U>와 같습니다.

선언 파일(declaration file)

확장자가 .d.ts인 파일입니다. 선언 파일은 앰비언트 컨텍스트를 생성합니다. 즉, 오직 타입만을 선언할 수 있고 구현은 선언할 수 없습니다.

• 관련 용어: 앰비언트 컨텍스트

선택적(optional)

제공될 필요가 없는 함수 매개변수, 클래스 속성 또는 인스턴스나 객체 타입의 멤버입니다. 이름 또는 함수 매개변수와 클래스 속성 뒤에 ?를 배치하거나 =와 함께 기본값을 제공합니다.

스크립트(script)

모듈이 아닌 모든 소스 코드 파일입니다.

• 관련 용어: 모듈

십억 달러의 실수(The Billion-Dollar Mistake)

기억하기 쉬운 업계 용어로, null이 아닌 다른 타입이 필요한 위치에 null 사용을 허락하는 타입 시스템과 관련된 용어입니다. 이러한 문제로 인해 발생한 피해 규모를 고려해 토니 호어Tony Hoare가 만든 용어입니다.

• 관련 용어: 엄격한 null 검사

암시적(implicit) any

타입스크립트는 클래스 속성, 함수 매개변수 또는 변수의 타입을 즉시 추론할 수 없는 경우 암시적으로 타입을 any로 가정합니다. 클래스 속성과 함수 매개변수에 대한 암시적 any 타입은 noImplicityAny 컴파일러 옵션을 사용해 타입 오류가 되도록 구성할 수 있습니다.

앰비언트 컨텍스트(ambient context)

타입을 선언할 수 있지만 구현을 선언할 수 없는 코드 영역입니다. 일반적으로 .d.ts 선언 파일을 참조해 사용됩니다.

• 관련 용어: 선언 파일

어서션(assertion), 타입 어서션(type assertion)

값이 타입스크립트에서 예상하는 것과 다른 타입이라는 것을 타입스크립트에 단언하는 것입니다.

엄격 모드(strict mode)

타입스크립트 타입 검사기가 수행하는 검사의 엄격함과 검사 횟수를 늘리는 컴파일러 옵션 모음입니다. 엄격 모드는 --strict 플래그와 함께 tsc 명령을 실행하거나 compilerOption에 "strict": true가 있는 TSConfig 파일을 사용하면 활성화됩니다.

엄격한 null 검사(strict null checking)

null 및 undefined가 명시적으로 포함되지 않은 타입에 더 이상 제공되지 않는 타입스크립트의 엄격 모드입니다.

• 관련 용어: 십억 달러의 실수

열거형(enum)

각 값에 대한 친숙한 이름을 사용해 객체에 저장된 리터럴 값 집합입니다. 열거형은 바닐라vanilla 자바스크립트에 대한 타입스크립트 전용 구문 확장의 드문 예입니다.

오버로드 시그니처(overload signature)

호출될 수 있는 방법을 설명하기 위해 오버로드된 함수에 선언된 시그니처 중 하나입니다.

• 관련 용어: 함수 오버로드

원시(primitive) 타입

객체가 아닌 자바스크립트에 내장된 불변 데이터 타입입니다. null, undefined, boolean, string, number, bigint, symbol이 있습니다.

유니언(union)

둘 이상의 가능한 타입이 될 수 있는 값을 설명하는 타입입니다. 가능한 타입 사이에 수직선(|)을 추가해 나타냅니다.

인수(argument)

함수에 전달되는 값을 참조하는 데 사용되며 입력으로 제공됩니다. 함수의 경우 인수는 함수를 호출할 때 전달되는 값이고 매개변수는 함수 내부의 값입니다.

• 관련 용어: 매개변수

인터페이스(interface)

명명된 속성 집합입니다. 타입스크립트는 특정 인터페이스의 타입으로 선언된 값이 해당 인터페이스의 선언된 속성을 가지게 됨을 알고 있습니다.

인터페이스 병합

동일한 이름을 가진 여러 인터페이스가 동일한 스코프 내에서 선언될 때, 충돌하는 이름에 타입 오류를 발생시키는 대신 하나의 인터페이스로 결합되는 인터페이스 속성입니다. 정의 작성자가 Window와 같이 전역 인터페이스를 보강하기 위해 가장 일반적으로 사용하는 방법입니다.

인터페이스 확장

인터페이스가 다른 인터페이스를 확장한다고 선언하는 경우입니다. 원본 인터페이스의 모든 멤버가 새로운 인터페이스로 복사됩니다.

• 관련 용어: 인터페이스

재정의(override)

기본 인터페이스에 이미 존재하는 하위 파생 인터페이스의 속성을 재선언합니다.

전역 변수(global variable)

브라우저, 디노Deno, Node.js와 같은 환경에서 setTimeout과 같은 전역 스코프에 존재하는 변수입니다.

제네릭(generic)

구성의 새로운 용도가 생성될 때마다 구성을 대체할 수 있는 다른 타입을 허용합니다. 클래스, 인터페이스, 타입 별칭type alias은 제네릭으로 만들 수 있습니다.

제네릭 타입 매개변수

제네릭의 대체 타입입니다. 제네릭 타입 매개변수는 구성의 각 인스턴스에 대해 다른 타입 인수와 함께 제공될 수 있지만 해당 인스턴스 내에서는 일관성을 유지합니다.

제네릭 타입 인수

제네릭 구성에 타입 매개변수로 제공되는 타입입니다.

조건부 타입(conditional type)

기존 타입을 기반으로 두 가지 가능한 타입 중 하나로 결정되는 타입입니다.

진화하는 any

타입 애너테이션 또는 초깃값이 없는 변수에 대한 암시적 any의 특별한 경우입니다. 이러한 타입은 사용되는 모든 타입으로 진화할 수 있습니다.

- 관련 용어: 암시적 any

카멜 케이스(camelCase)

이름의 첫 번째 뒤에 오는 각 합성어의 첫 번째 문자를 대문자로 표시하는 명명 규칙입니다. 클래스와 인터페이스의 멤버를 포함해 타입스크립트 타입 시스템 구성의 멤버 이름에서 사용하는 규칙입니다.

컴파일(compile)

소스 코드를 다른 포맷으로 변환합니다. 타입스크립트에는 타입 검사 외에도 타입스크립트 소스 코드를 자바스크립트 또는 선언 파일로 변환하는 컴파일러가 포함되어 있습니다.

- 관련 용어: 트랜스파일

클래스(class)

프로토타입prototype에 할당하는 함수에 대한 자바스크립트 구문입니다. 타입스크립트는 자바스크립트 클래스로 작업할 수 있습니다.

타입(type)

값이 가지고 있는 멤버와 기능에 대한 이해입니다. string과 같은 기본 타입, 123과 같은 리터럴, 함수와 객체 같은 더 복잡한 형태가 될 수 있습니다.

타입 가드(type guard)

값이 특정 타입인 경우 일부 로직만 허용하도록 타입 시스템에서 이해할 수 있는 런타임 로직의 일부입니다.

타입 내로잉(type narrawing)

타입스크립트가 타입 가드에 따라 제어되는 코드 블록 내부의 값에 대해 더 구체적인 타입을 추론할 수 있을 때를 타입 내로잉이라고 합니다.

타입 서술어(type predicate)

타입 가드 역할을 하도록 주석이 달린 반환 타입이 있는 함수입니다. 타입 서술어 함수는 값이 타입인지 여부를 나타내는 boolean 값을 반환합니다.

타입 시스템(type system)

프로그래밍 언어가 프로그램의 구조가 가질 수 있는 타입을 이해하는 방법에 대한 규칙 집합입니다.

타입 애너테이션(type annotation)

타입을 나타내는 데 사용하는 이름 뒤의 주석입니다. :과 타입 이름으로 구성됩니다.

튜플(tuple)

각 요소에 명시적 타입이 지정되는 고정 크기의 배열입니다. 예를 들어 [number, stirng | undefined]는 첫 번째 요소가 number이고 두 번째 요소는 string | undefined 타입인 크기가 2인 튜플입니다.

트랜스파일(transpile)

소스 코드를 사람이 읽을 수 있는 프로그래밍 언어에서 다른 언어로 변환하는 컴파일 용어입니다. 타입스크립트에는 .ts/.tsx 타입스크립트 소스 코드를 .js 파일로 변환하는 컴파일러가 포함되어 있으며, 때때로 이를 트랜스파일이라고도 부릅니다.

• 관련 용어: 컴파일

파생 인터페이스(derived interface)

기본 인터페이스base interface라 부르는 적어도 하나 이상의 다른 인터페이스를 확장하는 인터페이스입니다. 기본 인터페이스의 모든 멤버가 파생 인터페이스에 복사됩니다.

파스칼 케이스(PascalCase)

이름에 있는 각 합성어의 첫 번째 문자를 대문자로 표기하는 명명 규칙입니다. 제네릭, 인터페이스, 타입 별칭을 포함한 많은 타입스크립트 타입 시스템 구성의 이름에서 사용하는 규칙입니다.

판별된 유니언, 판별된 타입 유니언

이름은 같지만 각 구성 타입에서 값이 다른 '판별discriminated' 멤버가 있는 타입 유니언입니다. 판별식의 값을 확인하는 것은 일종의 타입 내로잉 역할을 합니다.

판별식(discriminant)

동일한 이름을 갖지만 각 구성에서 타입이 다른 판별된 유니언의 멤버입니다.

프라이버시(privacy), private 필드

이름이 #으로 시작하는 클래스 멤버는 동일한 클래스 내에서만 접근할 수 있는 자바스크립트의 기능입니다.

프로젝트 레퍼런스(project reference)

의존성으로 다른 구성 파일의 프로젝트를 참조하는 타입스크립트 구성 파일의 기능입니다. 이를 통해 프로젝트 의존성 트리를 적용하기 위한 빌드 코디네이터로 타입스크립트를 사용할 수 있습니다.

하위 클래스(subclass)

기본 클래스라고 부르는 다른 클래스를 확장하는 클래스입니다. 기본 클래스 프로토타입의 멤버가 자식 클래스 프로토타입에 복사됩니다.

할당 가능성(assignability)

하나의 타입을 다른 위치에서 사용할 수 있는지 여부입니다.

함수 오버로드(function overload)

완전히 다른 매개변수 집합으로 호출될 수 있는 함수를 설명하는 방법입니다.

호출 시그니처(call signature)

함수를 호출하는 방법에 대한 타입 시스템 설명입니다. 매개변수의 목록과 반환 타입을 포함합니다.

any 타입

어떤 곳에도 사용할 수 있고 어떤 값이든 가질 수 있는 타입입니다. 모든 타입이 any 타입 위치에 제공될 수 있다는 점에서 any는 top 타입처럼 작동합니다. 대부분의 경우 더 정확한 타입 안정성을 위해 unknown을 사용하고 싶을 것입니다.

• 관련 용어: unknown, top 타입

bottom 타입

가능한 값이 없는 타입, 즉, 타입의 빈 집합입니다. bottom 타입에는 어떤 타입도 할당할 수 없습니다. 타입스크립트는 bottom 타입을 나타내는 never 키워드를 제공합니다.

• 관련 용어: never

const 어서션

as const 타입 어서션은 타입스크립트가 가장 리터럴한 읽기 전용 형식의 값 타입을 사용하도록 지시합니다.

DefinitelyTyped

패키지의 타입 정의를 위해 커뮤니티가 작성한 대규모 저장소입니다(줄여서 DT). DT에는 변경 제안 검토 사항과 업데이트 게시와 관련된 자동화 부분, 수천 개의 .d.ts 정의가 포함됩니다. 이러한 정의는 @types/react와 같이 npm의 @types/ 조직 아래에 패키지로 게시됩니다.

IDE(integrated development environment)

소스 코드용 텍스트 편집기 위에 개발자 도구를 제공하는 프로그램입니다. IDE는 일반적으로 타입 오류와 같은 프로그래밍 언어의 오류를 표시하는 디버거, 구문 강조 표시, 플러그인을 함께 제공합니다. 이 책은 IDE 예제에 VS Code를 사용하지만 아톰Atom, 이맥스Emacs, 빔Vim, 비주얼 스튜디오Visual Studio, 웹스톰WebStorm 등 다양한 IDE가 있습니다.

JSDoc

클래스, 함수, 변수와 같은 코드 스니펫을 설명하는 /** ... */ 블록 주석에 대한 표준입니다. 타입을 대략적으로 설명하기 위해 자바스크립트 프로젝트에서 자주 사용합니다.

never

bottom 타입을 나타내는 타입스크립트 타입이며 가능한 값을 가질 수 없는 타입입니다.

• 관련 용어: bottom 타입

non-null 어서션

타입이 null 또는 undefined가 아니라고 단언하는 것에 대한 약칭입니다.

null

값이 없는 것을 나타내는 자바스크립트의 두 가지 기본 타입 중 하나입니다. null은 의도에 따라 값이 없는 것을 나타내는 반면 undefined는 더 일반적으로 값이 없음을 나타냅니다.

• 관련 용어: undefined

readonly

타입스크립트 타입 시스템 기능으로, 클래스 또는 객체 멤버 앞에 readonly 키워드를 추가하면 재할당할 수 없음을 나타냅니다.

target

타입스크립트 컴파일러 옵션은 "es5" 또는 "es2017"과 같이 자바스크립트 코드를 변환해야 하는 구문 지원 범위를 지정합니다. target은 이전 버전과의 호환성을 위해 "es3"을 기본값으로 설정하지만 대상 플랫폼에 따라 가능한 한 최신 자바스크립트 구문을 사용하는 것이 좋습니다. 오래된 환경에서도 최신 자바스크립트 기능을 지원하려면 더 많은 자바스크립트 코드를 만들어야 하기 때문입니다.

Thenable

최대 두 개의 콜백 함수를 사용하고 다른 Thenable을 반환하는 .then 메서드가 있는 자바스크립트 객체입니다. 가장 일반적으로 내장된 Promise 클래스에 따라 구현되지만 사용자 정의 클래스와 객체는 Thenable처럼 작동할 수 있습니다.

top 타입

시스템의 모든 가능한 타입을 나타낼 수 있는 타입입니다.

• 관련 용어: any 타입, unknown

TSConfig

타입스크립트용 JSON 구성 파일입니다. 일반적으로 파일명은 `tsconfig.json` 또는 `tsconfig.*.json`을 사용합니다. VS Code와 같은 편집기는 디렉터리에 있는 `tsconfig.json` 파일을 읽어서 타입스크립트 언어 서비스 구성 옵션을 결정합니다.

undefined

자바스크립트에서 값이 없음을 나타내는 두 개의 원시 타입 중 하나입니다. `null`은 의도적인 값 없음을 나타내는 반면 `undefined`는 보다 일반적인 값 없음을 나타냅니다.

- 관련 용어: `null`

unknown

`top` 타입을 나타내는 타입스크립트 개념입니다. `unknown`은 타입 내로잉 없이 임의의 멤버 접근을 허용하지 않습니다.

- 관련 용어: `top` 타입

void

타입스그립트에서 함수의 반환 타입이 없음을 `void`로 나타냅니다. 함수에 값을 반환하는 `return` 문이 없는 경우 함수는 `void`를 반환하는 것으로 간주됩니다.

INDEX

INDEX

INDEX

INDEX